JN074191

実在とは何か

西田幾多郎『善の研究』講義

大熊 玄
Okuma Gen

新泉社

はじめに

この本のテーマは、実在とは何か、です。もし、この「実在」という言葉をあまり聞いたことがなく、馴染みがなければ、いっそ英語（カタカナ）で「リアル」や「リアリティ」としたほうがわかりやすいかもしれません。たとえば、「自分にとって、これこそがリアルだと言えるのは何か」とか、「私はどんなときにリアリティを感じるんだろう」となります。

この本は、そうした実在《リアル》とは何かを考えるために、日本を代表する哲学者・西田幾多郎《きたろう》の『善の研究』第二編「実在」を読み解いて、できるだけわかりやすく解説したものです。省略された言葉や前提となる知識をおぎないながら解説していますから、哲学の予備知識は必要ありません。読者にとって、この本が初めての哲学書だとしても大丈夫です（第三編「善」を扱った前著『善とは何か』を読んでいなくても、まったく問題ありません）。

『善の研究』は、初版が一九一一年ですから、もう百年以上前の本になります。百年前というと、かなり昔のように思うかもしれませんが、古典として残っている哲学書としては、まだまだ新しい部類に入ります。それに、この実在というテーマも、哲学史上かなり長い歴史を持っていまして、古代ギリシャまで二千年以上もさかのぼります。これは、これまで数多くの哲学者にさまざまに語られ、現代でも多くの哲学者が論じているテーマなのです。『善の研究』は、そうした長い歴史を持つ「実在」について、日本で初めて書かれた哲学書ということになります。

この「実在」は、歴史のあるテーマなのですが、けっして古くなることがありません。西田も、実在について考える必要性を第一章で書いていますが、それは百年後の今にも当てはまります。むしろ、その重要性はさらに高まっているかもしれません。現代の私たちの生活には、いわゆる実在ではないもの（フィクション、フェイク）が溢《あふ》れかえり、どこか実在性（リアリティ）が希薄となっているように思えますから。そこで、現代に生きる私たちも、『善の研究』で語られる実在を参考にして、自分自身にとっての「実在」についてあらためて考えることができればと思います。

ところで西田幾多郎も、最初から「日本を代表する哲学者」だったわけではなく、『善の研究』の中身を書いていたころは、特に世間に知られているわけでもない、ふつうの高等学校教師でした。また、今では「日本で最初の哲学書」と呼ばれる『善の研究』も、初めからこの完成形を想定して書かれたわけではなく、そのほとんどが元は高等学校での講義内容でした。その講義が文字化され、体裁が整えられて雑誌に掲載され、ついに一冊の本にまとめられたわけです。

今ではこのように本になっていますが、元は講義だったのですから、読む側からしたら、まるで講義を聞くように読み進めていったほうが、現実に即していて理解も早いというものです。実際のところ、これが講義だった痕跡は、随所に見られます。最初に結論を伝えて後から説明するところや、同じことを微妙に表現を変えながら重ねていくところは、まるで高校生に語りかけているようです。また、脚注のような二字下がりの段落は、授業中に話のネタにしようしたメモ書きのようにも見えます。

このように西田は、できるだけ学生に（読者に）わかってもらおうと、あの手この手を使って自らの考えを伝えようとしています。文語体で書くことが当たり前だった時代に、あえて口語体で哲学書を出していることにも、その姿勢がうかがえます。もちろん今とは異なる表現もありますが、読み慣れればそのまま理解できる日本語です。今では使われない表現やちょっと難しい言葉については、やはり現代の口語体にして読んでいきましょう。せっかくオリジナルが（当時の）口語体で書かれているのに、それをわざわざ難解な表現にする必要はありません。

大熊 玄

実在とは何か　西田幾多郎『善の研究』講義｜目次

〔　〕内が原書の章タイトル

装幀 松田行正＋杉本聖士

凡例　――原文の表記と読み方について――

・本書に掲載した原文は、現在おそらく最も入手しやすく読みやすい岩波文庫の二〇一二年改版を底本とし、その漢字・仮名表記に合わせました。ただし「字下げ」段落については一部変更してあります（詳細は本文中の解説を参照）。また、さらに読みやすいように、適宜ルビを付け足しました。岩波文庫では、これまで何回も改版がかさねられ、その間に漢字・仮名の表記も改められていますが、それでも現代日本語とは異なる表記もあります。たとえば、現代ではふつう「明らか」「考え」「一つ」などと表記されるものが、「明」「考」「一」などと漢字一文字で表記される箇所があります。そのような場合は、たとえば「意識においては結合の方向が明《あきらか》でなく……」などとルビをふり、現代との読みの違いを調整しました。

・その他にも現代とは異なる点はいくつかありますが、特に「者(もの)」の使い方に違和感を持つ人が多いかもしれません。現代日本語の「者《もの》」は、ほぼ人物を表わし、抽象概念を示すことはありません。しかし『善の研究』では、たとえば最初の段落から「実在は如何なる者であるか……善とは如何なる者であるか……自己の作用というべき者は……」などと頻繁に出てきます。読んでいて気になるかもしれませんが、底本のまま漢字として残し、また、あまりに多いのでルビをふることもできませんでした。頭の中で「者→もの」と平仮名に変換してお読みください。

・文庫の最新版では、そうした読者の変換の労力を減らすため、多くの漢字が平仮名にひらかれています（たとえば「稍→やや」、「夫→それ」、「併し→しかし」など）。ただ、なぜか「いる」「おる」は、漢字の「居る」に戻っていたりもします（どちらとも読めるからかもしれません）。また、「起る」も、現代の送り仮名表記とは異なり、このままですと「おきる」とも「おこる」とも読めます。でも、どちらで読んでもとくに内容に影響はありませんから、あらためてルビは付けませんでした。読者の読みやすいほうでお読みください。

講義を始めるにあたって

講義を始めるにあたって、まずはそもそも哲学書を読むということ、『善の研究』をその入門として読む意味について、少しだけ話をさせてください（以下四頁は前著『善とは何か』と同じです）。

哲学書というのは、なかなか一読してすぐにわかるものではありません。でも、その「わかりにくさ」を楽しむことができれば、哲学書を読むことができるようになります。もちろん、本には、実用書など一読してすぐに理解できるものもありますし、そのような本を読んで多くのことを知る楽しさもあります。ただ、哲学書は、そのような読みやすい本とは違います。むしろ、少し難しい本、すぐに理解できない本をゆっくり読んでいき、そのうちに自分の頭が鍛えられ、知識の多さではなく、深く理解できるようになる、そういう楽しみがあるものなのです。

古典的な哲学書というのは、そのように時間をかけて自分を鍛えてくれる本なので、それを、読んですぐにわからないからといって投げ出してしまうのは、もったいない。もったいないどころか、たしかにシンドイだけで、少しも楽しくないと思います。ですから、すぐにわからないとしても、少し辛抱して、「今は自分の頭に負荷がかかっているけど、それなりに鍛えられて、じきに理解できるようになるだろう」と期待しながら、そのプロセスを楽しんでいただければ嬉しく思います。また、ある程度辛抱した結果、その鍛えられた頭によって理解される、より深い思想を手にしたときの悦びを味わっていただければと思います。

哲学書というのは、ふつうの本とは楽しみ方が違うのです。哲学書を読んで、すぐに「難しい、つまらない」と言うのは、たとえれば、なぜか遊園地の楽しさを期待して、山に登りはじめて、ただ「シンドイ、楽しくない」と言うようなものです。それでは、その山道を案内する者として、困ってしまいますし、むなしく、さびしい感じがします。私としては、登山道のガイドとして、この山を登っていく面白さ、楽しさをお伝えしようと思っていますが、そもそも登るのがイヤという人は、やはりロープウェイを使ってさっと結論だけ見たほうがよいでしょう。そのほうが、お互いに幸せでしょう。

もちろん、登山の案内人としては、ロープウェイでいきなり頂上に達するのは、「登山ではない」と思いますが、人の好みはそれぞれですから、そうした楽しみ方があってよいとも思います。ただ、そのような人は、この本をこのまま書棚に戻していただいて、もっと「短時間で要点がすぐわかる」という類《たぐい》の本を選んだほうがよいでしょう。そういう「すぐわかる」系の本は、読んでいてそれなりに楽しく、けっこう便利ですし、役にも立ちます。私もそういう本を読んで学んだり、楽しんだりしますから、それ自体を否定はしません。

ただ、この本は、そういう本ではない、ということはご理解ください。むしろ、あえて、長くゆっくりと、かみ砕きながら、一歩一歩ジグザグと登頂をめざしたいと思いますので、それにお付き合いいただければ幸いです。

また、この『善の研究』という本は、西田がかなり若い時（三十代後半）に当時の高等学校生を相手にした講義をもとにして書いたものですから、ここに書いてあることが、西田幾多郎の最終的な結論というわけでもありません。実際、西田は、この『善の研究』でうまく語れなかったことがあるからこそ、その後、七十五歳まで哲学書を書き続けたわけです。そういうことを聞くと、読者としたら、できれば、いきなり西田の最終的な立場を知りたい、読みたいと思うかもしれません。でも、やはり、西田の哲学を「楽しむ」ためには、この『善の研究』から読むことをおすすめします。

というのも、まだ若い西田が書いたものでも、その内容は、晩年に「西田哲学」と呼ばれるようになった「場所の論理」とちゃんとつながっているからです。ですから、『善の研究』のときの西田を知らないと、いきなり後期のものを読んでも、よくわからないし、その深いところから楽しめないのです。たしかに『善の研究』の段階では、その論の展開にムリがあったり、筆がすべったかのようなところもあるかもしれません。でも、それを差し引いても、西田自身で考え紡《つむ》ぎ出している「哲学」は、やはり魅力的なのです。

『善の研究』は、日本で最初に書かれた、独立した哲学書だと言われます。そうすると、西田幾多郎は、日本で最初の哲学者ということになります。でも、もちろん明治以前にも、日本にはたくさんのすぐれた思想家がいましたし、西田もそうした先人たちの強い影響を受けています（西田が禅の影響を強く受けたことは、よく知られています）。ですから、西田が「最初の哲学者」と呼ばれるからといって、それより以前に優れた思想家や賢者という（広い意味での）「哲学者」がいなかったわけではない。つまり、ここで言われている「最初の哲学者」というのは、もっと狭い意味での「哲学者」として初めての人だ、という意味なのです。

それでは、その「狭い意味での哲学」とは何かと言うと、つまり、西洋で発展した「哲学」という意味です。そして、明治になって日本に入って来た学問としての「哲学」ということです。ですから西田は、ただ単に、その西洋の伝統にそった形で自ら思索した最初の人という意味で、「最初の哲学者」と呼ばれるのです。言い換えれば、明治の最初のころは日本に翻訳・紹介されるだけだった「（西洋の）哲学」が、西田によって、それまでの日本の先人たちの思索をふまえつつも、日本語で「（西洋的に）哲学する」ことが始まった、というわけです。

そういった意味でも、『善の研究』を読むということは、まさに日本語で「哲学する」ことが始まったプロセスを追体験できるという点で重要です。もし、あなたが、日本語で考え、話す人であれば、なおさら重要です。さきほども言いましたように、『善の研究』が世に出てからもう百年以上が経っていますが、それでも「哲学」への入門書として選ばれるのは、そんな理由があると思います。そして、さらに言えば、『善の研究』を読むことは、狭い意味でのいわゆる学問的な

「哲学」に入門しつつも、そのような学問としての領域を超えて、もっと広い意味での「哲学」につながっているところも、その魅力だと思います。

以上、前著と同じ文章でした。講義を始める前に言いたいことが、この二年でそう変わるわけでもないので、そのまま使わせていただきました。

さて、今回の講義は、第二編「実在」が対象となります。なぜ、第二編を扱うのかというと、現代に生きる私たちがあらためて「実在」について考えるのに非常に参考になると思ったからですが、著者である西田自身の意向に従っているという理由もあります。『善の研究』は全部で四編からなりますが、その執筆の順番は、「序」によると「第二編第三編が先《ま》ず出来て、第一編第四編という順序に後から附加した」のだそうです。しかも西田は、最初に置いている第一編を、「初めて読む人はこれを略する方がよい」とも言っています。たしかにこの第一編は、初心者がいきなり読むには難しい。西田も、あまり初学者に遠慮しないで書いています。それに比べて、この第二編は、かなり読者に気を遣って書き始められています。読めばすぐわかりますが、二番目の編のわりには、いかにも「今から始めますよ」という、まるで本の冒頭のような書きぶりになっています。

また西田は、この第二編が自分にとって「哲学的思想を述べたもの」であり、「この書の骨子というべきもの」だとも言っています。哲学的思想を述べたものというのは、哲学書なんだから当たり前だと思われるかもしれませんが、これは、この第二編こそが、まさに哲学書としての中核となる部分だ、と言いたいのでしょう。実際、ここで述べられた「哲学的思想」が骨格（骨子）となり、そこに第三編、第四編で肉付けされていくという構成になっています。

それならどうして第三編「善」を扱った前著『善とは何か』を先に出したのか、と言われそうです。正直に言いますと、第二編はまさに「哲学的思想を述べたもの」なので、第三編に比べて内容がより哲学的で、ちょっと難しいのです。哲学書なんですから、哲学的なのは当然ですし、それを楽しんでもらうしかないんですが、それでも一般の読者には第三編のほうが読みやすいと思ったんです。でも、この『実在とは何か』から読んでもまったく問題ありません。第三編に比べたら少しは難しいかもしれませんが、その分は西田の読者への気遣いがカバーしてくれるでしょうし、何よりここはまさに哲学的思想が書かれている、『善の研究』の本丸です。そうした核心部をまずは攻めてみたい、理解したいという人は、ぜひこちらからお読みいただければと思います。

さあ、それでは『善の研究』の第二編「実在」のページを開いてみましょう。

第一章

ひたすら考え究めていく、その始まりの基点（ゼロ・ポイント）

〔考究の出立点〕

さあ第二編「実在」の始まりです。この章の原文タイトルは「考究《こうきゅう》の出立点《しゅったつてん》」です。「はじめに」で言ったような実在について、これから考えていくわけですが、ただなんとなく考えるのではなく、ひたすら考えて究《きわ》めていく、というのが「考究」です。「究」という字には、穴の奥まで手を伸ばして求めていくというニュアンスがあります。このタイトルは、そうしたひたすら考えていく入口、最初のスタート地点（ゼロ・ポイント）を表わしています。

このように素直にタイトルを読めば、今からしっかり考えることを始めます、という意味になりますが、ここにはもう一つの意味が隠されています。この章を読み進めたら、じわじわ明らかになってくることですが、前もってお伝えします。ここで西田は、単に今から実在について考え始めるというだけでなく、まさにその今から始まる「考えるということ」（思考・思惟）そのものの出発点を考えています。私たちはどうやって考えるのか、私たちの思考が始まる根源（出立点）は何か、ということです。そして、その思考の始まる根源こそが「実在」なのだ、という話になります。

いきなり難しそうですが、ゆっくり解説していきますので大丈夫です。原文も最初はそこまで難しくありません。一読してわからなくても、だんだんわかってきますから、気楽に読み進めてください。わからなくなったら、いつでも解説口語訳に移ってください。

第一段落

世界はこの様なもの、人生はこの様なものという哲学的世界観および人生観と、人間はかくせねばならぬ、かかる処に安心せねばならぬという道徳宗教の実践的要求とは密接の関係を持って居る。人は相容《あいい》れない知識的確信と実践的要求とをもって満足することはできない。たとえば高尚なる精神的要求を持って居る人は唯物論に満足ができず、唯物論を信じて居る人は、いつしか高尚なる精神的要求に疑《うたがい》を抱く様になる。

これから考究を始めるにあたって、まずはその自分の立ち位置を振り返ってみます。私たちは、このような本を書いたり、読んだりしている時点で、すでになんらかの「文化」を共有していま す。少なくとも日本語を理解できる文化圏にいます。さらには、このような哲学書を読み、そこになんらかの価値があるという考えも持っています。自分が生きていくうえで、哲学というものをそれなりに認めるような「人生観」を持っているわけです。

そうしたなんとなくの人生観を持っているということは、哲学書を書く人や読む人のいる社会（世界）を、それなりに価値あるものだとも思っているでしょう。もちろん、この世界には、けっして哲学書を手にしない人も大勢います。哲学書を読むせによ、読まないにせよ、とにかく私たちには、なんとなく「世界はこんなもの、人生はこんなもの」という漠然とした思いがあるわけです。それをここでは「世界観」「人生観」と言っています。

たとえば、もし私たちが戦争のただなかに生きていたら、「この世界は地獄だ」と思っていたかもしれませんし、戦争でなくとも何か生きていくことに疲れていたら、「なんてヒドイ人生なんだ」と思うかもしれません。あるいは、それとは逆に、平和な生活をしていれば、それに合った世界観や人生観をなんとなく持っているでしょう。こうした自分のまわりの世界への見方を「世界観」と言います。そして、その世界観と結びついて持っているのが、自分の人生についての見方、「人生観」です。このように、安心して暮らせる人と、不安の中でかろうじて生きている人の世界観や人生観は、当然のように違ってきます。私たちは、気づかないうちに、自分が生きている時代や地域の文化・風土、育った環境に影響を受けながら、自分自身の世界観や人生観を持って生きています。この人生と世界をどう観ているのか。これは、人生や世界をどう解釈しているか、という知的な理解でもあり、いわゆる「哲学」とも言えます。

このように私たちは、世界や人生に対してなんらかの見方や理解（哲学）を持っているわけですが、そうした単なる「知的な理解」だけでなく、もっと自分自身が実際に生きていくうえでの欲求（要求）もあります。「こうしたい、こうありたい」という望みであり、また「こうするべきだ、こうあるべきだ」という願いです。あるいは、この不安な世界の中で、「もっと安心して生きていたい」という要求です。さきほどの世界観や人生観が、世界や人生を現状のままに事実として理解することなのに対して、この要求というのは、その現状を変えてゆこう、変えたいという思いです。

もっとも、「要求」といっても、誰に対する要求なのかはわかりません。自分自身を叱咤《しった》して成長を求めたり、家族や友人、会社や政府に要求するかもしれません。あるいは、それらを超えた何かを相手に要求するかもしれませんし、もしかしたら相手がいない「祈り」のように何かを求めているかもしれません。でも、とにかくそこには、「現状とは違って、こうあってほしい、こうあるべきだ」という要求の思いがあります。この思いは、単に知っているという「知的な見方」とは違っていて、自分が生きていくうえで、「このように行動すべきだ、ここで安心したい」という、実際に何かを求めるかたちをとっています。

どのように行動すべきなのか。たとえば、学校に通うべきなのか、仕事をすべきなのか、親の言うことに従うべきなのか、奉仕活動に参加すべきなのか、環境保護や戦争反対の運動をすべきなのか、場合によってはウソをついてでも人を助けるべきなのか、死刑を廃止すべきなのか、戦時下では人を殺すべきなのか、などなど。これらは、倫理や道徳の問題になってきます。

どこで安心できるのか。ふつうは、安全な住まいや食べ物、ほどほどの貯《たくわ》えがあれば安心できるのかもしれません。しかし、物質的な環境が整っても、もし人間関係が悪ければ、なかなか安心して生活できません。物資が不安定でも、家族や親しい人がいて得られる安心もあります。また、もし自分が「社会的に悪いこと」をしてしまったら、その後どうしたら安心できるのでしょう。もうその人は安心する資格や権利を失うのでしょうか。あるいは、もし「あなたの余命は三ヶ月です」と言われたとしたら、もし突然の災害で死を覚悟したとしたら、もし大切な人や故郷を失ったとしたら、そんなときでもなんらかの安心がありえるのでしょうか。心の底から、「これから死ぬけれど、なんだか安心なんです」と言えるような安心はどうやったら得られるのか。このような究極の安心となると、これはもう、倫理や道徳とはどこか違った話になります。覚悟、信念と言いますか、あるいは信仰と言ってもいいような、どこか宗教的な話になってきます。ちなみに、この「安心」は、ふつうは「あんしん」と読めばいいんですが、そうした宗教的な意味合いを入れるときには「あんじん」と読むことがあります。

このように、私たちは、世界や人生を知的に事実として理解するのとは別に、「このように行動したほうがいい、行動すべきだ。ここなら安心できる、安心したい」という、生きていくための行動を決める実践上の「要求」を持っています。そして、この事実としての知識と、実際に生きていくうえでの要求は、互いに密接な関係を持っている、という話です。

かなり長くなりましたが、これで最初の一文の解説になります。始めたばかりですから、ゆっくりていねいにお話しししました。

さて、私たちは、あまりはっきりとは意識してない人もいるでしょうが、こうした「世界や人生はこんなものだ」という知識的な確信と、「こうすべきだ、こうしたほうがいい、こうあってほしい」という実践的な要求とが、ぴったり一致していないと、どうも落ち着きませんし、満足できない。たとえば、貧しく身寄りのない人を助けたい、今まさに亡くなっていく人の魂の叫びを聴いてなんとか助けになりたいと思っている人は、きっと「人間は物質からできていて、死んだら原子に分解されるだけ」という考え方（素朴な唯物論）には満足できません。一方、そういう素朴な唯物論でもって世界と人生を見ている人は、そうした「他人を助ける人」を、あまり評価しないで、「本人の自己満足だろう」とか「どうせ脳内に快感物質が出て気持ちいいだけだろう」などと、その人の「救いたい」という精神的な要求に疑いを持つようになります。

元来真理は一《ひとつ》である。知識においての真理は直《ただち》に実践上の真理であり、実践上の真理は直に知識においての真理でなければならぬ。深く考える人、真摯《しんし》なる人は必ず知識と情意との一致を求むる様になる。我々は何を為すべきか、何処《いずこ》に安心すべきかの問題を論ずる前に、先《ま》ず天地人生の真相は如何《いか》なる者であるか、真の実在とは如何《いか》なる者なるかを明《あきらか》にせねばならぬ。

私たちは、世界や人生への知的な理解（知識）と実践的な要求（行動）を二つに分けていても、その二つが一致していないと、どうも落ち着かない、満足できない、と西田は言います。私たちが納得するためには、真実は一つでなければならない。世界や人生に関して何が真の正しい知識なのかということと、実践において何が真の善い行いなのか、何が究極の安心なのかということとは、そのまま一致していなければならない。これは、西田だけではなく、読者もある程度は実感として納得できるでしょう。自分の知識と行為をいいかげんにしないで、深く考える人、まじめな人は、必ず自分が確信している知識と実践上の思い（感情や意志）を一致させようとする、というわけです。

私たちにとって、「何を行うべきか」あるいは「どこで安心できるか」という問題は切実です。もし「余命はあと三ヶ月です」と言われたら、「最期の日までに何をすべきか」、「どうやって安心した日々をすごせるか」と思います（実は「余命はおよそ三十年です」と言われるのも、本質的には何も変わらないのですが）。深く考える人には、このような切実な問題がありますが、そうした実践上の問題を考えるには、その前に、まずは、その元となる「知識上の問題」について考える必要がある。この世界はどのようなものなのか、人生とはいったいどのようなものなのか、その本当の真実の在りかた（実在）とは何か。まずは、私たちにとって「真実に在ること（実在）」について考えていこう、というのがこの第二編「実在」全体の主旨になります。

西田は、この第二編「実在」では、あくまで私たちの世界や人生が実際のところどうなっているのかを扱います、と言っています。そして、第三編「善」で、そうした「実在」をふまえて、ではどう実践していくかが扱われることになります。単なる思いつきや感覚だけではなく、しっかりと知的に問題を明らかにしていけば、切実な「実践上の問題」についても、より確かに考えていくことができるはずです。なぜなら、西田も言っているように、知識と実践とは密接に関わっていて、結局は一つの真実なのですから。

次の段落は、原文でも二文字ほど全体が下がっています。『善の研究』では、このような「二字下がり」の段落がいくつかあります。ここでは、その前の「本文」が補足されたり、例をあげて説明されたりと、今でいう脚注のような役割を果たしています。ここでは、知識と実践が密接に関わっている古今東西の思想史上の例があがっています。

哲学と宗教と最も能《よ》く一致したのは印度《インド》の哲学、宗教である。印度の哲学、宗教では知即善で迷即悪である。宇宙の本体はブラハマン Brahman でブラハマンは吾人《ごじん》の心 即《すなわち》 アートマン Atman である。このブラハマン即アートマンなることを知るのが、哲学および宗教の奥義であった。基督《キリスト》教は始め全く実践的であったが、知識的満足を求むる人心の要求は抑え難く、遂《つい》に中世の基督教哲学なる者が発達した。シナの道徳には哲学的方面の発達が甚《はなは》だ乏しいが、宋代以後の思想は頗《すこぶ》るこの傾向がある。これらの事実は皆人心の根柢には知識と情意との一致を求むる深き要求のある事を証明するのである。欧州の思想の発達について見ても、古代の哲学でソクラテース、プラトーを始《はじめ》とし教訓の目的が主となって居る。近代において知識の方が特に長足の進歩をなすと共に知識と情意との統一が困難になり、この両方面が相分《あいわか》れる様な傾向ができた。しかしこれは人心本来の要求に合うた者ではない。

世界観・人生観（哲学）と、どう行動すべきか（道徳）と、どこに安心すべきか（宗教）ということが、最も一致して、一つの真理を追究していったのが、インドの哲学・宗教だろう、と西田は言います。インドの哲学・宗教には、「知るということはそのまま善いことであり、迷う（無知・無明《むみょう》）ということはそのまま悪いことだ」という考え方があります。ここで西田は、ヒンドゥー教の哲学原理（の一つ）である「梵《ぼん》我《が》一如《いちにょ》」を取りあげます。つまり、宇宙の本体（ブラフマン）は、そのまま私たちの個人の本体（アートマン）であるという考えです。インドの哲学・宗教においては、この梵我一如を真に知ることがそのまま善いことであり、奥義だというわけです。ようするに、哲学と道徳と宗教の「真実」が一致している、と言いたいわけです（この「梵我一如」は、最後に再登場します）。

またキリスト教では、そのはじめは、知識（哲学）というよりも、どちらかと言えば、「どう行動すべきか、どこに安心するか」というまったく実践的なこと（道徳・宗教）に関心があったが、キリスト教徒たちも、時代を経るごとに、そうした実践的なことだけでは満足できなくなってくる。そして、知識的な（哲学的な）満足を求める人が増えてきて、中世にはキリスト教哲学というものが発達するようになった。中国では古代より道徳的な考え方が非常に発達していたが、その知識（哲学）的な方面はあまり発展しなかった。しかし、十二世紀の宋の時代からあとは、たとえば朱子学や陽明学のように、とても知識的（哲学的）な傾向が出て来た、というわけです。

この脚注的な二字下がりの段落で西田が言いたいのは、このようなインドやキリスト教圏や中国の事情を見ても、やはり人間の心の底には、どうしても「知識上の確信」と「実践上の感情・

意志」を一致させたい、という深い要求があるようだ、ということです。それに、ヨーロッパの思想の発達について見ても、哲学の始まりである古代ギリシアのソクラテスやプラトンも、やはり知識と実践が結びつくような教訓を述べることを主な目的としていた、と。つまり、知識上のことと実践上のことを同一の流れの中で語っていた、というわけです。

もっとも、近代になると、どうしても実践的なこと（道徳や宗教）よりも、知識（科学）が非常に速い勢いで進歩し、それにともなって、知識と実践とが、うまく調和・一致しにくくなってきた。そのため、もともとは人間において一つだったはずの知識と実践が、二つの方面に分かれる傾向が目立ってきた。だから、今では多くの人が、知性と道徳・宗教を別のことと して扱っている、というわけです。しかし、西田に言わせれば、このように知識と実践が分裂しているのは、もともと人の心の要求に合ったものではありません。なぜなら、私たちにとって、知的な確信と実際の行動が一致しないというのは、なんとも落ち着かない、満足のいかないことだからです。

第二段落

今もし真の実在を理解し、天地人生の真面目《しんめんもく》を知ろうと思うたならば、疑いうるだけ疑って、凡《すべ》ての人工的仮定を去り、疑うにももはや疑い様のない、直接の知識を本《もと》として出立せねばならぬ。我々の常識では意識を離れて外界に物が存在し、意識の背後には心なる物があって色々の働《はたらき》をなす様に考えて居る。またこの考《かんがえ》が凡ての人の行為の基礎ともなって居る。しかし物心の独立的存在などということは我々の思惟の要求に由《よ》りて仮定したまでで、いくらも疑えば疑いうる余地があるのである。その外《ほか》科学という様な者も、何か仮定的知識の上に築き上げられた者で、実在の最深なる説明を目的とした者ではない。またこれを目的として居る哲学の中にも充分に批判的でなく、在来の仮定を基礎として深く疑わない者が多い。

第一段落は前置きのようなものでしたから、第二段落から本論が始まります。さて、世の中には、ウソ偽《いつわ》りによる「ニセモノ」が多く存在しています。いや、ウソというのは、実際には存在していない（実在ではない）モノやコトを、「在る」と言い張っているわけですから、ニセモノは「存在している」のではなくて、「仮に在ることにしている」ものです。それでは、私たちが、今もし「そんなニセモノではなく、ほんとうに存在していること（実在）を理解しよう、世界と人生の真実のすがたを知ろう」と思ったならば、どうしたらいいのか。

いきなりホンモノをつかむことができればいいのですが、ホンモノだと思ってつかんだものが、実はウソだった、ニセモノだったということもあます。そこで、まずは慎重に消去法でいこう、というわけです。つまり、疑うことのできるものは疑って、すべての「人工的に仮に定めたもの」を捨て去って、それでも最後に残るようなもの、どんなに疑おうとしても疑いようのない「直接の知識」だけを、その基本として出立《スタート》しよう、というわけです。最初が肝心です。不安定な胡散《うさん》臭《くさ》いものを土台に使ってしまえば、その上に建てられたものがすべて不安定になってしまいます。ここでは、少しでも疑わしいもの、仮のものを避けて、確実なものだけを土台（基礎）として始めよう、というわけです。

ちなみに西田は、ここで「少しでもあやしいものはすべて疑ってとりあえず排除（否定）しておこう」という姿勢（方法）をとっていますが、この思考方法は、十七世紀のフランスの哲学者ルネ・デカルトの方法的懐疑にならっています（あまりにも有名なので名前すら出していませんね）。その方法で西田は、常識を疑い、科学的知識を疑い、そしていわゆる哲学も疑って、どれもが必ずしも直接的で確固としたものではない、と言います。

まずは、最も根強い常識である「心と物」という二元的な考え方を疑います。私たちの常識では、ふつう心と物が別々にあると思っている。目の前にある物体（たとえば本や机）と自分の心は別々に存在している、と思っている。もう少し詳しく言えば、常識的には「意識とは別に（外に）物が存在している。その意識の内（背後）には心というものがあり、いろいろ作用している」と、なんとなく考えられている。そして、この常識的な考えが、すべての人の行為の基準にもなっている。しかし、このような「物と心が別々に独立して存在している」という考えは、実は、私たちが思考するうえで必要にせまられて仮に定めたことなのであって、疑おうと思えばいくらでも疑うことができる、というわけです。言い換えれば、私たちは、そのほうが考えるうえで都合がいいので、仮に「物と心が別々に独立して存在している」と設定しているにすぎないのです。

そのほか、科学的な知識というものも、あらかじめ仮に定めた知識を前提として築き上げられたものであって、そもそも、その前提の元となる「実在」を最も深く説明しようとしたものではない。いつもその前提を疑っていたら、科学は発展していきません。また、「実在」を最も深く説明しているはずの哲学の中にも、十分に批判的でなく、これまでふつうにあったような仮定（仮に設定されたもの）を基礎にしてしまっていて、あまり深く疑おうとしていないものが多い、と言います。

物心の独立的存在ということが直覚的事実であるかの様に考えられて居るが、少しく反省して見ると直にその然《しか》らざることが明《あきらか》になる。今目前にある机とは何であるか、その色その形は眼の感覚である、これに触れて抵抗を感ずるのは手の感覚である。物の形状、大小、位置、運動という如きことすら、我々が直覚する所の者は凡て物其者《そのもの》の客観的状態ではない。我らの意識を離れて物其者を直覚することはとうてい不可能である。

ふつう私たちは、「物と心が別々に独立して存在する」と思って、それをまるで直接に知りえるような（直覚的な）事実であるかのようにとらえている。しかし、少しよく考えてみれば、そうした「物・心」という常識的な考えが直接の事実でないことは明らかだ、と西田は言います。たとえば、「今、目の前にある、手に持っているこの本」とは何なのか。ふつうは「そこに、その物がある」と思っていますが、実は、その色、その形は、目の感覚であり、これに手で触れて接触を感じたとしても、それは手の感覚です。その物のかたち、大きさ、位置、動きについても、私たちが直接に知覚（直覚）しているのは、実はすべて「物そのもの」ではない。私たちは「物そのもの」をとらえることはできず、何かをとらえるには感覚を通すしかない。これは、いわゆる「素朴実在論」が疑われるときの基本的な考え方です。素朴実在論では、こちらに「見ている私（主観）」が存在して、あちらに「見られている物（客観）」が存在すると考えるわけですが、それはあくまで思考するうえで便利なのでそのように「設定」しているだけであって、よく考えれば、ここで私に見えているのは、けっして「物そのもの」ではない。私たちは、何を見るにしても、必ず自分の意識のうえで見ているわけですから、けっして自らの意識を離れて（客観的に）「物そのもの」を直覚できない、ということになります。

自分の心其者について見ても右の通りである。我々の知る所は知情意の作用であって、心其者でない。我々が同一の自己があって始終働くかの様に思うのも、心理学より見れば同一の感覚および感情の連続にすぎない、我々の直覚的事実として居る物も心も単に類似せる意識現象の不変的結合というにすぎぬ。ただ我々をして物心其者の存在を信ぜしむるのは因果律の要求である。しかし因果律に由りて果して意識外の存在を推《お》すことができるかどうか、これが先《ま》ず究明すべき問題である。

「物そのもの」を対象としてそのままとらえられないように、自分の「心そのもの」も、そのまま対象としてとらえられない。私たちが心について知ることができるのは、その心におけるさまざまな「作用《はたらき》」（知識・感情・意志など）であって、「心そのもの」を対象的に知ることはできない。

また、ふつう私たちは、なんとなく「自分には、変わらない同一の自己というものがあって、それが始めから終わりまでずっとはたらいている」と思っているが、そのような「自己」というものも、心理学の観点から見れば、実は「同一の感覚および感情の連続」にすぎないと言われる。したがって、ふつう私たちが「直覚的な事実」だと思っている物や心も、単に「似たような意識現象が変わらずに結合している」ということにすぎない、というわけです。

目の前にあるこの本も、いちど目を閉じてまた開いても、変わらずに意識にその像が現われてきます。「自己」が同一だというのも、これと同じように、比較的に変わらないような同じ感覚や感情の連続がそこに現われてくるので、そこに自己同一性（アイデンティティ）を仮定している、というわけです。

そもそも私たちが、どうして「物そのもの」や「心そのもの」が存在すると信じているのかというと、それは因果律のせいだ、と西田は言います。因果律とは、簡単に言えば「結果には必ず原因があるはずだ」という一種の思考の規則《ルール》のことです。この規則はとても強力で、私たちは、なかなかこの規則から外れて考えることができません。つまり、この思考の規則《ルール》によって、次のように考えているのです。「私たちは、物そのもの・心そのものを直接に知ることはできない。しかし、自分の意識現象だけは直接に知ることができる。そして、この意識現象には、きっとその原因となるものがあるはずだ。それこそが物そのもの・心そのものなのだ」と。しかし西田は、そもそも因果律それ自体を疑っているのです。私たちは、つい因果律という思考規則《ルール》に基づいて、直接に知られるものの原因を推論しますが、それが意識それ自体に適応できるかどうかは明らかではない。因果律それ自体を確実なものとして扱っていいのかどうか、まずはそこから究明されるべきだ、ということです。因果律については、第二章で詳しく論じられます。

第三段落

さらば疑うにも疑い様のない直接の知識とは何であるか。そはただ我々の直覚的経験の事実即ち意識現象についての知識あるのみである。現前の意識現象とこれを意識するということとは直《ただち》に同一であって、その間に主観と客観とを分《わか》つこともできない。事実と認識の間に一毫《いちごう》の間隙がない。真に疑うに疑い様がないのである。

第二段落の最初で「もはや疑い様のない、直接の知識を本として出立せねばならぬ」と言っていましたが、この「直接の知識」について考えてみます。「直接」というのは「直《じか》に接する」と書きますが、逆に「直接ではない知識」を考えれば、「間接の知識」つまり「間に何かを介して接して得られる知識」ということになります。このような知識は、その介在するものしだいで、いくらでも真・偽が変わりますから、いくらでも疑うことができます。たとえば、本やテレビやネットを介して得た知識は、自分が直接に知ったものではなく、まさに本やテレビという中間物《メディア》を介して入手した「間接の知識」なので、常にフェイクの可能性がつきまとい、疑おうと思えばいくらでも疑うことができる。つまり、それが「疑いようもない真実」であるためには、間接的ではなく、直接的でなければならない、ということになります。

しかし、そうは言っても、究極的にまったく疑えない「直接の知識」がありえるのか、という話になります。そして西田は、ある、と言うわけです。それが、「直覚的経験の事実即ち意識現象についての知識」だ、というわけです。難しい言葉が続くので、少しほぐしてみます。

まず「直覚的経験の事実」です。私たちが「経験」と言っても、いろいろとあります。本やテレビ、ネットの動画から得られる経験などです。ここで西田が言いたいのは、そのような中間物に介在されるような経験ではなく、自らの直覚的な（直に知覚するような）経験だということです。そのような「直覚的経験」は、自分にとってまさに事実だということになります。西田は、そうした「直覚的経験の事実」を、「即ち」という言葉で「意識現象」と結んでいます。つまり、「直覚的経験の事実」は、そのまま「意識現象」だというわけです。こうした「直覚的経験の事実即ち意識現象」は、自分にとって間に何も介在させていないので、それについての知識は疑いようがないはずだ、というわけです。簡単に言えば、「意識として立ち現われてきていること」（意識現象）そのままの知識は、確実に「直接の知識」で疑いようがない、ということです。

たとえば今読者は、本を見ていますし、おそらく服を着ているでしょう。この本や服というのは、視覚や触覚などの感覚器官という媒介《メディア》を通して意識に立ち現われています。実は、この本や服に対する知識も、まだその間には感覚器官という中間物《メディア》がありますし、「本」や「服」という概念も介在しているので、厳密に言えば「間接の知識」です。しかし、ここに「本の映像」や「服の感触」として立ち現われてきている意識現象そのものは、まさに私たちにとって「直接」のはずです。そして、さらに込み入った表現で恐縮ですが、それら「直接の意識現象を意識すること・そのままに得られる知識」というのは、まさに「直接の知識」と言えます。実際にはとてもシンプルなことなんですが、言葉で表現するとややこしくなってしまいます。傍点を付されたカギ括弧内の文章をもう少していねいに見てみましょう。あえて三つに分けて改行し、番号を付けてみます。

直接の意識現象 …①
を意識すること …②
そのままに得られる知識 …③

さて、読者にとって、今ここで立ち現われている意識現象は、まさに直接のはずです。だから

「直接の意識現象①」と言えます。そして、その「直接の意識現象①」を意識するという場合、その「意識現象①」と「意識すること②」は、ともに意識なわけですから、そこに区別はなく、やはり直接のはずです。ここでは①と②に分けて「意識現象を、意識する」と書いていますが、実際の経験上では、①と②を分けて「意識現象を、意識する」なんてことはできません。そこには、単純な「意識する」だけがあるはずです。言葉にするとややこしいですけど、たとえば今意識に立ち現われている「本」についての「直接の意識現象①」を意識②してみてください。その場合、この①と②は実際には分けられない、直接で同一の意識のはずです。そして、その①と②からそのまま得られる知識③が、やはり直接のものだということも間違いないでしょう。言葉で説明するために、あえて三つに分けていますが、これら「意識されるもの①」と「意識すること②」と「得られる知識③」という三つがまったく同一ということになります。

この直接的で同一の状況を言葉で説明しようとすると、かえってわかりにくくなってしまったかもしれません。反対に明らかに間接的で同一でない状況を考えてみましょう。たとえばある場所で交通事故が起こり、それをテレビ局が取材して放映し、私が家でテレビ番組を見て、その事故を知ったとします。ここに、事故という「事実そのもの①」、「テレビや感覚を通して生じる意識②」、「意識することで得られるなんらかの知識③」があります。しかし、ここで得られた知識というのは、明らかに間接の知識であり、元の事実と一致しているかどうかは疑わしいでしょう。

そもそも「疑う」ということが成り立つためには、疑う側（主観）と疑われる側（客観）が分かれて、そこになんらかの隙間《すきま》がなければなりません。「S（主観）が、O（客観）を、意識する」と主観と客観が分かれずに、ただ「意識現象の意識」によってそのまま生じる「直接の知識」は、疑おうとしても疑いようがないのです。

ここでは、説明するために三つに分け、しかも「意識現象を意識する」と書いていますが、この直接的な状況では、実は「意識するもの（主観）」と「意識されるもの（客観）」は分かれていません。つまり、「主観が（S）、客観を（O）、意識する（V）」ということではなく、ただ純粋に「意識する」だけが前に現われているはずです。「意識現象を意識すること」が、そのまま「意識が立ち現われている事実」であるように、認識と事実の間に髪の毛ほどの隙間《すきま》もない、まったくの同一となっている状態です。

読者の皆さんには、どうか、この「意識現象の意識」という、わかりにくい表現の意図をくみとっていただければ幸いです。西田は、こういう「の」や「〜的…」などという表現をよく使いますが、たしかにわかりにくい表現です。でも、しかたないのです。きっと西田も、「意識を意識する」でも、「意識が意識する」でもなく、そうした主観と客観が分かれていない（分けることができない）ニュアンスを伝えたくて、こういう表現を使っているんです。この「が」と「を」が重なり合って、「意識現象という意識」というニュアンスを伝えるための、あえての助詞「の」としてご理解ください。

勿論《もちろん》、意識現象であってもこれを判定するとかこれを想起するとかいう場合では誤《あやまり》に陥ることもある。しかしこの時はもはや直覚ではなく、推理である。後の意識と前の意識とは別の意識現象である、直覚というは後者を前者の判断として見るのではない、ただありのままの事実を知るのである。誤るとか誤らぬとかいうのは無意義である。斯《かく》の如き直覚的経験が基礎となって、その上に我々の凡ての知識が築き上げられねばならぬ。

ただし、意識が立ち現われて来るとしても、その立ち現われて来た意識（意識現象）に対して、後から「これは正しい（真だ）、あれは間違っている（偽だ）」と判断したり、その意識現象とは別の何かを想い起こすこともあります。そうした判断や想起が起こった場合には、そこに疑いも生じますし、間違いも起こるでしょう。しかし、このような判断や想起が生じている場合は、もはや「直接の知識」（直覚）ではなく、間接的に推理していることになります。たとえば推理小説の探偵がわざわざ推理するのは、今ここで直接に犯罪が行われていないからです。直接目の前で今まさに殺人をしている現行犯がいたら、推理する必要はありません。私たちは、直接に知ることができないから、状況証拠などから推理するしかないわけです。

たとえば絵画を見た瞬間の感動（意識現象a）と、その後にその感動に対してなされる判断（意識現象b）とは、お互いに別の意識現象ということになります。ここで「直接の知識」（直覚）と言っているのは、「意識現象aを後から判断するという意識現象b」のことではありません。「直接の知識」とは、自分がまさに現在進行形で感動していることを知っているということです。その感動しているという事実aをありのままに知るということです。そうすると、ただありのままに知る「直接の知識」（直覚）には、誤りがある・ないという判断それ自体が無意味なことになります。なぜなら、その意識現象aが正しいのか誤っているのか真偽を判断するという時点bで、すでに元の意識現象aから離れており、「直接の知識」ではないからです。「直接の知識」（直覚）については、そもそも「その知識が正しいか誤っているか」ということ自体を言うことができないのです。だからこそ、これから私たちがなんらかの知識を築き上げていくときには、このような「疑い」が入らないような、最も確実な「直接の知識」としての経験（直覚的経験）を基礎としなければならない、ということになります。

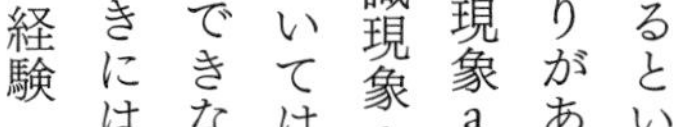

哲学が伝来の仮定を脱し、新《あらた》に確固たる基礎を求むる時には、いつでもかかる直接の知識に還ってくる。近世哲学の始においてベーコンが経験を以て凡ての知識の本としたのも、デカートが「余は考う故に余在り」cogito ergo sum の命題を本として、これと同じく明瞭なるものを真理としたのもこれに由るのである。しかしベーコンの経験といったのは純粋なる経験ではなく、我々はこれに由りて意識外の事実を直覚しうるという独断を伴うた経験であった。デカートが余は考う故に余在りというのは已《すで》に直接経験の事実ではなく、已に余あ

りということを推理して居る。また明瞭なる思惟が物の本体を知りうるとなすのは独断である。

――――

第二段落で、「哲学の中にも充分に批判的でなく、在来の仮定を基礎として深く疑わない」ものがあると言われていました。しかし哲学の歴史において、そのような「在来の仮定」を批判的に考え、そこから抜け出して、新たに確固とした基礎を求めようという哲学もあります。それまでの思考の前提（枠組み）が変わる、いわゆるパラダイム・シフトです。そのように哲学が新たな領域を切り開くようなときは、必ずこうした「直接の知識」に立ち返ることになる、と西田は言います。

この後は、また実例の紹介です。近世のはじめ、十六〜十七世紀に生きた二人の哲学者、イギリスのフランシス・ベーコンと、大陸（フランス）のルネ・デカルトを取りあげて、寸評を加えています。ベーコンは、「経験がすべての知識の本である」と言ったし、デカルトは「我思う、故に我あり（コギト　エルゴ　スム）」と言った。彼らは、これらの文章（命題）を根本として、この根本命題と同じく明晰判明なものを真理とした。彼らのこのような考え方も、ここで言われている疑いようのない「直接の知識」まで戻ろうとしたからだ、というわけです。

西田からベーコンとデカルトへの寸評が続きます。まずベーコンの言う「経験」は、西田が考える純粋な（直接の）経験ではありません。ベーコンの経験は、「私たちの意識の外には何かあって、私たちは、その外の何かを直接に経験できる」という意味での経験でした。これは、意識に内・外があることを前提とした考えで、それは独断と結びついた経験の概念だ、と西田は言います。

ちなみに、これまで「直接の経験」や「直覚的経験」と呼ばれていたものが、ここでは「純粋なる経験」と言い換えられています。この第二編「実在」では、第一編「純粋経験」と違い、「純粋」よりも「直接」のほうがよく使われますが、西田にとっては同じことを別の表現で言い表わそうとしたものになります。

さて、次はデカルトです。デカルトの「我思う、故に我あり」も、もはや直接経験の事実ではなく、すでに「我あり」ということを推理してしまっている。それにデカルトは、明晰判明な思惟によって物の本体を知ることができる、と言うが、それも独断だろうと西田は言います。西田は、自分も思惟する哲学者なのですが、思惟それ自体にも懐疑的なんです。たとえ明晰判明な思惟でも、それによって「物そのもの」を知ることができるというのは、疑わしいだろう、と。デカルトは思惟することを独断的に信頼しすぎているのではないか、というわけです。このように、考えること（思惟）それ自体を重視しすぎないという話は、次の二字下がった段落のあと、第四段落に続きます。

　カント以後の哲学においては疑う能《あた》わざる真理として直《ただち》にこれを受取《うけと》ることはできぬ。余がここに直接の知識というのは凡てこれらの独断を去り、ただ直覚的事実として承認するまでである（勿論ヘーゲルを始め諸《もろもろ》の哲学史家のいって居る様に、デカートの「余は考う故に余在り」は推理ではなく、実在と思惟との合一せる直覚的確実をいい現わしたものとすれば、余の出立点と同一になる）。

デカルトについての話が続きます。十八世紀ドイツの哲学者イマヌエル・カントによって、人間の思惟に限界のあることが明らかになったのだから、「我思う、故に我あり」という明晰判明な思惟が疑いようのない真理だという考えは、もうそのまま受け入れられない、と。西田にとって、自分の「直接の知識」は、こうしたすべての独断を捨て去って、あくまで「直覚的な事実」だけを扱いたいのです。

丸括弧の中の文章は、「我思う、故に我あり」の通俗的な解釈ではなく、ヘーゲルをはじめとした哲学史家の解釈を示して、それなら自分の考えに合致するという但し書きです。

先ほどのaとbの図（39頁）で考えてみましょう。もし、デカルトの「我思う、故に我あり」の、「我思う」がa、「我あり」がbだとしてみると、「我思うa」という疑いようのない直接的な経験（事実）に基づいて、そこから判断して「我ありb」という知識が成り立つことになります。しかし、そのような推理で導き出される知識bは、西田の言う「直接の知識」ではありません。そうではなく、もしこの「我思う、故に我あり」が、まるで「我思う、即ち我あり」というように、後に書かれた「我あり」という知識が、経験の事実aにおいてそのまま得られるのだとしたら、西田の考えと一致する、ということです。もしデカルトにとって、そうした自らの直接的で疑いようのない実在《リアル》としての「我思う」が、「故に我あり」という思惟（知識）と合一して、その「我あり」こそが直覚的に確実だというのであれば、それは西田の考えと同じことになる、というわけです。

第四段落

意識上における事実の直覚、即ち直接経験の事実を以て凡ての知識の出立点となすに反し、思惟を以て最も確実なる標準となす人がある。これらの人は物の真相と仮相とを分ち、我々が直覚的に経験する事実は仮相であって、ただ思惟の作用に由って真相を明にすることができるという。勿論この中でも常識または科学のいうのは全く直覚的経験を排するのではないが、或《あ》る一種の経験的事実を以て物の真となし、他の経験的事実を以て偽となすのである。例えば日《じつ》月星辰《げつせいしん》は小さく見ゆるがその実は非常に大なるものであるとか、天体は動く様に見ゆるがその実は地球が動くのであるという様なことである。

西田は、私たちが直接に認識できるのは、まさに意識に立ち現われてくる事実だけであり、その事実について直接に（そのままに）得られる知識（直覚）こそが「知識の出立点」となるべきだと考えます。ひとことで言えば、「直接経験の事実」こそがすべての知識の出立点、考究（思惟）の出立点となるべきだ、というわけです。私たちは、思惟や判断によってなんらかの知識を得ますが、その知識をもたらす思惟が始まるには、まずは「直接経験の事実」がなければならない、というのです。

しかし、この考えに反して、思惟（思考）を至上とする人たちがいます。彼らは次のように考えます。つまり、

――思惟（思考）こそが、最も確実な知識の基準なのだ。物には、真のすがた（真相）と仮のすがた（仮相）がある。私たちが直覚的に経験するようなことは、仮にそうと思っているだけで、まだ真のすがたではない。真実が明らかになるのは、論理的思考（思惟）のはたらきによってだけなのだ――と。

このような思考を重視した考え方も、たしかに私たちの直接的な感覚による認識というのは、しょっちゅう「間違える」ので、あながち否定できません。それに、このように思考を重視する考えの中でも、常識的・科学的な人であれば、さすがに「直接的な経験」による知識を仮のものだとしても、それを完全に否定はしません。なぜなら、常識や科学の考えでは、ある経験を「真」であるとしたら、その真である経験に矛盾する別の経験を「偽」とするのであって、結局は「経験」が必要だからです。

たとえば、太陽や月や星々は小さく見えます（a）が、いろいろな観察と科学的根拠によって、経験的な見たままのサイズではなく、本当は非常に大きいだろうという理解（b）をします。ま

た、私たちの素朴な実感としては大地が静止していて天体が動いているように見えます（a）が、その実は地球のほうが動いているという理解（b）もあります。地球の動きを身体で実感できる人はいないでしょう。あるいは、直覚的には朝や夕の太陽は大きく見え、昼ごろの太陽は小さく見えます（a）が、実際に定規をあててサイズを計れば、同じ大きさであることがわかります（b）。このように、私たちは、科学的に（そして現代の常識として）、理解（b）のほうを「真」とみなして、その前の素朴な見え方（a）を「偽」とします。

ここで西田は、思惟を重要視する立場を退けるために、「経験⇕思惟」という対立構造を、「経験a⇕経験b」という対立構造に吸収・変換しています。それによって、やっぱり経験が重要なんだ、と言いたいのです。

しかしかくの如き考は或る約束の下に起る経験的事実を以て、他の約束の下に起る経験的事実を推《お》すより起るのである。各《おのおの》その約束の下では動かすべからざる事実である。同一の直覚的事実であるのに、何故その一が真であって他が偽であるか。此《かく》の如き考《かんがえ》の起るのは、つまり触覚が他の感覚に比して一般的でありかつ実地上最も大切なる感覚であるから、この感覚より来る者を物の真相となすに由るので、少しく考えて見れば直にその首尾貫徹せぬことが明《あきらか》になる。

そもそも、このような「ある経験aが間違っていて、別の経験bが正しい」という判断は、どうやって生じるのか。西田は、その経験bのほうが正しいことにしている「約束」に基づいているにすぎない、と言います。私たちは、何かの判断をするときには、その基準となる取り決め（ルール）を用意しておきます。たとえばジャンケンでは、グーとチョキのどちらが強いかを決めてあるから、勝敗の判断が可能なのです。先ほどの経験aと経験bのどちらが正しいかを決めるには、「素朴で見たままの観察aのほうが正しい」という約束《ルール》なのか、「科学的で客観的な観察bのほうが正しい」という約束《ルール》なのか、ということです。小学校の理科の時間であれば後の約束が採用されるし、美術の時間であれば前の約束が採用されるかもしれません。どちらも同じく直覚的な（直接経験の）事実なのですが、そのつど採用される約束が違うので、真・偽も変わってくるのです。

たとえば、砂漠の中を長いこと歩いていて、前方にオアシスの水が見えたとします（a）。しかし、そこまで行ってみたら、先ほど見えたはずの水はなく、触ることも飲むこともできません（b）。いわゆる蜃気楼《しんきろう》の現象です。ここでは、水が見えたという経験aに対して、後から水に触ることもできないという経験bが起こったわけですが、この場合も、後の経験bから、前の経験aを推《お》し測《はか》って、「あれ（a）は幻だった、偽だった」とするわけです（まったく常識的な判断です）。

しかし、経験aと経験bの各々は、たとえお互いに対立していたとしても、それぞれの時での意識現象としては、どちらも動かしようのない「事実」だとも言えます。今まさにオアシスを見ていてカラカラに乾いた喉を潤すことができるという期待感は、やはり直接的な事実でしょうし、水を飲めないという失望と砂のザラザラとした感触も、やはり「直覚的な事実」であることには変わりがありません。

それでは、どうして私たちは、最初の視覚による経験aを間違い（偽）だとして、後からの触覚による経験bのほうを正しい（真）とするのか。このように真・偽を言えるのは、おそらく触覚が他の感覚に比べてより普遍的で、かつ実際上で（生きていくうえで）最も大切な感覚だからだろう、と西田は言います。「実地上最も大切なる感覚」こそが私たちに真相を明らかにしてくれるというのは、なかなか重要なポイントだと思いますし、それはそれで筋が通っている話です。では、何が「首尾貫徹せぬ」のかと言うと、話が元に戻って、「思惟を以て最も確実なる標準となす人」たちの考えの最初と最後が一貫していない、というわけです。つまり、私たちは、経験aと経験bが対立したとき、その二つの経験を、できるだけ整合性をもって理解したいために、どちらか一方を「真」とする立場（約束）に基づいてもう一方を「偽」と判断してしまうにすぎない、ということです。でも、どちらを「真」だと考えたとしても、結局は「経験」に基づいているので、そう考えたほうが首尾一貫しているだろう、ということです。

——

或る一派の哲学者に至ってはこれと違い、経験的事実を以て全く仮相となし、物の本体はただ思惟に由りて知ることができると主張するのである。しかし仮に我々の経験のできない超経験的実在があるとした所で、かくの如き者が如何にして思惟に由って知ることができるか。我々の思惟の作用というのも、やはり意識において起る意識現象の一種であることは何人も拒むことができまい。もし我々の経験的事実が物の本体を知ることができぬとなすならば、同一の現象である思惟も、やはりこれができないはずである。或る人は思惟の一般性、必然性を以て真実在を知る標準とすれど、これらの性質もつまり我々が自己の意識上において直覚する一種の感情であって、やはり意識上の事実である。

また、ある一派の哲学者になると、このような常識的な考えや科学的な見解をさらに推し進めて、次のように言います。つまり、

——直接的な経験によって知られることは、まったくの仮のすがた（仮相）なのだ。ただ思惟によってのみ、物そのもの（真相）を知ることができるのだ——と。

この考えでは、先ほどのオアシスの例で言えば、水が見えたという経験aも、触れることができなかったという経験bも、ともに「仮相」にすぎません。その経験が真実かどうかは、後からしっかり思惟することによってのみ把握できるのであって、思惟するまでは「直接の経験」はすべて仮のものにすぎない、というわけです。つまり、私たちの「直接の経験」は、物そのもの（真相）に達することはできない、ということになります。

この「或る一派の哲学者」さんは、西田にとって否定するために登場させられた人ですから、

当然ですがすぐ否定されます。つまり、私たちの経験を超えたような「真相（物そのもの）」とやらがあったとしても、私たちはそんなものを「思惟」で知ることはできないだろう、と。この哲学者は「経験はすべてが仮で、思惟によってのみ真相が明らかになる」と言うけれど、その「真相（物そのもの）」というものがあったとして、そもそも思惟だって、私たちの経験（意識現象）の一種ですよね。他の経験（意識現象）に知り得ないものを、どうして思惟だけが知り得るのか。どうして思惟だけが、そんなに超絶的でスゴイものだと言えるのか。しょせん意識に生ずる現象（意識現象）の一種にすぎない思惟の作用《はたらき》も、やはり「物そのもの」を知ることはできないだろう、と。

最後にもうひとり「或る人」が登場します。西田は、この人に「思惟には、直覚と違って、一般性（普遍性）や必然性がある。この一般性・必然性こそが、真実在（真相）を知る基準になるはずだ」などと言わせて、すぐ否定しています。私たちが、何かの経験について考えて、「これは、いつでも通用する一般（普遍）的なものだ」とか、「これは、必然的に成立することだ」などと判断したとしても、そうした思考による一般性や必然性という性質も、結局は私たちが自己の意識において直覚するものであって、「意識上の事実」であることには変わりがない、と言っています。

なお原文では、そうした一般性や必然性を、「自己の意識上において直覚する一種の感情」であるとしていますが、ちょっとわかりにくいかもしれません。ここで西田が使う「感情」という言葉は、私たちが日常的に使っているよりも、広い意味で使っています。いわゆる「感情的なもの」という狭い意味ではなく、私たちの意識現象の中で、知的な作用でもなく、意志の作用でもない、それ以外のすべての心の作用を示して「感情」と言っていると思ってください。

我々の感覚的知識を以て凡て誤となし、ただ思惟を以てのみ物の真相を知りうるとなすのはエレヤ学派に始まり、プラトーに至ってその頂点に達した。近世哲学にてはデカート学派の人は皆明確なる思惟に由りて実在の真相を知り得るものと信じた。

豆知識のような補足です。先ほどの「私たちの感覚的知識はすべて誤りだ。物の真相を知ることができるのは思惟だけだ」という考えは、ギリシアのエレア学派（クセノファネスやパルメニデス、ゼノンといった哲学者たち）に始まって、プラトンにいたってその頂点に達した、と言っています。また、近世では、デカルトに続くほとんどの哲学者たちが「実在の真相は、明確な思惟によってこそ知ることができる」と信じた、というのです。いかにも思惟の専門家である哲学者たちが言いそうなことです。西田も、思惟の専門家（哲学者）なんですけど、それを独断だと言っています。

第五段落

思惟と直覚とは全く別の作用であるかの様に考えられて居るが、単にこれを意識上の事実として見た時は同一種の作用である。直覚とか経験とかいうのは、個々の事物を他と関係なくその儘《まま》に知覚する純粋の受動的作用であって、思惟とはこれに反し事物を比較し判断しその関係を定むる能動的作用と考えられて居るが、実地における意識作用としては全く受動的作用なる者があるのではない。直覚は直に直接の判断である。余が曩《さき》に仮定なき知識の出立点として直覚といったのはこの意義において用いたのである。

第一章の最後の段落です。ここまで何人か、西田とは意見の異なる人たちが登場してきましたが、ようするにその人たちは、直覚（経験）と思惟は、まったく別の作用だと考えていました。西田の論の進め方は、それを否定して、直覚も思惟もどちらも「意識上の事実」なのだから、そう考えれば同じ種類の作用だと言える、となります。

そして、今度は、次のような意見を想定します。つまり、

――「直覚」と「思惟」が、同じく意識上の作用だというのは、いいだろう。しかし、「直覚」が事物を他とは無関係に個別に知覚する純粋の受動的作用であるのに対して、「思惟」は事物を他との関係の中で比べながら判断する能動的作用のはずだ。だから、「直覚」と「思惟」は、意識上の作用としては同じだとしても、やはり別の作用として区別するべきだろう――と。

これに対して西田は、いや、そんな厳密な区別もないよ、と答えます。つまり、実際に意識が作用しているのであれば、その作用がまったく受動的であるということもないだろう、というわけです。

ここで西田は、「直覚」と「思惟（判断）」を厳密に分けずに、グラデーション化することで、そ

の境界線をなくし、ふつうは二つに分けられる「意識の上のはたらき」を、つなげて考えています。だから、「直覚は直に直接の判断である」と断言するのですが、これは読む側に混乱を招く表現です。そもそも、ここまでの話からすれば、「判断」に「直接の」という形容詞がつくのは無理があります。たとえば、経験aを後から判断（思惟）するという場合、その後の判断bは、経験aからは離れています。判断とは、その対象と直接しないからこそ成り立つものなのです。それを西田は、「直に直接の判断」と、さらに「直に」も前に重ねているわけです。ですから、ここでの西田の意図としては、もともと直接性のないはずの判断なんだけど、そこにあえて「直に直接の」と付けることで、特殊な意味合いを付与してますから、そこのところをわかってくださいね、ということです。

そもそも「直覚」という言葉が、よくわかりません。《直に覚る》とひらいたとして、「直に」は、西田の強調するポイントですが、もう片方の「覚る」はどういう意味なんでしょう。ここの「覚」は、特に宗教的な「悟り」という意味ではなくて、もっと日常的な、知覚・統覚・自覚などという意味で使われているものですが、そこには《知る、とらえる》という意味が含まれています。そうすると、その《知る、とらえる》ということには、やはりどこかに「判断」という意味合いが含まれていそうに思えます。そうすると、「直覚は直に直接の判断である」という表現で西田が言おうとしていることもなんとなくわかってきます。「直覚」とは、経験aの時点で、経験aのままに、経験aが「正しい」とされる約束《ルール》に基づく「判断」である、というわけです。

私たちは、これから考え究めていく、そうした「考究」によって知識を築き上げていくにあたって、そのスタート地点を、人工的な仮定をすべて捨て去った疑いようのない「直接の知識」（直覚）だけにする必要がある。これが、この章のタイトルでもあり、この章で西田が言いたいことです。西田の言う「仮定なき知識の出立点」は、「直接の知識」（直覚）のことです。そして、それが思惟の始まる地点である以上は、思惟と同一種でもあり、能動・受動の区別のない「直に直接の判断」という意味が含まれている、というわけです。

この章のタイトル「考究の出立点」は、《これから思惟の探究が始まる》という意味であり、かつ、《思惟が始まり深まっていくその基盤に直覚的経験がある》という意味も含まれていたのでした。

> 上来直覚といったのは単に感覚とかいう作用のみをいうのではない。思惟の根柢にも常に統一的或る者がある。これは直覚すべき者である。判断はこの分析より起るのである。

この章で最後の脚注的な段落です。いまさらの補足説明ですが、これまで「直覚」と言ってきたものは、実はいわゆる単純な感覚の作用だけを言っているのではない、としています。思惟（判断）とは、もともと「分けて考える」ことですが、そのとき必ず生じる分化（分析）をまとめる力がなければ、一つのまとまりある思惟になりません。したがって、その思惟（判断や分析）の根底には、その分化（分析）をまとめる「統一的なもの」が常にあることになる。つまり、ここで言う「直覚」とは、この「統一的なもの」をとらえる作用だと言うのです。そして思惟（判断）というのは、この「統一的なもの」が分化（分析）されることによって生じるのだ、と。ですから、「直覚」は、「統一的なもの」をつかまえるものであり、また、思惟（判断）が生じてくる元なのであって、単なる感覚作用というだけではすまされない、ということです。この「統一的或る者」という表現はこれからもよく登場してきます。

第二章

意識の立ち現われ（現象）こそが唯一の実在《リアル》である

〔意識現象が唯一の実在である〕

第二章のタイトル「意識現象が唯一の実在である」は、実は第二編「実在」全体を言い表わすような文章（命題）です。さらにこの「意識現象」が、「直接（純粋）経験」と言い換えられれば、そのまま『善の研究』全体の大文章《グレート・センテンス》と呼べるものになります。ですから、第二章だけのタイトルとしては、いささか大きすぎると言えます。

この章には、そんな大文章に対して出て来そうな哲学上の批判や問題が、西田とは異なる立場として登場して来ます。たとえば、物質しか存在しないという立場（唯物論）、それを身体の神経系に特化させた立場（唯脳論）、心だけが存在するという立場（唯心論）、自分の意識だけが存在するという立場（独我論）などです。後半には、考えること（思考）それ自体に話が及んで、その思考の規則《ルール》としての「因果律」が詳しく論じられ、最後には因果律では説明できない「無から有が生じる」ということが、西田の立場から説明されます。

この章で西田は、自説を展開するために異論（反論）を登場させては次々とそれに答えていき、全体を通して右の大文章を説明していますが、話が大きすぎて、この章だけでは説明しきれていません。ただ、各々の「対話」は興味深く、第三章以降で論じられる内容の前哨戦にもなっているので、結論を急がずにそれぞれの話を楽しんで読めばよいと思います。

第一段落

少しの仮定も置かない直接の知識に基づいて見れば、実在とはただ我々の意識現象即ち直接経験の事実あるのみである。この外《ほか》に実在というのは思惟の要求よりいでたる仮定にすぎない。已《すで》に意識現象の範囲を脱せぬ思惟の作用に、経験以上の実在を直覚する神秘的能力なきは言うまでもなく、これらの仮定は、つまり思惟が直接経験の事実を系統的に組織するために起った抽象的概念である。

最初に、前の章で述べたことが短くまとめられています。何かを仲介して知るような「間接的な知識」ではなく、何も間に入れない「直接の知識」は、まさに直に得られる知識（直覚）なので、少しも仮定が必要ない。「この媒介物《メディア》はたぶん信頼できるだろう」という仮定はいらないわけです。そうした「直接の知識」に基づいて考えてみると、本当に在ると言える「実在」は、ただ私たちの「意識における立ち現われ（意識現象）」すなわち「直接経験の事実」だけだ、ということになります。

もし、この他に実在があると言うのであれば、それは「思惟の要求」から出て来たもの、つまり考えていくのに必要なのでとりあえず在ると仮に設定したものにすぎない、というわけです。前章で述べられていたように、そもそも考えるということ（思惟）自体が、意識現象の中に含まれるので、もし意識現象（直接経験）を超えるような何かがあったとしても、そのようなものは思惟にもとらえられようがない。思惟にそんな神秘的な力がないのは、わざわざ言うまでもないだろう、と。哲学者によっては、「直接経験にとらえられない実在がきっとあって、その実在は思惟によってとらえられるのだ」と考えられてきたけど、そのような「意識の外にある（はずの）実在」という考えは、体系的・組織的に考えていくのに都合がいいからそう考えているだけで、結局はもとの「直接経験の事実」を分解してから有用な部分を抽《ぬ》き出して仮に作られた概念《コンセプト》にすぎない、というのです。

凡《すべ》ての独断を排除し、最も疑なき直接の知識より出立せんとする極めて批判的の考《かんがえ》と、直接経験の事実以外に実在を仮定する考とは、どうしても両立することはできぬ。ロック、カントの如き大哲学者でもこの両主義の矛盾を免れない。余は今凡ての仮定的思想を棄てて厳密に前の主義を取ろうと思うのである。哲学史の上において見ればバークレー、フィヒテの如きはこの主義をとった人と思う。

西田はこの二字下がりの段落で、いきなり二つの考え方（立場）を登場させて、自分はその一方の立場だと言っています。一つ目は、すべての独断を排除して、最も疑いのない「直接の知識」から出立しようとする（批判的な）考え方で、西田はこちら側です。二つ目が、「直接の知識」の他に実在を仮定しようとする（独断的な）考え方です。この二つの考え方は、どうしても両立することができない、と西田は言います。

十七世紀のイギリス経験論の祖と言われるジョン・ロックや、先ほども出て来た十八世紀のドイツで認識論において「コペルニクス的転回」を果したカントのような大哲学者でも、この二つの考え方の間の矛盾を避けて通ることはできなかった、と言います。つまり彼らも、意識現象の外に「物そのもの」を仮定しているので、二つ目の立場にいるのに対して、西田自身は、仮定的なものはすべて捨て去って厳密に批判的に考える一つ目の立場なのだ、というわけです。そして、哲学史の中では、十八世紀のイギリスの哲学者・聖職者バークリーや、十八〜十九世紀のドイツの哲学者フィヒテは、この批判的な考え方をしていた人だと思う、と言います。ここで登場する哲学の内容はまったく触れられていませんから、メモ書きのような一文です。

第二段落

普通には我々の意識現象というのは、物体界の中、特に動物の神経系統に伴う一種の現象であると考えられて居る。しかし少しく反省して見ると、我々に最も直接である原始的事実は意識現象であって、物体現象ではない。我々の身体もやはり自己の意識現象の一部にすぎない。意識が身体の中にあるのではなく、身体はかえって自己の意識の中にあるのである。

西田の生きた時代は、まだ現代ほど科学が発達していませんでしたが、それでも、当時の科学的な常識から、私たちの意識に何かが立ち現われてくる「意識現象」は、脳を含む神経系統（つまり物質）における現象だと考えられていました。たとえば、この身体も、そして身体の中の神経系統も物質でできています。ですから、脳（神経系統）に発生する意識現象（目の前に立ち現われているこの本）も、脳内の化学物質の反応によって生ずる物質現象の一種だと考えられました。今で言う「唯脳論」ですね。

しかし、この物質現象について、もう少し考えてみよう、と西田は言います。このように私たちは常識的に、脳であれ、内臓であれ、とにかく身体というものを物質だと認識しているが、そのように「私の身体は物質だ」と認識しているということは、やはり自己の意識現象なのではないだろうか、というわけです。私たちは、意識現象としてではないやり方では「私たちの身体」を認識（意識）できません。何に実在《リアル》を感じるかは人それぞれかもしれませんし、もちろん「物体こそが実在《リアル》だ」と思っている人もいるでしょう。でも、まさにその「感じる」や「思っている」ということそれ自体が、意識現象においてしか成り立たないのです。

だから、実は「意識が身体（脳）の中にある」ではなくて、むしろ「身体が意識の中にある」と言える。私たちにとって最も直接的で根源的な事実は、いわゆる物質現象ではなく、やはり意識現象だということになります。

一　神経中枢の刺戟《しげき》に意識現象が伴うというのは、一種の意識現象は必ず他の一種の意識現象に伴うて起るというにすぎない。もし我々が直接に自己の脳中の現象を知り得るものとせば、いわゆる意識現象と脳中の刺戟との関係は、ちょうど耳には音と感ずる者が眼や手には糸の震動と感ずると同一であろう。

それでも人によっては、「神経中枢（という物質）を刺激すれば、それにともなって意識現象が起こるはずだ」と言うかもしれません。現代には、西田の時代とは違って、自分の脳内現象を調べられる機器（ＭＲＩ）がありますから、たとえば「怒り」や「安らぎ」という意識現象が生じているときに、脳内の特定部位が活性化している様子を映像で知ることも可能でしょう。そうすると、今度はその部位に外から薬物や電気で刺激を与えて、それらの意識現象を外部から与えることも可能になるかもしれません。

しかし、西田に言わせたら、これらすべてのことも意識の中での出来事（現象）です。最新の医療機器で検査されていることも、その結果を映像で見ることも、「この赤色が活性化の状態を示している」という説明を聞くことも、すべて私の意識に立ち現われてくる意識現象です。したがって、もし誰かが「神経系統（物質）への刺激が先にあって、それに後から意識現象がともなう」と言ったとしても、西田はそれを「神経系統（物質）への刺激という意識現象が先にあって、それに後から別の意識現象がともなう」と言い換えるでしょう。これは、前章で言われた、意識現象ａの後に意識現象ｂがともなって起こるのと同じで、ａもｂも意識現象であることに変わりはありません。

たとえば、今ここで自分自身が直接に安らぎを感じているとしたら、それは直接の意識現象ですし、もし医療機器のディスプレイでその脳内活性化の様子を見ているのであれば、そこで生じている映像もやはり直接の意識現象です。それらは、どちらも意識現象だという意味において実在《リアル》だということになります。

原文にある音と糸の振動の例で考えてみましょう。たとえば、ギターの弦を弾いたとき、耳には音として、手には振動として、目には糸が動く様子が映像として立ち現われてきます。これらの意識現象は、その意識への立ち現われ方は違いますが、どれも意識現象であることは同じです。もし「耳に音が聞こえるといっても、しょせんは振動にすぎない」と、触覚による意識現象のみを認めて、それ以外を否定するという態度をとる人がいたら、それは触覚至上主義者による独断です。そのように、もし「いわゆる内的な意識現象も、しょせんは脳内の物質的な刺激（の意識現象）にすぎない」と言う人がいたら、それもやはり独断なのです（前章のオアシスの水を思い出してください）。


我々は意識現象と物体現象と二種の経験的事実があるように考えて居るが、その実はただ一種あるのみである。即ち意識現象あるのみである。物体現象というのはその中で各人に共通で不変的関係を有する者を抽象したのにすぎない。

西田による補足コメントです。ふつう私たちは意識現象と物質現象という二種類の経験的な事実があるように考えているが、その実はただ一種類があるだけ、つまり意識現象があるだけだ。物質現象と言われるものも、その実は、意識現象の中で、それぞれ人にとって比較的に共通で変わらないような関係のものを抽象したにすぎない、と言っています。

たとえば、手元にある鉛筆を少し持ち上げて手を離してみると、きっと鉛筆は本の上にポトリと落ちるでしょう。ふつうはこれを「落下」という物体現象だと考えます。この鉛筆が落ちるという現象は、自分も他の人も共通にそれを認識できるし、何度やっても変わることなく起こります。十センチ上からでも、一メートル上からでも落ちますし、消しゴムでも、本でも、手を離せば下に落ちます。つまり、物体現象と言われる「落下」は、そのようなさまざまな高さや物の種類を無視して、それら個別の出来事の中から共通で変わらない「落ちる」という部分だけを抽《ぬ》き出して言っている（抽象している）ことになります。

この文脈で大切なのは、さまざまな物や高さの落下を認識することも、さらに、そのように抽《ぬ》き出すこと（抽象）も、すべては意識において立ち現われてくる意識現象だということです。この「抽象する」という思惟のはたらき自体が、意識現象であるということを忘れてはいけません。

第三段落

また普通には、意識の外に或る定まった性質を具《そな》えた物の本体が独立に存在し、意識現象はこれに基づいて起る現象にすぎないと考えられて居る。しかし意識外に独立固定せる物とは如《い》何《か》なる者であるか。厳密に意識現象を離れては物其者《そのもの》の性質を想像することはできぬ。単に或る一定の約束の下に一定の現象を起す不知的の或る者というより外にない。即ち我々の思惟の要求に由って想像したまでである。

また別の「ふつうの考え」が出て来ます。極端な唯心論者か独我論者でもないかぎり、「この世界はすべて私の意識（想像《イメージ》・夢）にすぎない」などと思っている人はいないでしょう。ふつう私たちは、なんとなく「私たちの意識の外には世界が広がっている。その世界にはさまざまな性質の物が存在している。その物は、私の意識とは関係なく別に独立に存在している」と思っています。今、目の前の机を意識のうえで「消えろ！」と思っても、その机が消えるわけではありません。ふつうに私たちが物を知覚するとき漠然と思っていることをあえて言語化すれば、「自分の外にある物（机）を元に、自分の内にある視覚や触覚によってそれを見たり触ったりして、映像や触感という意識現象が生じている」ということになります。さらに哲学的（？）に言うと、「意識の外には、特定の性質をそなえた物の本体（物そのもの）が意識とは関係なく独立に存在しており、意識現象はこの物の本体に基づいて起こる現象である」となります。言葉にすると変ですが、これ

が常識的な態度というものです。

しかし西田は、ここであえてその常識に異議を唱えます。たしかに常識では、自分の意識の外に独立で固定した物の本体があると思っていますが、それでは、その意識の外にあるという物そのものを、私たちはどうやって知るのか。意識を離れて、それを想像することができるのだろうか。知るのも、想像するのも、どちらも意識のはたらきなのですから、まさにその意識を離れて物そのものを知ること・想像することはできないはずです。

仮にそのような物そのものが意識の外にあるとしても、私たちには、そんな物そのものを直接に知る（意識する）ことはできない。だから、そんな意識の外にあるかも知れない物そのものに対して私たちができるのは、「ある条件の下である現象を引き起こすような、私たちには知ることのできない何かがあるのかもしれない」と想定することくらいなのです。このように想定するには、思考のうえでの因果律というルールが適用されています。この思考ルールが適用されていることをわかりやすくすれば、この想定は次のように言い換えられます。つまり、「ある条件が整うと、いつも必ずこの結果が生じる。だからそこには、決まった原因・結果の関係があるはずだ。その原因を物の本体としよう」となります。これは、因果律という強力な思考ルールによって、直接には知りえない原因を仮に設定していることになります。

――しからば思惟は何故にかかる物の存在を仮定せねばならぬか。ただ類似した意識現象がいつも結合して起るというにすぎない。我々が物といって居る者の真意義はかくの如くである。純粋経験の上より見れば、意識現象の不変的結合というのが根本的事実であって、物の存在とは説明のために設けられた仮定にすぎぬ。

それでは、どうして私たちは、直接に知ることもできない「物そのもの」が存在するなどと仮定してしまうのでしょう。それは、何度も繰り返し同じような意識現象が結びついて（いるかのように）起こるからです。私たちは、何度も繰り返し起こるので、つい習慣的に「意識の外にそんな物そのものが在るんだな」と仮定してしまいます。しかし、常識をそのまま信じ込まないで、純粋経験（直接の意識現象）の立場で根本的に「物そのもの」について考えてみれば、「物体間の因果関係」と言われるものも、結局は、《いくつかの意識現象が変わらずに結びついて生じてくるので、つい習慣的に原因と結果として想定されたもの》にすぎない、というのが実際のところなのです。

ちなみに、この第二編「実在」で初めて、「純粋経験」という言葉がここで登場していますが、これは「直接経験」や「直覚的経験」とほとんど同じ意味です。もちろん違う言葉なので、強調したいニュアンスは違います。「直接」が《間に何も介さず直に接していること》なのに対して、「純粋」は《余計なものが混じっていない》という意味が強く出ます。読者としては、各々の言葉に対してそれらのニュアンスを重ねて読めばよいと思います。

いわゆる唯物論者なる者は、物の存在ということを疑のない直接自明の事実であるかの様に考えて、これを以て精神現象をも説明しようとして居る。しかし少しく考えて見ると、これは本末を転倒して居るのである。

「いわゆる唯物論者」とは、「ただ物だけが存在している」と主張する人です。この人は、物の存在ということは疑いようもない直接自明の事実だと考えていますから、この物の存在でもって精神現象を含むすべてを説明しようとします。しかし、これまで考えてきたように、そんな単純な唯物論は、根本と枝葉末節が逆転した考えなのだ、というわけです。

第四段落

それで純粋経験の上から厳密に考えて見ると、我々の意識現象の外に独立自全の事実なく、バークレーのいった様に真に有即知 esse = percipi である。我々の世界は意識現象の事実より組み立てられてある。種々の哲学も科学も皆この事実の説明にすぎない。

原文の「純粋経験の上から」というのは、第三段落にも同じような表現がありましたが、文脈上、《純粋経験の立場から》ということであり、さらに言えば《純粋〔直接〕経験こそが実在《リアリティ》であるという立場から》と解釈できます。そのような立場から厳密に考えてみれば、「独立自全の事実」つまり他に依存せずにそれ自らだけで在るような事実というのは、私たちの意識現象の他にはないことになります。私たちが「本当に存在する」（実在）と言えるのは、そのまま意識現象だけだ、と。先ほども登場していたバークリーは、真に事物が存在するということ（エッセ）は、そのままその事物を認識するということ（ペルキピ）なのだ、と言っていたそうです。これを言い換えれば、私たちの世界に存在するものすべては、それを認識すること（意識現象）によって成り立っている。つまり世界は、意識現象という事実によって組み立てられている、ということです。この「意識現象の事実」は、純粋（直接）経験であり、唯一の実在でもあります。いろいろな哲学も科学も、そのすべてがこの「事実」をなんとかして言葉で説明しようとしているというわけです。

余がここに意識現象というのは或いは誤解を生ずる恐がある。意識現象といえば、物体と分れて精神のみ存するということに考えられるかも知れない。余の真意では真実在とは意識現象とも物体現象とも名づけられない者である。またバークレーの有即知というも余の真意に適しない。直接の実在は受動的の者でない、独立自全の活動である。有即活動とでも云った方がよい。

ここで西田は「意識現象」という言葉の補足説明をしています。「意識現象の事実」というと、まるで物質とは別の精神のことを言っていて、精神だけが存在するという「唯心論」だと誤解されてしまうかもしれないけど、自分の考えはそうではないのだ、というのです。おそらく、精神（観念）だけが存在すると考えるバークリーを登場させたので、ここで確認しておきたかったのでしょう。

たしかに西田は「意識現象が唯一の実在である」と言っていますが、彼が「意識現象」という言葉で伝えたいのは、物質現象とは区別される精神現象ではなく、物質現象も含んだものとしての「意識現象」なのです。物質と精神を分けて精神だけがあると主張する「唯心論」ではなく、物質と精神の両方を含んだものとしての「意識現象」だけが真の実在だと言いたいのです。

ですから、バークリーの「有（エッセ）すなわち知（ペルキピ）」という考えを自説の補強のために登場させておきながら、すぐに「余の真意に適しない（本当に言いたいことではない）」と言います。とにかく違うと言っておきたいので、ここまでの文脈を無視して、いきなり能動・受動の違いが出て来ています。つまり、自分がここで伝えたい直接経験（意識現象）は単に受動的なものではないが、バークリーの「知（ペルキピ）」はまだ受動的なものだ、というのです。西田にとって、直接（純粋）経験は、能動的（能く動くもの）、活動するものなので、それはつまり「他に依存することなく独立して自らだけですべてをまかなえるもの（独立自全）」です。バークリーの「有すなわち知」ではなく、「有すなわち活動」だ、つまり「実在とは活動である」というのです。

第五段落

右の考は、我々が深き反省の結果としてどうしてもここに到らねばならぬのであるが、一見我々の常識と非常に相違するばかりでなく、これに由りて宇宙の現象を説明しようとすると種々の難問に出逢うのである。しかしこれらの難問は、多くは純粋経験の立脚地を厳密に守るより起ったというよりも、むしろ純粋経験の上に加えた独断の結果であると考える。

短い段落が続きます。これまで見てきた考えを、私たちが自分たちの実際の経験を深く振り返って考えてみれば、どうしてもこういう結論になるはずだ、と言っています。ただ、そうだとしても、一見すれば私たちの常識と食い違っているようにも思えるかもしれない、とも言います。西田も自分で非常識なことを言っているという意識はあるんですね（もちろん非常識だからといって、間違っているとはかぎりません）。また、非常識だというだけではなく、この考えから宇宙すべての現象を説明しようとすると、いくつかの「難問」にぶつかるだろう、とも言います。でも、そんな難問が出て来ても、大丈夫。そうした問いの多くは、自分の「純粋経験の立場」を守ることから生じるのではなく、むしろ別の立場から後から加えられた「勝手な考え（独断）」によって生じた問題だからだ、というわけです。次の段落から、そのような難問と、それへの西田からの返答という「対話」が始まります。

第六段落

かくの如き難問の一《ひとつ》は、もし意識現象をのみ実在とするならば、世界は凡て自己の観念であるという独知論に陥るではないか。または、さなくとも、各自の意識が互に独立の実在であるならば、いかにしてその間の関係を説明することができるかということである。

最初の「難問」は、次のようなものになります。

問いA　もし意識現象だけが実在であるとすると、世界のすべてが自分ただ独りの観念だという「独知論」（独我論）に陥ってしまうが、それでよいのか。

原文に「観念」という言葉が出て来ます。もともと《思考や意識の対象・内容》などを意味する、少し難しい言葉です。でも、日常会話にも、たとえば「あの人は固定観念が強い」とか「子どもには時間の観念がない」などと使われます。日常的には、《考え》、《アイディア》、《イメージ》などに置き換え可能です。

さて、この独我論（独知論）というのは、先ほども登場した「この世界はすべて私の観念にすぎない」という考え方です。この問いを出してきたAさんは、独我論はマズイと思っているんですね。もし西田が言うように「意識現象が唯一の実在である」とすると、「世界のすべてが意識現象だ」となり、さらには「すべてがこの私の意識なのだ」というグロテスクな結論になってしまうけど、それはおかしいだろう、というのです。この独我論という考え方は、意外と反証することが難しく、哲学の歴史でも長いこと問題になっていました。

西田からの返答は後にして、次の問いに移ります。さすがに独我論はマズイだろうということで、この問いAを変更した、問いBが登場します。

問いB　独我論を避けるために、「世界のすべてがひとりの自己の観念である」というのではなくて、「世界は複数の自己の観念によって成り立っている」と考えよう。それなら私だけ（独我）ということにはならない。ただ、そうすると今度は、お互い独立に存在している複数の自己の観念は、どうやって結びつくのだろうか。それら別々の意識同士の関係、つまり個人と個人の関係は、どう説明すればよいのか。

このBさんの考えは、先ほどのAさんよりはずっとマシに思われるかもしれません。私たち一人ひとりの個々の意識が存在していることは、いちおう認められています。ただ、せっかく存在は認められても、まわりにいる他の意識（個人）との関係が結べないのでは、かなり孤独な状況に陥《おちい》ります。私たちは互いに結びつけないのか。その関係性が説明できなければ、人間同士の相互理解はそもそも不可能だという話になります。これも、哲学の歴史の中で取りあげられていた難問でした。

しかし意識は必ず誰かの意識でなければならぬというのは、単に意識には必ず統一がなければならぬという意にすぎない。もしこれ以上に所有者がなければならぬとの考ならば、そは明《あきらか》に独断である。しかるにこの統一作用即ち統覚というのは、類似せる観念感情が中枢となって意識を統一するというまでであって、この意識統一の範囲なる者が、純粋経験の立場より見て、彼我《ひが》の間に絶対的分別をなすことはできぬ。

まずAさんに対して答えていきます。このAさんは、独我論について話す以前に、そもそも、どうやら「意識は必ず誰かの意識でなければならない」という前提を持っているようです。西田としても、意識には必ずなんらかの統一（まとまり）がなければならないとは思っています。さすがにまったくまとまりのないものを、「意識」だとは言えないだろうというわけです。ただ、そのまとまり（統一）のあり方として、いきなり「誰かの」という所有者を設定するのは、やりすぎだというわけです。もし、意識になんらかの統一があるということ以上に、その意識には必ず所有者がなければならないと考えるのであれば、それはもう明らかにAさんの勝手な独断でしょう、というのです。

この「意識の統一（まとまり）」と「意識の所有者」という考え方の違いは明らかです。たとえば、複数の人がいるところで、なんとなく数人のグループ（まとまり）ができたとします。でも、そのグループに必ず一人の所有者（あるいは指導者や支配者）がいるとは言えません。意識の場合も、このAさんの言うように、統一（まとまり）があるからといって、それがそのまま「私」という所有者がいるということにはならないはずです。

それで、最初から所有者を設定しないとして、さらに、この統一する（まとまる）という作用《はたらき》についで考えてみます。原文では「統一作用即ち統覚」と、「統一作用」が「統覚」に言い換えられています。この「統覚」は、ここでは《統一する意識（覚）》というぐらいの意味で理解しておいてください。さて、そうした意識の統一（統覚）というのは、最初からカチっと固定した統一性があるわけではありません。むしろ、さまざまに立ち現われてくる観念や感情の中で、どちらかというと類似しているものがいくつかあって、その類似したものがまとまってくることで成り立ちます。その「まとまり」が、いろいろな現象の中枢となって意識が統一している、という話です。たとえば、先ほどの複数人のグループでしたら、なんとなく気の合った者同士が集まってくるという感じでしょう。そこには、もちろん所有者はいませんし、なんらかの確固たる目的を表明する指導者がいるわけでもありません（いてもいいですが）。なんとなくの統一（まとまり）があるという状況です。どうしても「所有者」という概念を使いたいのなら、この一人ひとりがグループの「所有者」と言えるかもしれません。

そのように意識にある程度の統一（まとまり）ができてくると、そこにはなんとなく意識統一の範囲というものが出来てくるようです。ただ、その範囲の境界線というのは、純粋経験の立場からすれば、コチラ（我）とアチラ（彼）というように、その間に絶対的な区別を作り出すものではありません。

もし個人的意識において、昨日の意識と今日の意識とが独立の意識でありながら、その同一系統に属するの故を以て一つの意識と考えることができるならば、自他の意識の間にも同一の関係を見出すことができるであろう。

ためしに、この本を読んでいる読者自身の「意識」を意識してみてください。この本を読み続けている間にも、さまざまな観念が湧いてきたはずです。いつまでこの話が続くんだろう、お腹がすいたな、外がうるさいな、寒い（暑い）な、などなど。さまざまな観念が現われたり消えたりしつつも、そこになんらかの「まとまり」があるからこそ、私たちは一冊の本を読み続けることも、一人の個人として生きていくこともできます。

このようないわゆる同一人物の意識を時間的に見れば、過去の意識と現在の意識は、異なった時間のことなので、とりあえず別々の意識だと思うこともできます。たとえば、子どものころの意識と今の意識は、どこかに連続性を保ちながらも、やはり明らかに「別もの」でしょう。そうした意味では、厳密に言えば、昨日の意識と今日の意識は、それらの意識が対象とする時間的な範囲が違うわけですから、それぞれの意識は独立しているとも言えます。

しかし、その昨日の意識と今日の意識は、ただ別だというのではありません。そこには、どこかに連続性というか、まとまり（統一性）があります。私たちは、昨日と今日という異なった時間の間に、なんらか「同じ一つの系統に属している」という実感を持っているのです。もし昨日と今日でそのような「同一系統」がまったくない人がいたら、それは別人格ということになるでしょう。

このように、私たちは、常識的に「昨日の意識と今日の意識は、ともに私の意識だ」と思っています。言い換えれば、過去と現在という時間的に範囲の異なる意識の間でも、同一系統に属しているのだから、一つの意識だと認めています。さて、ここからちょっと無茶な話になるんですが、そのようにもし「同一系統に属していれば、一つの意識だ」と言えるなら、いわゆる自分と他人という範囲の異なる意識も、なんらかの同一系統に属しているのであれば、それも一つの意識と言えるのではないか、と言うのです。読者にすればかなり無理のある論理展開のように思われるかもしれません。おそらく西田自身もそう思ったのか、次の二字下がり段落でさらに説明を加えています。


我々の思想感情の内容は凡て一般的である。幾千年を経過し幾千里を隔てて居ても思想感情は互に相通《あい》ずることができる。例えば数理の如き者は誰がいつどこに考えても同一である。

故に偉大なる人は幾多の人を感化して一団となし、同一の精神を以て支配する。この時これらの人の精神を一《ひとつ》と見做《みな》すことができる。

西田なりに、この非常識な内容をなんとかわかってもらおうと説明を試みています。理解しにくい部分なので、ていねいにほぐしていきましょう。まず、この私たちが考えていること（思想）や感じること（感情）というのは、別々に個人個人で考えたり感じたりしているように思うかもしれませんが、その内容というのは、実際のところ、すべてどこかで共通しています（「一般的である」）。

たとえば、天才がいかに特殊で突出していても、その時代・地域に生きている人たちと多くの共通性を持っています。あるいは時代・地域が異なり、たとえ何千年がたって何千キロ離れているところに住んでいる人でも、その思想や感情というのは、お互いに相通じることができる。たとえば数学の理論のようなものは、誰がいつどこで考えても、同じ意識を持つことができる。

だからこそ偉大な人というのは、時代や地域を越えて数多くの人々の思想や感情に影響を与え、そこに統一性を持たせ、同一の意識（精神）をもって従わせるということができるのだ、というわけです（西田は、他の箇所で釈迦、イエスなどについて語っています）。このような場合、もしそうした思想や感情になんらかのまとまり（統一性）があるならば、そうしたまとまり（統一性）を持った人たちの意識（精神）は、まったく異なったものとは言えないはずだ、むしろ同一だとみなすことができるのではないか、というわけです。

原文はここまでですが、文脈から、おそらく次のような反論がありえます。

――いや、たとえ共通の思想を受け継いだとしても、その人の生きている時代・地域・年齢・社会的状況などによっては受け止め方も違うわけだから、厳密に言えば同一の意識ということはありえない――と。

たしかに厳密に言えばそうなのですが、だからと言って、私たちの考え方や感じ方には、各人で異なる部分も共通する部分もあるということも事実です。その異なる部分を強調すれば「異なっている」と言えるし、共通する部分を強調すれば「同じだ」と言えるわけです。いわゆる同一人物であっても、異なる部分を強調して言えば、二十年前の自分と今の自分は別人ですし、さらに言えば、昨日の意識と今日の意識も別になり、さらに厳密に言えば、一分前の意識と今の意識も別だということになります。それでも私たちはそこに共通性を見て、「同一人物だ」と言っているわけです。

ここで西田が言いたいのは、もし昨日と今日の意識が同じだというのであれば、場合によっては、私とあなたの意識もある意味では「同一である」と言うこともできる、ということです。たとえば、まさにこの文章を読んでいる読者の思考は、書き手（大熊）の思考と、他の読者の思考と、そして西田の思考との間に、なんらかの統一性があるのではないでしょうか。コンサートで音楽を聴いているとき、その会場の人たちには、なんらかのまとまりはないのでしょうか。それでも、

「いいや、厳密に言えば個別なんだ」と言うのであれば、その信念の根源《ルーツ》を探ってみれば、実はその考えもまったくの個別・独創ではなく、やはり「個別性を尊重する」という思考パターンを誰かと共有している、枠にはまった（統一した）思考なのではないでしょうか。なお、この昨日の意識と今日の意識が同じだという話から、個々人の意識が同じだという話の展開は、第六章でも論じられますので、またそこで詳しく考えてみたいと思います。

Ｂさんのことを忘れていました。Ｂさんは、「別々の個人が、別々の意識を持っている」ということを前提にして、「それら個別の意識どうしの関係をどう説明するのか」という問いを立てていました。ここまでの話からすれば、実はその「別々の」ということも、「…を持っている（…の所有者である）」ということも、実はぜんぜん「純粋経験の立場」の考え方ではないわけです。純粋経験の立場では、直接の意識現象が唯一の実在なわけですから、そこには「別々」とか「所有」という概念がそもそもなく、後から挿入された独断にすぎないのです。「純粋経験の立場」にはない考え方を持ち込んで、そのせいでその立場に矛盾を生じさせておいて、その矛盾に基づいてその立場を否定するというのは、ずるいやり方でしょう。

第七段落

次に意識現象を以て唯一の実在となすについて解釈に苦むのは、我々の意識現象は固定せる物ではなく、始終変化する出来事の連続であって見れば、これらの現象は何処《いずこ》より起り、何処に去るかの問題である。しかしこの問題もつまり物には必ず原因結果がなければならぬという因果律の要求より起るのであるから、この問題を考うる前に、先《ま》ず因果律の要求とは如何なる者であるかを攻究《こうきゅう》せねばならぬ。

次に、西田の「意識現象（直接経験）が唯一の実在である」という立場を理解しがたい人から、次のような問いが出て来ます。

問いC　私たちの意識現象が固定したものではなく、ずっと変化し続ける出来事の連続だとするならば、このような変化し続ける意識現象は、どこから生じて、どこへと消えていくのか。いったい、どこにシッカリしたものがあるというのか。

このCさんは、この不安定な現象に対して、その根拠となる確固とした原因を求めています。つまり、「変化するものには、その背後に不変のものがなければならない」ということを前提にしています。また、物事を必ず原因と結果の関係で把握しようとする因果律も前提にして質問しています。因果律というのは、どうにも強力な思考ルールですから、それを前提にしてしまうと、どうしてもこの「因果律の要求」に従わなければいけなくなります。そもそも「因果律」とはどのようなものなのか。この問いCを考えるにあたって、因果律について詳しく考えてみましょう。

普通には因果律は直《ただち》に現象の背後における固定せる物其者《そのもの》の存在を要求する様に考えて居るが、そは誤《あやまり》である。因果律の正当なる意義はヒュームのいった様に、或る現象の起るには必ずこれに先だつ一定の現象があるというまでであって、現象以上の物の存在を要求するのではない。一現象より他の現象を生ずるというのは、一現象が現象の中に含まれて居ったのでもなく、またどこか外に潜んで居ったのが引き出されるのでもない。ただ充分なる約束即ち原因が具備した時は必ず或る現象即ち結果が生ずるというのである。約束がまだ完備しない時これに伴うべき或る現象即ち結果なる者はどこにもない。例えば石を打って火を発する以前に、火はどこにもないのである。

まずこのCさんは、そもそも「（因果律の要求に従えば、）いろいろな現象（結果）の背後には、物そのものがその原因として存在するはずだ」と考えています（また「物そのもの」が出て来ました）。しかし西田は、たとえ因果律を用いて、その規則《ルール》に従って考えるにしても、その用い方・考え方がすでに間違っている、と言います。つまり、もし「因果律」を用いるのであれば、十八世紀のイギリスの哲学者デイヴィッド・ヒュームが言ったように、「ある現象が起こるには、必ずこれに先だつ一定の現象がある」という意味で使うだけにしておくべきだ、というのです。因果律によって、「現象以上の何かが、その原因として存在するはずだ」と言うのは、因果律の間違った使い方だ、と。

もう少し詳しく見てみましょう。私たちは、よく「ある現象aから、他の現象bが生ずる（ようにに見える）」と言いますが、その意味するところは、《現象aの中に含まれていた現象bが、そこから出て来た》ということではありませんし、《現象aとはまったく関係なく潜んでいた現象bが、どこかから出て来た》ということでもありません。その意味というのは、単に《その現象bが生ずるのに十分な条件（原因）がそろったとき（現象aが生じたとき）に、必然的に結果としてその現象bが生じた》というだけの話です。ある現象bが生ずるための「約束」や「条件」がまだ完備していないときには、完備したときに生じるはずの現象b（結果）は、どこにもありません。たとえば、火打ち石をカチンと打って火を発するというとき、そのカチンの前には火はどこにもないわけです。

或いはこれを生ずる力があるというでもあろうが、前にいった様に、力とか物とかいうのは説明のために設けられた仮定であって、我々の直接に知る所では、ただ火と全く異なった或る現象があるのみである。それで或る現象に或る現象が伴うというのが我々に直接に与えられたる根本的事実であって、因果律の要求はかえってこの事実に基づいて起ったものである。しかるにこの事実と因果律とが矛盾する様に考うるのは、つまり因果律の誤解より起るのである。

話をわかりやすくするために、Dさんに登場してもらいましょう。

問いD　その結果を生じさせる条件の中には、結果を生み出す可能性というか、能力というか、なんらかの力が原因としてあるだろう。火打ち石の例で言えば、乾燥していること、石と石をぶつける角度やスピードなどの条件がそろうだけではなく、その火打ち石それ自体に火をつける能力がある。火という結果を生み出す原因としての力が備わっていると言える（他の石にそんな力はない）。

このDさんの言いたいことはわかります。そのような力が火打ち石にあるのかもしれません。しかし、それは「かもしれない」ということであって、まったく疑いのないような直接の知識ではありません。前にも出て来ましたが、そのような「力」とか「物そのもの」というのは、その状況を説明するために仮に設定されたものにすぎません。たしかにかなり信憑性のある仮定ではありますが、直接に知ることのできないものです。私たちが直接に知るところでは、火打ち石のカチンという、火とはまったく異なった現象aがあり、その後に火が起こるという現象bがあるというだけです。このように、単に「ある現象aの次に、ある現象bが生じる」というのが、「直接に与えられたる根本的事実」なのであって、そこに直接に知られない「因果関係」を持ち込むのは、直接経験の事実としてはムリがあるのです。

直接の事実としては、「現象aが起こり、現象bが起こった」というだけなのですが、つい私たちはそこで「現象aを原因として、その結果として現象bが起こった」と因果的に考えてしまいます。もっと簡単に言えば、私たちは「現象a」と「現象b」という二つだけを事実として直接経験しながらも、そこに「現象a↓現象b」という矢印を勝手に挿入してしまうのです。

この矢印（↓）は、もともと「直接の事実」として経験されているわけではありませんから、「直接の事実」に後から付け加えられたものです。まず「直接の事実」があり、その事実に基づいて因果律が付け加えられているわけです。ですから、もしこの事実と因果関係（矢印）とが矛盾したときは、その矛盾は、因果関係（矢印）についての勘違いによって生じていることになるでしょう。

もちろん西田は、ここで因果律を完全否定したいわけではありません。正しい推論に基づく原因と結果の関係もあります。しかし、因果律というのは、直接的な経験ではなく、後付けのものなので、そんなに確実なものではない、ということです。因果律そのものの有用性を否定しているわけではありません。ただ、すべての知識の基盤とするほどには確かではない、と言いたいのです。

問いCへの返答の途中だったので、その話に戻りましょう。Cさんの言う通り、きっと私たちの意識現象は、ずっと変化し続ける出来事の連続なのでしょう。しかし、そうであるならば、そのように立ち現われてくる意識現象だけがそのまま事実であり、それこそが私たちにとって直接の実在《リアル》なのだと考えるべきだということになります。自分の思考を安定させるために、自分が安心したいがために、無理に因果律を当てはめて、変に原因を推論で引き出そうとするから、おかしなことになるのです。

> 因果律というのは、我々の意識現象の変化を本《もと》として、これより起った思惟の習慣であることは、この因果律に由りて宇宙全体を説明しようとすると、すぐに自家撞着《じかどうちゃく》に陥るのを以て見ても分る。因果律は世界に始《はじめ》がなければならぬと要求する。しかしもしどこかを始と定むれば因果律は更にその原因は如何《いかん》と尋ねる、即ち自分で自分の不完全なることを明にして居るのである。

因果律による思考がそんなに確実なものではない、ということの補足説明です。西田に言わせれば、因果律は、私たちの意識現象における「変化」を基本にして生じた「思惟の習慣」にすぎないようです。それは、この因果律によって宇宙全体を説明しようとすると、「自家撞着《じかどうちゃく》」に陥るのを見れば明らかだ、というのです。「自家撞着」とは、《前に言ったことと後で言うことが矛盾すること》ですね。

因果律に基づけば、何ごとにも原因と結果の関係が必要だと考えます。ですから、この世界という結果にも、その原因が必要だ、ということになります。因果律では、「世界には始まりがあり、その原因がなければならない」と主張するのです。しかし、因果律の思考ルールは、まさに「何ごとにも原因と結果の関係が必要」なわけですから、この世界の原因であるはずの何かにも、始まりがあり、そのための原因がなければなりません。そうすると、さらにその原因の原因が必要になってきます。そして、さらにその原因、さらにその原因と遡《さかのぼ》ってしまい、結局は「始まりが定まらない」ということになってしまう。これは、自分で自分の不完全なことを明らかにしていることになる、というのです。

第八段落

終りに、無より有を生ぜぬという因果律の考についても一言して置こう。普通の意味において物がないといっても、主客の別を打破したる直覚の上より見れば、やはり無の意識が実在して居るのである。無というのを単に語でなくこれに何か具体的の意味を与えて見ると、一方では或る性質の欠乏ということであるが、一方には何らかの積極的性質をもって居る（例えば心理学からいえば黒色も一種の感覚である）。

この第二章の最後の段落で、因果律の話をするときによく出てくる「無から有は生じない」という話が出て来ます。もともと「意識現象が実在だ」という話をしていたはずなのに、気が付いたら因果律の話に引っぱられています。

さて、因果律とは「すべての結果には原因がある」という思考ルールですから、原因となるようなものが何も無いのにいきなりポンっと結果が生じるというのは、ルール違反です。したがって、因果律によれば、存在〈有〉は、その原因となるなんらかの存在〈有〉から生じなければならないことになります。だから、無から有は生じないわけです。それを言い換えると、有から有が生じる、ということになります。でもそうすると、先ほどの宇宙全体の始まりのように、前にある「有」はどうやって始まるのか、という問いが出て来ます。そして、その「有」のさらに原因となる「有」が必要となって、無限遡及《そきゅう》してしまいます。

さて、西田はこれについてどう考えるでしょうか。西田の立場は、因果律を前提としない、純粋経験の立場です。つまり、コチラ〈主観〉とアチラ〈客観〉という区別のない、あるいは現象aと現象bという区別もない直接経験〈直覚〉の立場から、この「無から有が生じる」ということを考えます。

まず「無い」ということを考えてみましょう。たとえ「物が無い」といっても、「意識現象が唯一の実在である」という立場から見れば、やはりそこには「無いという経験〈意識〉」が在ることになります。「無」とは、ふつうは《ある性質の欠如》のことですが、単に言葉上の話ではなく、実際の「無」という具体的な意識現象のほうを考えれば、そこにはなんらかの積極的な性質が在る。つまり、「○○が無い」と意識するとき、その○○は無いのかもしれませんが、その意識それ自体は積極的に在るわけです。たとえばいま読者は文字を見ていますが、黒い文字の有るところと、白い背景の文字の無いところに分かれています。白いところは文字が無いわけですが、いま「無い」と意識した、その意識は意識現象として事実のはずです。原文には黒色の認識という例が出ています。黒色は、色としては色彩の欠如、光彩を反射するという性質が無いことですが、それを意識する意識現象としてみたら「黒」という一つの意味を持った積極的な感覚なのだ、というわけです。

それで物体界にて無より有を生ずると思われることも、意識の事実として見れば無は真の無でなく、意識発展の或る一契機であると見ることができる。さらば意識においては如何、無より有を生ずることができるか。意識は時、場所、力の数量的限定の下に立つべき者ではなく、従って機械的因果律の支配を受くべき者ではない。これらの形式はかえって意識統一の上に成立するのである。意識においては凡てが性質的であって、潜勢的一者《いっしゃ》が己《おのれ》自身を発展するのである。意識はヘーゲルのいわゆる無限 das Unendliche である。

そう考えると、いわゆる物質の世界で「無から有が生ずる」という因果律としては無理のある考えも、意識現象の事実として考えれば、その有を生み出すような「無」というのは、《まったく何も無い静止した虚無》ということではなく、《意識が発展していくうえで、その状況が動き出すキッカケ》のようなものだとみなすことができる。単なる欠如ではない「無」、そのような積極的な意識現象の事実としての「無」から、やはり積極的な意識現象としての「有」が生じてくる。そういう意味で、意識現象として「無から有が生ずる」こともありえる。これは、因果律の立場だけでは「自家撞着」してしまうことを、直接経験の立場が支えていることになります。

たしかに因果律は、時間・空間・力という数量的な枠組み（形式）が通用する場合には、非常に有効なルールです。いわゆる物質の世界を考える際には、（最初の物質が発生する瞬間を除けば）ほぼ完全に当てはまるルールと言えます。しかし、この「意識現象が唯一の実在である」という立場、主客が分かれていない純粋経験の立場においては、そもそもこの「意識」が、因果律の機能する枠組み（時間・空間・力という形式）の中に限定されるものではありません。この「意識」は、物質的で機械的な「無から有は生じない」という因果律の支配を受けないのです。むしろ、このような時間・空間・力という形式は、意識が統一することによって成立するのです。なぜなら、もしなんらかの統一性（まとまり）のある意識がなければ、因果律や時間・空間・力などと言うことすらできないからです。「無」という意識現象それ自体は、《有という性質が欠けている》という消極的なものではなく、《無という性質が実際にある》という積極的なものとして立ち現われてきています。

意識においては、すべてが積極的に性質として立ち現われてくる。西田はこれを、「潜勢的一《いっ》者《しゃ》が己《おのれ》自身を発展する」と言っています。「潜勢的一者」というのは、なんでしょう。「潜勢的」

というのは辞書に「潜在的と同じ」などと書かれています。まだ表面に現われておらず「潜んでいる」のは一緒ですが、「潜勢」のほうが「潜在」よりも、「勢い」つまり「動き」がありそうです。「一者」というのは、ここまで原文を読んでおわかりのように、「者」と表記されていても人格は想定されてないので、「一つのもの」あるいは「一つのまとまり（統一）」くらいの意味でしょう。つまり、「潜勢的一者《いっしゃ》が己《おのれ》自身を発展する」というのは、《潜んでいて勢い（動き）のある一つのものが、さまざまな性質へと自ら自己発展する》ということです。このようにほぐして読んでも、よく意味がわからないかもしれませんが、次の章からじわじわと詳しく説明されていきます。

この西田が言いたい「意識」を、十八〜十九世紀のドイツの哲学者ヘーゲルは、「絶対精神」と言いました。正しくは西田がヘーゲルの「精神」という概念の強い影響を受けて、ここで「意識」ということを言っています。そして、やはりこの「精神」は、物質と対立するようなものではありません。この絶対であり無限の「精神」は、《有限と対立するような無限》なのではなく、有限なものに内在して有限なものの運動を通して自己を分化・発展させていくような「無限」です。このドイツ語 Unendliche《ウンエントリヒ》は、un- が反対概念を示す接頭辞で、《end のない》ということです。英語にしたら endless《エンドレス》です。ちなみに、西田には関係ありませんけど、ミヒャエル・エンデの小説『はてしない物語』の、原文ドイツ語タイトルは Die unendliche Geschichte ですね。

> ここに一種の色の感覚があるとしても、この中に無限の変化を含んで居るといえる、即ち我々の意識が精細となりゆけば、一種の色の中にも無限の変化を感ずる様になる。今日我々の感覚の差別も斯《か》くして分化し来《きた》れるものであろう。ヴントは感覚の性質を次元に併《なら》べて居るが（Wundt, Grundriss der Psychologie, §5）、元来一《ひとつ》の一般的なる者が分化して出来たのであるから、かかる体系があるのだと思う。

因果律ではなく、「一つのもの（一者）」から分化していくということについての補足コメントです。黒色の話が出て来たからか、そのまま色の感覚を例にしています。今ここで「一種類の色」の感覚があるとします。たとえば真《ま》っ青《さお》な快晴の空を見て「青色」という感覚を得たとしましょう。しかし、たったいま知覚しているこの「青」も、実際のところは単色なのではなく、そこには無限のグラデーションがあります。また、時がたつにつれて無限に変化もしていきます（見ているこの瞬間にも無限に変化しているはずです）。もし私たちの意識が精細となれば、この快晴の空を、静止した単色の「青」と見るのではなく、その空の中に無限の変化を感じることができるはずです。実際私たちは、一種類の青ペンキで塗られた壁の色と空の色はまったく違ったものとして認識します。緑ペンキで塗られたコンクリ護岸ブロックと、多彩な新緑に彩られた自然の川辺もまったく違ったものです。

それでは、もし精細な意識で無限の変化を感知できるとしたら、その変化に満ちた多彩色はまったくバラバラで別々の色なのかというと、そうではありません。私たちは、たとえ意識が精細になり微細な色調の変化を見分けることができるようになっても、そこにはやはり、なんとなく空の色、あるいは草木の色としての統一（まとまり）をもってその多様性を見ているはずです。これは視覚（色彩）に限らず、聴覚や触覚にも言えます。現在の私たちは、感覚においてさまざまにその違いを識別できますが、そうした感覚の区別（差別）というものも、きっともともとは「一つのもの」から分化してきたものなのだろう、というのです（文末の「…ものであろう」とか「…だと思う」という言い方が、いかにも思いつき・推測の域を出ない話であることが読み取れます）。

最後に十九〜二十世紀のドイツの心理学者であるヴィルヘルム・ヴントの考えが、簡単に紹介されています。ヴントは、その著書『心理学概論』第五章で、「感覚」というものの性質を、一次元・二次元・多次元と三つのレベルに分けて並べています。もしそれら感覚の分かれた性質が、もともと「一つのもの（一般的なもの）」から分化してできたものだとすれば、ヴントの言う「知覚の体系」が私たちに成り立っているのにも納得がいく、と言っています。ここでのヴントは、ちょっとした付け足しコメントのような形ですが、次の第三章にも登場します。

西田は、この『善の研究』を出す前に、当時アメリカ在住の親友・鈴木大拙から、アメリカの心理学者ウィリアム・ジェームズの著作を紹介されて、そこから多大な影響を受けています。ここまで何回か出て来た「純粋経験」という言葉も、ジェームズが使っていた概念です。もちろん、ジェームズと西田の「純粋経験」は内容は違いますが、明らかに影響は受けています（ジェームズは次の章にも登場します）。ここで登場したヴントは、ジェームズよりもさらに年上の心理学者で、実証的な心理学の祖とも呼ばれる人です。やはり西田はその概念を使って自分の考え（哲学）を組み立てています。何度も「心理学」が登場してくるのは、そういった事情があります。

第三章

実在《リアル》の真の姿は、知ではなく情意によって明らかとなる

〔実在の真景〕

第三章も、その内容に比べてかなり大きいタイトルになっています。「実在の真景」ですから、まるで最終章のタイトルです。これが明らかになれば、この第二編「実在」が終わってしまいそうです。第一段落でもいきなり結論が述べられていますし、読者にしたら話について行けないかもしれません。西田としては、まず結論を述べて、なぜそう言えるのかを後から説明していくつもりなので、いきなりすぎてよくわからないかもしれませんが、それはそれとして受けて止めて、読み進めてください。

また、前章に続いて、この章でも「知的に考えること」(思惟)が、かなり批判的に扱われています。その一方で、「意」と「情」が高く評価され、意志を重視する心理学や、情緒・感情を代表する芸術も出て来ます。「美妙《びみょう》なる音楽」や「美にして愛すべき花」が出て来たり、あまり文脈に関係なく詩人ハイネも登場します。そして「学者よりも芸術家の方が実在の真相に達して居る」と言われて、擬人的表現の意義もしつこいくらい再評価されています。

この章で西田は、科学・哲学において重要視されすぎている「知的な思考」を批判しているのですが、もちろん完全に「知」を否定するつもりはありません。ただ、「情意」を高く評価するあまり、この章だけ読むと、まるで反知性主義のように思われてしまいそうなくらいです(が、もちろんそうではありません)。

第一段落

我々がまだ思惟の細工を加えない直接の実在とは如何《いか》なる者であるか。即ち真に純粋経験の事実というのは如何なる者であるか。この時にはまだ主客の対立なく、知情意《ちじょうい》の分離なく、単に独立自全の純活動あるのみである。

私たち人間は、ふつうは自然そのまま・あるがままに生きていけないので、さまざまな工夫をこらして生きています。人類の歴史を見ても、自然のままに生きることのできない私たちは、道具を作り、衣服を作り、住みかを作り、植物を植え育てるといった人為的な加工をほどこしながら発展してきました。私たちは、そんな「人工的なもの」の中で生きていて、それを「文化」や「文明」と言います。

この工夫は、私たち自身の考え（思惟）についても当てはまります。私たちは、自らの経験する事実に、いろいろと言葉で工夫（思惟の細工）を加えながら生きています。たとえば、誰か（何か）に対してモヤモヤした感情を持ったとき、そのモヤモヤを、「愛情」という言葉で表わしたり、「哀惜」としたり、あるいは「憎悪」と見なしたりします。つまり、そうしたなんだかわからない「モヤモヤ」を、言葉でカチッと確定させるわけです。この「モヤモヤ」も一種の言葉（記号）ですから、その「モヤモヤ」すら出てこないような最初の経験（事実）があります。そんな経験（事実）をどう扱うのか。そのままにしておくのか、言葉を与えて判断（思惟）するのか。実は、その取り扱いの仕方によって、私たちはもとの経験（事実）をさまざまに変容させていくことになります。

このように私たちは、思惟（考えること）によって、もとの事実をさまざまに加工しています。もちろんこの加工は、好き勝手にできるものではなく、それなりのルールがあります。第二章で見た「因果律」は、そのような思惟（加工）のルールの中でも特に強力なものです。当たり前すぎて、それが「加工」だと気づかないくらいです。それでは、そんな「思惟の加工」をまだ加えていないような、もとの「直接の実在」とは、どのようなものなのか。これが、西田のこの段落の一行目の問いです。そしてこの問いを、本当の「純粋経験の事実」とはどのようなものなのか、と言い換えています。

ここで西田は、次の文章でいきなり結論を言ってしまいます。つまり、「純粋経験の事実」と言えるのは、「まだ主客の対立なく、知情意《ちじょうい》の分離なく、単に独立自全の純活動」があるだけだ、と。この文章は三つに分けられます。①まだ主観と客観が対立することがない、②知・情・意が分離することがない、③独立自全の純粋な活動だ、となります。はじめの二つは、「…がない」と言い、三つ目は「純粋」だと言っていますから、この最初の二つ「主と客の対立」と「知・情・意の分離」が、純粋経験の事実に後から加えられた「細工」だということになります。

第二段落

主知説の心理学者は、感覚および観念を以て精神現象の要素となし、凡《すべ》ての精神現象はこれらの結合より成る者と考えて居る。かく考えれば、純粋経験の事実とは、意識の最受動的なる状態即ち感覚であるといわねばならぬ。

まずは「知・情・意の分離」について考えていきます。これはギリシアの哲学者プラトンが人間の魂（精神）の作用《はたらき》を三つの性質に分けて説明したことに由来します。「知」は、人間の精神的な作用《はたらき》の中でも、いわゆる理性的なもの、知識・知性と言われるもので、認識する作用《はたらき》もここに含まれます。「情」は、喜怒哀楽などの感情《エモーション》や情熱《パッション》などの動きを意味します。「意」は、「～したい、～しよう」のような意志・意欲・欲求などの作用を意味する概念です。この三つのうち特に「知」の重要性が説かれることが多い哲学では、この「知」と対照させるかたちで、残りの二つ（感情・意志）がセットに「情意《じょうい》」と言われます。このあと「情意」という言葉が出て来たら、「知」以外の精神作用を言おうとしているんだと思ってください。

ですから、一行目の「主知説」とは、そうした「知」の重要性を主張する説で、主知主義とも言われます。そうした立場の心理学者の考え方を見てみよう、というわけです。主知説の心理学者は、次のように考えると言います。つまり、

――私たちの精神現象は、いろいろな感覚や観念が結合してできている。それら感覚や観念が

精神現象を構成する要素として組みあがり、「知」をつくっている――と。

この考えに基づけば、人間が何かを認識する（知る）ときには、はじめに単純な感覚や観念があって、それらが集まってより複雑な精神現象が生じていることになります。ここで言われる「精神現象の要素」とは、複雑な精神現象が組み立てられるための部分《パーツ》であり、単純なものです。この組み立てられる部分（要素）としての感覚や観念には、複雑な構成も内容もありませんから、自発的に何かを組み立てていく動き（能動）はありません。ただ受動的に与えられ組み立てられるだけです。つまり、この主知説の考えによれば、「単純なもの」イコール「自ら動き出す仕組みを持たないもの（受動的なもの）」ということになります。そうすると、西田の言う「純粋な経験」は、彼らが意識の中でも最も単純で受動的だと考えているものになります。

しかし此《かく》の如き考は学問上分析の結果として出来《いでき》た者を、直接経験の事実と混同したものである。我々の直接経験の事実においては純粋感覚なる者はない。我々が純粋感覚といって居る者も已《すで》に簡単なる知覚である。而《しか》して知覚は、いかに簡単であっても決して全く受動的でない、必ず能動的即ち構成的要素を含んで居る（この事は空間的知覚の例を見ても明《あきらか》である）。

しかし西田にすれば、この主知説の考えは、「感覚」というものを学問的に分析して抽出した「純粋さ（単純さ）」の概念と、直接経験の事実を言い表わそうとした「純粋さ」という概念を混同している、と言います。そもそも、直接経験の事実においては、「（まったく受動的で少しも能動性がない）純粋な感覚」というものはありえません。私たちがふつうに「純粋な感覚」と言っているものも、けっして「完全に受動的なもの」ではなく、なんらかの能動性が含まれている。つまり知覚は、ある意味で「知の作用《はたらき》」だと言えるもので、自らその対象を知ろうとするところがあり、自らその内容を組み立てていこうとする構成的なところもある。

西田が明らかだと言う「空間的知覚の例」で考えてみましょう。たとえば、私たちは空間的な広がりをなんとなくパッと感じているようですが、その感覚というのは、その空間の大きさ《ボリューム》や位置・方向・距離などのさまざまな要素を区別し選択し結合するという過程《プロセス》を通して組み立てられて成り立っています。つまり、ただ空間を知覚するといっても、明らかに能動的に組み立てる（構成する）という作用があるということです。ところで、ここには名前があがっていませんが、西田は、この話をアメリカの心理学者ウィリアム・ジェームズの『心理学』を参照しています。

聯想《れんそう》とか思惟とか複雑なる知的作用に至れば、なお一層この方面が明瞭となるので、普通に聯想は受動的であるというが、聯想においても観念聯合《れんごう》の方向を定むる者は単に外界の事情のみではなく、意識の内面的性質に由るのである。聯想と思惟との間にはただ程度の差あるのみである。

「知覚」に続いて、やはり「知」の作用とされる「連想」や「思惟」について考えています。「連想」や「思惟」という知的作用は、「知覚」よりも複雑なので、さらにいっそう能動的な性質が明らかだというわけです。「連想」というのは、次から次へといつのまにか別の観念に移っていく知的な作用《はたらき》です。たとえば、外出中に湿った風を感じたら、そこから「雨が降るかな」と思い、さらに「洗濯物をベランダに干したままだ」、「シャツの醤油の染みが落ちてなかった」、「味噌が切れていた」、「今晩の夕食は…」というように知らないうちに想像が連《つら》なっていきます。このとき私たちは、自分で意図的にこの「想いの連なり」の順番を決めているわけではありません。ですから、ふつう連想というのは、受動的（外からの刺激しだい）だと思われています。

しかし、そのような「連想」においても、そうした観念が連結していく方向というのは、やはりその人自身の内面的な性質によっても決まっています。単に外からの刺激だけでその順番や方向が決まるわけではない。風を感じたことから、「春の終わり」を連想する人もいますし、「桶屋が儲かる」を連想する人もいるでしょう。連想は人それぞれなのです。

したがって、ふつうは「どちらかと言うと、連想は受動的で、思惟は（自分から積極的に考えることなので）能動的だ」と思うかもしれないが、二つの違いというのは、結局は程度の差にすぎない、と言います。ちなみに西田が参照している心理学者ジェームズは、連想が生ずる原因をいくつかあげています。たとえば、その人のイメージを結び付ける習慣とか、そのイメージを得た経験が最近のことだったとか、鮮明だったとか、あるいは結びつくイメージ同士が情緒的な色合いが近いということも、連想の原因として考えられています。また、連想が生じるとき、個人によって注意するところや感心も違うし、その人の自由意志とも関係しているはずだと言います。つまり、連想は、外からの刺激で動く（受動的）というだけでなく、やはり自分から動く（能動的）ものだとも言えるのであって、そこに厳密な違いがあるわけではない（程度の差なんだ）、ということです。

元来我々の意識現象を知情意と分《わか》つのは学問上の便宜に由るので、実地においては三種の現象あるのではなく、意識現象は凡てこの方面を具備して居るのである（例えば学問的研究の如く純知的作用といっても、決して情意を離れて存在することはできぬ）。

もともと私たちの意識現象を知・情・意の三つに分けるのは、学問的に説明するのに都合がいいから分けているだけで、実際には、この三つの現象が別々にあるわけではない。実際の私たちの意識現象を思い起こしてみれば明らかで、知・情・意というすべての面がそなわっているのが私たちの意識現象だ、としています。もちろん、その時々によっては、それぞれの比重は違うでしょう。たとえば感激しているときや、怒っているときは、「情」が強く出ているかもしれません。でも、だからといってそこから「知性」や「意志」が完全に吹き飛んでいるわけではない。また、学問的研究のように、純粋に知的作用だと思われるものでも、そもそもその学問をしようとする「情熱」や「意志」がなければ成り立ちようがない。学者がなんらかの業績を上げるときには、優れた知性だけでなく、強い情熱や意志も必要です。まったく情熱や意志がないような、百パーセント知的な行為というのはありえないのです。

しかしこの三方面の中、意志がその最も根本的なる形式である。主意説の心理学者のいう様に、我々の意識は始終能動的であって、衝動を以て始まり意志を以て終るのである。それで我々に最も直接なる意識現象はいかに簡単であっても意志の形を成して居る。即ち意志が純粋経験の事実であるといわねばならぬ。

この章の冒頭でも言っていたように、純粋経験の事実は、このように知・情・意と分けることはできません。でも、それを言ってしまいますと、「知」を重視する人たちと前提が違いすぎて話になりません。そこで西田も、少し譲歩して、とりあえずは三つに分けて話をします（しかたなく、そうしているはずです）。そして、そのように知・情・意と三つに分けて考えるにしても、その中で最も重要なのは、「知」ではなく、「意」なのだ、というのです。「意」こそが最も根本的な精神作用のかたちなのだ、と。

西田は、そう考えるのは私だけではない、心理学者には「主知説」だけではなく、意志を重視する「主意説」の立場をとる人たちもいるぞ、というわけです。この主意説の立場では、私たちの意識は始まってから終るまでずっと能動的で、衝動で始まって意志で終わる、ということになります。この「衝動」というのは、外からの刺激をきっかけに自分の中に生ずる、なんらかの「突き動かすもの」です。その「衝動」によって私たちの意識というものが始まる。この「衝動」には、動こうとする（動かそうとする）作用《はたらき》があるので、大きな意味で言えば、それが「意志」の始まりだと言えます。

したがって、私たちにとって最も直接的な意識現象というのは、どんなに簡単でも意志のかたちをとっているのであって、冷静沈着な「知」だけが優勢なわけではない。西田は、ここでは精神作用を仮に「知・情・意」と三つに分けて、その中では特に「意」こそが純粋経験の事実なのだ、と言い、この後もひたすら意志の重要性を説くんですが、けっして「三つに分けたうちの意志だけが重要だ」と言いたいわけではなく、「三つに分かれずに統一する活動では、いわゆる意志が優勢となる」と言いたいのだと思います。

> 従来の心理学は主として主知説であったが、近来は漸々《ぜんぜん》主意説が勢力を占める様になった。ヴントの如きはその巨擘《きょはく》である。意識はいかに単純であっても必ず構成的である。内容の対照というのは意識成立の一要件である。もし真に単純なる意識があったならば、そは直《ただち》に無意識となるのである。

第二章に登場していたヴントが再登場しています。ヴント以前の心理学では、主に知性を重視

する傾向が強かったが、最近ではだんだんと意志を重視する勢いが増してきた、ヴントという心理学者はその主意説の代表的な人物だ、と言っています。人間の意識は、それがいかに単純そうに思えても、そこには必ず自発的に組み立てようとする（構成しようとする）作用《はたらき》がある。そして、そのように構成しようとするためには、内容的に対照《コントラスト》されるような別々の構成要素が必要となる（別々の部分《パーツ》がなければ組み立てようがありません）。このように何かと何かが要素として対照《コントラスト》しているということが、意識が成立するための必要な条件になっている。もし「意識」に自発的なところが少しもなく、その内容に構成的な要素がぜんぜんなく、まったく単純なものだと言うならば、それはもう「意識」と言えないでしょう。

西田にすれば、もし「意識」が成り立つのであれば、そこには必ず「まとまり」（統一）があるし、そこに「まとまり」があるということは、それを構成する多様性も必ずあることになります。そして、そうした多様なものたちをまとめる（統一する）作用が意志だ、というわけです。だから、もし意識がまったく単純なものとなれば、そこには対立や対照がないことになり、それではもう何も意識されようがないので、無意識に行為がなされることになる、と言います（無意識については、第七章第五段落で詳しく述べられます）。

第三段落

純粋経験においては未だ知情意の分離なく、唯一の活動である様に、また未だ主観客観の対立もない。主観客観の対立は我々の思惟の要求より出でくるので、直接経験の事実ではない。直接経験の上においてはただ独立自全の一事実あるのみである、見る主観もなければ見らるる客観もない。

第一段落で、純粋経験の事実とは「まだ主客の対立なく、知情意《ちじょうい》の分離なく、単に独立自全の純活動」であると言われていました。そのうち「知・情・意の分離がない」について、第二段落で簡単に説明されていたので、順番は逆になりますが、第三段落では、純粋経験の事実が「主／客」と区別されて作用するのではなく、ただ一つの活動であることが説かれます。

ただ、実は、この「主客の対立がない」というのは、西田にとって「公理」のようなもので、説明や論証のしようがないものでもあります。公理とは、そもそも証明することができない（証明する必要がない）そのままで明らかなものです。たとえば、ユークリッド幾何学で言えば「点と点を直線で結ぶ事ができる」とか「すべての直角は等しい」ということは説明しようがなく、自明（自ずから明らか）なことです。それが大前提なのです。純粋経験の立場の大前提が「直接の経験においては、見る主観もなければ、見られる客観もない」ということなのです。これは、「だって実際にそうでしょう？」、「思考が入り込んでくる前は、たしかにそうなっているでしょ？」と言うしかないものです。むしろ、主観と客観の対立というのは、私たちが思惟するときに都合がいいので、その「都合よさ」から求められて出て来た思考パターンにすぎないのであって、直接経験の事実ではない、と言います。

こちらに観る側としての主観があり、そちらに観られる側としての客観があるというのは、「直接経験の事実」を離れてしまった考えなのであって、「直接経験の事実」としては、「ただ独立自全の一事実あるのみ」だ、というわけです。この「事実」が分かたれていないこと、一つであることが、かなり強調されて表現されています。

恰《あたか》も我々が美妙《びみょう》なる音楽に心を奪われ、物我相忘れ、天地ただ嚠喨《りゅうりょう》たる一楽声のみなるが如く、この刹那《せつな》いわゆる真実在が現前して居る。これを空気の振動であるとか、自分がこれを聴いて居るとかいう考は、我々がこの実在の真景を離れて反省し思惟するに由って起ってくるので、この時我々は已に真実在を離れて居るのである。

そこで西田は、「実際にそうでしょ」を具体例で共有しようとします。たとえば、美しくなんとも言えない素晴らしい音楽が流れている状況です。私たちはその美しくも絶妙な音楽に聴き入っているとき、心を奪われ、その音楽を奏でる人や楽器やスピーカーやヘッドホンのこと（物）などすっかり忘れ、自分自身のことも忘れている。過去のことも未来のことも忘れ、今自分がいることの世界がただひたすら朗《ほが》らかに冴えわたる一つの楽音《がくおん》だけになっている、そのような経験が、純粋経験の一例としてあげられています。でも、きっとこの「忘れている」という表現も正確ではないのでしょう。「忘れている」というと、《もともと在ったものを忘れている》という意味になってしまいます。純粋経験の事実としては、そもそも最初から、そのような主観（自分）と客観（物）がない、だからそれらの区別もないのです。

とにかく、そのようにすべてが一つの楽音になっているという、まさにこのとき、真の実在《リアル》がここに出現している。もちろん私たちは、こうした事実に対して、後から「この音というのは、空気の振動にすぎない」と物理的に分析してみたり、「自分が・これを・聴いている」と主観と客観を分けて考えることもできる。あるいは、「私はそのとき我《われ》を忘れて聴いていた」と後から思い出しながら考えることもできる。しかし、そうした思惟（考え）は、まさに今ここに現前している実在《リアル》のほんとうの姿（真景）から離れて、振り返って思惟する（考える）ことによって起こってくる。そうした思惟（考え）が起こってしまえば、もう私たちは真の実在《リアル》を離れていることになる、と言います。この章のタイトル「実在の真景」が出て来ました。

> 普通には主観客観を別々に独立しうる実在であるかの様に思い、この二者の作用に由りて意識現象を生ずる様に考えて居る。従って精神と物体との両実在があると考えて居るが、これは凡て誤《あやまり》である。主観客観とは一《ひとつ》の事実を考察する見方の相違である、精神物体の区別もこの見方より生ずるのであって、事実其者《そのもの》の区別でない。

二字下がりの段落でさらに説明を続けます。ふつう私たちは、なんとなく「主観と客観は別々に独立している（独立可能な）存在であって、それが実在《リアル》（現実）だ」と思い、そして「この二つの実在が作用することで意識現象が生じているんだ」と考えている。つまり、「精神と物体という二つの実在があるんだ」という前提を持っています。でも、西田にすれば、実はこの前提がそもそも間違っていることになります。私たちが「これは主観、あれは客観」と考えるのは、実は、もともと一つの事実を後から考察するときに発生する見方の違いだ、と。一つの経験を後から説明しやすいように、これ（私）とあれ（物）とを分割しているにすぎない。精神と物体を区別するのも、この見方の違いから生まれるのであって、その元の「一つの事実」そのものに区別があるわけではない。同じことを、微妙に言い方を変えながら繰り返しています。

> 事実上の花は決して理学者のいう様な純物体的の花ではない、色や形や香をそなえた美にして愛すべき花である。ハイネが静夜の星を仰いで蒼空における金の鋲《びょう》といったが、天文学者はこれを詩人の囈語《げいご》として一笑に附するのであろうが、星の真相はかえってこの一句の中に現われて居るかも知れない。

たとえば花も、その元の「一つの事実」として見れば、けっして科学者が言うような「単純に物体（客体）としての花」ではない。私たちにとって真の実在《リアル》（事実）としての花というのは、単なる観察対象としての物体というだけではなく、観る側（主観）も含んだ、色や形や香りをそなえた美しい愛すべき花である、というわけです。ここで西田は、例として、十九世紀のドイツの詩人ハイネの詩の一節を出してきます。ハイネが静かな夜の星を仰ぎ見て「蒼空における金の鋲《びょう》」といった表現を使ったというのです。「夜の船室にて」という詩からの抜粋で、その前後は次のようになっています（井上正蔵訳『歌の本（下）』岩波文庫より）。

まどろみの　わがまくらべの／ふなばた〔船端〕の板壁をうち／
波は　荒波はどよめく／波はざわめき　ひそかに　わが耳にささやく／
「おろかなるものよ／それはたかくして　汝《な》が腕はみじかし／星は　かのそらたかく／
金の鋲《びょう》もて　とめられてあり／あこがれはむなし　嗟嘆《といき》もむなし／ねむりいるこそ　いとよけれ」

西田は多くの詩（俳句・短歌）を残していますが、こういう引用に、彼の詩人としての性質が現われています。ハイネがどういう状況なのかというと、海の波に漂う船の一室の寝台に横になっていたら、その小さな窓から星が見えた。そして、そこに懐かしい恋人の美しい目を思い出して、その星（彼女の目）が白い霧に隠れるまで、憧れながら見惚れていた。そうしたら、そこに波が語りかけてくる。愚かものめ、お前の手は彼女には届かない、彼女は金の鋲で空高く留められている、憧れてもむなしいぞ、あきらめて寝てしまえ、と。こういう詩です。手きびしい波ですね。

説明すると何だか残念な話になってしまいますが、美しい詩です。西田のこのハイネの詩の引用は、もともとの詩の文脈からもズレていますし、自分の論理展開としてかろうじて例として合っているぐらいです。西田にも遊び心があったんでしょうか。脚注的な二字下がりの部分ですし、ちょっと好きなフレーズでも使ってみようかなと思ったのかもしれません。『善の研究』には、意外とこういうオチャメなところがあります。

さて話をもとに戻しましょう。こういう詩的表現も、天文学者（つまり客観的な視点のみを大事にする科学者）にしたら、詩人の戯言《たわごと》としてあざ笑うのだろうけれど、かえって星の本当のすがたというのは、このような主と客が分かれていないような詩の一句の中に現われているのかもしれない、ということです。

第四段落

かくの如く主客の未だ分れざる独立自全の真実在は知情意を一にしたものである。真実在は普通に考えられて居る様な冷静なる知識の対象ではない。我々の情意より成り立った者である。即ち単に存在ではなくして意味をもった者である。それでもしこの現実界から我々の情意を除き去ったならば、もはや具体的の事実ではなく、単に抽象的概念となる。物理学者のいう如き世界は、幅なき線、厚さなき平面と同じく、実際に存在するものではない。この点より見て、学者よりも芸術家の方が実在の真相に達して居る。

これまでの話を、繰り返し確認しています。つまり、このように主と客がまだ分かれていない、独立自全の（他に依らずにそれだけですべてであるような）真の実在は、そのまま、知・情・意を一つにしたものだ。しかし、ふつうに私たちが考える「実際に存在しているもの」とは、どちらかと言えば、あまり感情的にならないような冷静で客観的な知識の対象のほうです。しかし、西田に言わせれば、真の実在は単に知性によって得られるものではない。真の実在は、私たちの感情や意志によっても成り立っています。すなわち単なる存在（知識の対象）なのではなくて、意味を持ったもの（感情や意志のかかわるもの）だというわけです。

　ですから、もし仮にこの現実の世界から私たちの感情や意志を除き去って、知識だけの世界を考えたとしたら、そのような世界はもはや具体的な「事実」とは言えない。そんな知識上だけの世界があるとしても、それは抽象的な概念だけの世界となってしまって、真の実在とは言えないはずだ。数学（幾何学）では、線は幅がないもの、平面は厚さがないものとして考えるが、これは、仮にそのように設定した概念上の話であって、現実世界に実際に存在しているわけではない。それと同じように、物理学者が言うような世界（物質の世界）も、そんな概念上だけの世界なのであって、「実際に存在するもの」（実在《リアル》）ではない。むしろ、私たちにとって「実際に存在するもの」を見るのは、学者よりも芸術家のほうが実在の真の姿に達しているだろう、と言います（先ほどのハイネのように）。

我々の見る者聞く者の中に皆我々の個性を含んで居る。同一の意識といっても決して真に同一でない。例えば同一の牛を見るにしても、農夫、動物学者、美術家に由りて各《おのおの》その心象が異なって居らねばならぬ。同一の景色でも自分の心持《こころもち》に由って鮮明に美しく見ゆることもあれば、陰鬱にして悲しく見ゆることもある。仏教などにて自分の心持次第にてこの世界が天堂ともなり地獄ともなるというが如く、つまり我々の世は我々の情意を本《もと》として組み立てられたものである。いかに純知識の対象なる客観的世界であるといっても、この関係を免れることはできぬ。

私たちが何かを見たり聞いたりするとき、そのすべての意識は、けっしていわゆる客観的な知識だけではなく、私たち一人ひとりの感情や意志にも基づいています。そして、その意識には、どうしてもそれぞれの個性が含まれているので、「同一の意識」といっても、けっしてまったく同一というわけではない。つまり、客観的にまったく同じ知識というのはありえないのです。

たとえば、同じ一頭の牛を見るにしても、農夫が見る、動物学者が見る、芸術家が見るという場合、それぞれの個性によって各々その心象《イメージ》が異なってきます。それぞれの関心によって、そこに見る「意味」が変わってくる。また、同じ一つの景色を見たとしても、そのときのその人の心の持ちようによって、鮮明に美しく見えることもあれば、陰鬱に悲しく見えることもあります。

ここで、仏教では自分の心持ちしだいでこの世界が天堂ともなれば地獄ともなると言われる、と書かれていますが、これはおそらく真言宗の開祖の空海の言葉でしょう。空海の著書『秘蔵宝鑰《ひぞうほうやく》』の中の有名な一節「自心《じしん》の天・獄たることを知らず豈唯心《あにゆいしん》の禍災《かさい》を除くことを悟らんや」です。だいたい《自らの心の中にこそ天界と地獄があることを知らずに、どうしてただ心の災禍を除くことが出来ようか》という意味です。私たちは、煩悩まみれの心から理想とされる心まで、いろいろな心になるが、その心しだいで住む世界はいかようにも変わる、という話です。

『善の研究』の言葉で言い換えれば、私たちの世界は、客観的な知識だけでなく、私たち自身の感情や意志を基礎《ベース》にして組み立てられているものだ、ということです。たとえ科学者が、どんなに世界を、純粋に知識の対象として客観的に扱おうとしても、私たちはその他の感情や意志によっても組み立てられている状況から逃れることはできない。科学者が「もっと世界を科学的・客観的に扱うべきだ（扱いたい）」という主張それ自体が、とても情熱的・意欲的なわけです。

科学的に見た世界が最も客観的であって、この中には少しも我々の情意の要素を含んで居らぬ様に考えて居る。しかし学問といっても元は我々生存競争上実地の要求より起った者である、決して全然情意の要求を離れた見方ではない。特にエルザレムなどのいう様に、科学的見方の根本義である外界に種々の作用をなす力があるという考は、自分の意志より類推したものであると見做《みな》さねばならぬ（Jerusalem, Einleitung in die Philosophie, 6. Aufl. §27）。それ故に太古の万象を説明するのは凡て擬人的であった、今日の科学的説明はこれより発達したも

――のである。

ここで西田は、客観的に思考する代表として科学者を持ち出していますが、今では多くの一般人も「科学的に見た世界が最も客観的で、この客観的世界には少しも私たちの感情や意志の要素は含まれていない」と考えているでしょう。たとえば、気象現象や化学反応、あるいは何光年も離れた星雲の物理現象には、主観性など関与しないと思っています。しかし、どんな学問も、その始まりは、もとは私たちの生存競争における実際的な要求（意志）から起こったもので、いわゆる「客観的な学問」といっても、けっして感情や意志からの影響をまったく離れたものではない、と言えます。

また科学的な見方には、「私たちの外に世界がある、その世界にはいろいろと作用する力がある」という根本的な考え方があるけれど、そのような考え方それ自体が、科学者が自分の意志に基づいて類推したものなのだ、と言います。先ほど、一頭の牛の例で、農夫・動物学者・芸術家が同じ牛を見ても、立場によって牛の見方が変わるという話がありました。つまり、どの人にも、その人なりの意志や欲求がありますから、科学者にも、科学者なりの意志があり、それに基づいて世界をとらえようとしている、というわけです。「エルザレム」というのは十九〜二十世紀のオーストリアの哲学者です。彼の著作『哲学入門』を参照していますが、原典を確認できませんでした。

さて、この段落の最後の一行です。そういうわけだから、古代においては、世界のすべてを説明するときに、いつも擬人的な説明をしていた、と言っています。この擬人的説明というのは、人でないものを人に見立てて（擬して）説明するわけですが、その説明内容には明らかに説明者の感情や意志（都合や思い込み）が入り込んでいます。世界（宇宙）の始まりを描写する神話は、その神話が成立した時代の人間社会の状況が反映されています（父系社会であれば男性中心的な世界創造神話になるでしょう）。それが今では、そういう人間関係や社会的立場に基づいた勝手な思い込みに左右されないような、いわゆる科学的な説明をするようになった、というわけです。

しかし西田は、近代以降の科学者による科学的説明というものも、もともとはそうした擬人的説明から発達したものだと言います。これはどういうことかと言うと、科学的説明であれ、擬人的説明であれ、「そもそもなぜそれを説明したいのか、説明しなければならないのか」ということは、その説明者が誰であれ、科学者・詩人にかかわらず、その人の情熱と意志によっている、ということです。

それに、科学的説明に限らず、擬人的説明にも、必ずなんらかの「知識」もそなわっています。たとえば、「神が大工のように世界を創造した」という擬人的神話が成り立つためには、その社会にすでに「家を造る大工」についての知識が必要です。出産を擬した開闢《かいびゃく》神話が世界中にあるのは、出産に関する知識が共通だからでしょう。また「ビッグバン（大爆発）によって宇宙が始まった」と言うためには、その社会にすでに「爆発」という現象が知られていなければなりません。「ビッグバン」は擬人的ではありませんが、やはり身近な現象の知識を利用して、それに見立てた（擬した）一種の比喩表現です。何にせよ、そのように表現したいわけです。客観的とされる「科学的な知識」といえども、そこには意志が働いている、意志のないところには知識も成り立たない、ということです。

第五段落

我々は主観客観の区別を根本的であると考える処から、知識の中にのみ客観的要素を含み、情意は全く我々の個人的主観的出来事であると考えて居る。この考は已にその根本的の仮定において誤って居る。しかし仮に主客相互の作用に由って現象が生ずるものとしても、色形などいう如き知識の内容も、主観的と見れば主観的である、個人的と見れば個人的である。これに反し情意ということも、外界にかくの如き情意を起す性質があるとすれば客観的根拠をもってくる、情意が全く個人的であるというのは誤である。我々の情意は互に相通じ相感ずることができる。即ち超個人的要素を含んで居るのである。

ふつう私たちは、主観と客観の区別は根本的なもので、けっして取り違えようがないものだと考えています。そして、そのように主観と客観をまったく別ものだと区別しておいて、さらに、知的な作用（知識）だけがその客観的に対象を扱うことができて、感情や意志というのはまったく

個人的で主観的な出来事にすぎない、と考えてしまいます。しかし、この考えは、その最初の「主観と客観の区別は根本的だ」という仮定から間違っている、と西田は言います。

たとえば、色や形などに関する視覚的な知識は、いわゆる客観的だと思われるかもしれないが、その知識の主観的なところを強調したら主観的だと言えてしまうし、個人的なところを強調したら個人的と言える、というのです。牛飼いと芸術家では、牛も違った形や色に見えて、その知識も違うはずです。

また逆に、感情や意志についても、もしこのような感情や意志を引き起こす性質が外の世界にあるとすれば、その感情や意志にも、なんらかの「客観的（外的）」な根拠があるということになり、「感情や意志がまったく個人的である」という見方も間違っていることになります。それに、私たちの感情や意志は、個人を超えて、お互いに通じ合い、感じ合うこともできます。第二章の第六段落で見たように、私たちの感情は、別々に個人個人で感じるだけでなく、その内容は必ずどこか共通しています。すなわち、感情や意志にも、個人を超えた要素、つまり客観的な要素が含まれていることになります。つまり、知・情・意を区別して、これは主観的で、あれは客観的だ、などと厳密に区別しようがない、ということです。

我々が個人なる者があって喜怒愛慾の情意を起すと思うが故に、情意が純個人的であるという考も起る。しかし人が情意を有するのでなく、情意が個人を作るのである、情意は直接

経験の事実である。

短いですが、情意こそが個人の元となる、という重要な文章です。私たちは、つい「個人というものが先にあって、その個人が喜びや怒りなどの感情を持ったり、愛したり欲したりという意志を起こすのだ」と思っている。そのため、感情や意志を、つい個人的なものだと考えてしまう。しかし本当は、個人が感情や意志を持っているのではなく、感情や意志のほうが個人を作る、と言うのです。感情や意志という作用《はたらき》こそが、「直接経験の事実」（実在）であり、「個人」というのはその後に作られるのです。ここには、「個人が経験よりも先にあるのではなく、経験のほうが根本なのだ」という西田の立場がよく表われています。私たちが実際に経験している（実在している）感情や意志に基づいて、後から「個人」が設定される、ということです。

第六段落

万象の擬人的説明ということは太古人間の説明法であって、また今日でも純白無邪気なる小児の説明法である。いわゆる科学者は凡てこれを一笑に附し去るであろう、勿論《もちろん》この説明法は幼稚ではあるが、一方より見れば実在の真実なる説明法である。科学者の説明法は知識の一方にのみ偏したるものである。実在の完全なる説明においては知識的要求を満足すると共に情意の要求を度外に置いてはならぬ。

最後にまた擬人的表現について説明しています。世界のすべての現象を擬人的に説明するということは、古代の表現手法であって、現代では科学的知識のない無邪気な子どもの表現方法とされる。科学者は、こんな擬人的な説明を幼稚だと笑ってすましてしまうかもしれない。しかし、それを説明しようとしている人の感情や意志というものを大切にしてみれば、それもある意味ではその人の実在《リアル》を説明するための一つの真実の方法なのだ。科学的な説明は、たしかに知識としては卓越しているかもしれないが、知識という方向にのみ偏《かたよ》っている。実在を完全に説明するためには、知識的な要求を満たすだけでなく、それと同時に、感情や意志のほうからの要求も無視してはいけないのだ、というわけです。これまでの話を言い換えているだけですから、特に難しいことはありませんね。

希臘《ギリシャ》人民には自然は皆生きた自然であった。雷電はオリムプス山上におけるツォイス神の怒《いかり》であり、杜鵑《ほととぎす》の声はフィロメーレが千古の怨恨であった（Schiller, Die Götter Griechenlands を看《み》よ）。自然なる希臘人の眼には現在の真意がその儘《まま》に現じたのである。今日の美術、宗教、哲学、みなこの真意を現わさんと努めて居るのである。

擬人的表現についての補足です。古代ギリシアの人々にとっては、自然現象もすべて「生きているもの」だった。たとえば雷《かみなり》は、オリンポス山にいるゼウス神の怒りの現われで、ナイチンゲール（ホトトギス）の鳴き声は、アテナイの王女フィロメーレ（ピロメーラー）の永遠の恨みの声だと説明されている。このフィロメーレは、姉の夫に犯され舌を抜かれたけれど最後には復讐を果たした、という怖い話です。このギリシャ神話は、十八世紀のドイツの詩人フリードリッヒ・フォン・シラーの『ギリシャの神々』を見てください、と言っています。このように自然を擬人化して生きものとしてとらえた古代ギリシャ人には、「現在の真意」（現に存在している真の意味）がそのまま現われているのだ、と言います。そして、今日の美術・宗教・哲学というのは、すべてこの真の意味を表わそうと努めているのだ、と。

第三章の最後は、詩的な表現で「実在の真景」が語られていました。

第四章

真の実在《リアル》（意識現象）には いつも同一の形式《パターン》がある

〔真実在は常に同一の形式を有《も》っている〕

前の第三章では、実在の真のすがたが主客も知情意も分かれない唯一のものとして描かれました。この第四章では、そんな実在がどのように自ら分化・展開して「多」になっていくのか、その「自発自展」の形式が語られます。いきなり「実在が自発自展する」と言われても何のことかわかりませんので、実在であるとされる「意識現象」が展開していく過程が語られます。

そのためこの章では、ずっと意識現象の話が続きます。読んでいるうちに、どうして延々とこの話が続くのか、わからなくなるかもしれません。それは、ここで西田が、まさにこの意識現象を、直接経験の事実であり、実在だと考えているからです。そうした意識現象についての話は、実在が自ら分化発展していく形式《パターン》を説明するためなのだとご理解ください。

そこで西田は、意識現象の中でまずは「意志」について説明し、そこに一つの形式があると言います。そして、その意志が成立する形式が、他の意識現象（思惟・衝動・知覚など）にも当てはまる、と続けます。それらの意識現象は、ふつう能動・受動などといろいろ区別されますが、そんな違いも「程度の差」にすぎず、どれも「同一の形式」で成り立っているんだ、だから実在はどれも同一の形式を持っているんだ、という流れになります。

情緒的な表現の多かった前章に比べて、ゴツゴツして込み入った内容ですが、話の筋は一貫した章となっています。

第一段落

上にいった様に主客を没したる知情意合一の意識状態が真実在である。我々が独立自全の真実在を想起すれば自《おのずか》らこの形において現われてくる。此《かく》の如き実在の真景はただ我々がこれを自得すべき者であって、これを反省し分析し言語に表わしうべき者ではなかろう。しかし我々の種々なる差別的知識とはこの実在を反省するに由《よ》って起るのであるから、今この唯一実在の成立する形式を考え、如何《いか》にしてこれより種々の差別を生ずるかを明《あきらか》にしようと思う。

前章で見てきたように、真の実在《リアル》とは、《主・客の区別が消え、知・情・意の区別もない合一した意識状態》でした。もし私たちが、独立自全の（他に依らずそれだけで成立するような）真の実在《リアル》というものをイメージするとしたら、きっとこのようなかたちになるはずだ、と西田は言います。ここで西田は「この形において現われてくる」と言っています。この章のタイトルにも「形式を有《も》っている」と言い、ここでも「唯一実在の成立する形式を考え」ると言います。

しかし、この形式（形・型）というのは、まさに区別を付けるものですから、ここで西田は、もともと区別のないはずの実在が、形式（つまり区別）を持って成り立っていると、言っていることになります。また、「実在とは区別のないものだ」と定義することで、その実在に「区別のあるもの」との区別が発生してしまっています。実は何かを定義することとそれ自体が、その何かを言葉によって他のものと区別することなのです。

ですから、もし実在《リアル》を「ある形式を持つもの」と定義したとしても、それはあくまで言葉を当てはめて区別しているだけですから、実際に真の実在を把握することにはなりません。もし真に把握するには、私たち一人ひとりが各自でその「実在」をつかむしかない。「絵に描《か》いた餅《もち》」を食べられないように、どんなに上手に実在を言葉で言い表わしても、その表現が実在そのものではない。その表現はすばらしい虚構《フィクション》である点で評価されるかもしれませんが、ここで私たちが求めているのは、すぐれた虚構《フィクション》ではなく、真の実在《リアル》です。西田自身も、実在を「区別のないもの」と定義（区別）していることはわかっています。それに、前の章であれだけ「知」を批判しながらも、そのような自分の表現それ自体が「知」に偏《かたよ》っているとも思っているでしょう。もともとこのような実在の真のすがたは、反省したり、分析したり、言葉に表わしたり、定義したりできないはずのものです。でも、西田は、言葉で思索する者（哲学者）ですし、そうしたものをなんとか言葉で説明してみたい。これが、哲学者としての情熱・意志ですね。

このように、実在そのものは言葉に表わすことができないとしても、やはり私たちは、それをなんとか言葉を使って理解しようとしますし、言葉でなんらかの判断（区別）をして、知識を得ています。言葉とは、区別を示すものですから、そこから得られた知識が区別を含んでいるのは当然です。ややこしい言い方になりますが、この「区別（言葉）による知識」は、もともと「区別（言葉）のない実在」を反省することで作り出された虚構《フィクション》なのです（この「反省」は単に《振り返って考える》という意味です）。もちろん西田は、「作られたもの《フィクション》」そのものを否定しているわけではありません。

それでは、この実在《リアル》と作られたもの《フィクション》は、どのような関係にあるのか。つまり、もともと区別のない実在に対して、区別を設定して作られた知識は、どんな関係にあるのか。きっと、区別して作られた知識も、実在とまったく無関係というわけではありません。なぜなら、区別して作られた知識も、もとの実在（直接経験の事実）も、意識現象であることには変わりがないからです。どちらも、意識現象であるという点で（広い意味で）は実在と言えなくもない。直接経験の立場では、究極的には作られたもの《フィクション》と実在《リアル》の区別も消えて、すべてが実在となるからです。

しかし、それでは、どうして元のただ一つの実在から、さまざまな区別（判断）が生じてくるのか。その唯一の実在が私たちにおいてどのように区別されて、作られたもの《フィクション》が成り立つのか。唯一の実在がさまざまに現象していくには、ある一定の「形式《パターン》」がある、というのです。

真正の実在は芸術の真意の如く互に相伝うることのできない者である。伝えうべき者はただ抽象的空殻《あきがら》である。我々は同一の言語に由って同一の事を理解し居ると思って居るが、その内容は必ず多少異なって居る。

西田が言葉の限界、自分の哲学者としての立場の限界を端的に語っている文章です。音楽にせよ、絵画にせよ、なんらかの芸術をいくら言葉で説明しても、その本当の価値（意味）を伝えると

第四章　真の実在（意識現象）にはいつも同一の形式がある
〔真実在は常に同一の形式を有っている〕

いうことはできない、と言います。芸術の真の価値（意味）は、芸術そのもの以外の何かによっては表現できない。当たり前ですが、その芸術作品でしか表現できないからこそ、その芸術作品に固有の意味があるのです。

そのように真の実在も言葉で互いに伝え合うことができません。言葉による伝達とは、何かをダンボール箱に入れて、内容を記入したラベルを貼って発送するようなものです。そのダンボール箱が届いてラベルを見ても、まだ「受け取った」ことにはならない。そこで得たものは、まだ単にラベルの貼られたダンボール箱にすぎません。真に何かを受け取るためには、その箱を開けて実際にそのものを手にするしかない。そのように、言葉で伝えることができるのは、単にラベルの貼られた外箱（抽象的空殻《あきがら》）にすぎない、ということです（初めから空き箱かもしれませんが）。

また私たちは、つい「同じ一つの言葉によって、やはり同じ一つの事を理解している」と思っています。しかし、たとえ言葉が同じでも、それが表わす中身は、それを受け止める人や状況によって、必ず異なっているものです。第三章の第四段落で、同じ牛でも見る人が変われば各々心象《イメージ》も異なるという話がありました。これは、言葉についても当てはまります。たとえば西田は、若いとき「鈍牛《どんぎゅう》」というあだ名がついていました。そのままとれば「にぶい牛」ですが、この「牛」という言葉をどうとるかは人それぞれです。西田の親友・鈴木大拙は、この「牛」を、《一筋に前方を見つめて進むもの》と解釈しました。同じ「牛」という言葉でも、《にぶい動物》なのか、《食べたら美味しい動物》なのか、《神聖な動物》なのか、《ゆっくりと着実に歩む動物》なのか、そのとらえ方はさまざまです。

ダンボール箱であれば、その中に何が入っているのかは、ラベルを見るだけでなく、実際に開けてみないとわかりません。芸術作品に限らず、哲学的文章でも、日常会話の言葉でも、誰かに何かを伝えようとするならば、まずは話し手と聞き手がお互いにその言葉の意味についてある程度の相互理解をしておく必要があります。そのような相互理解がなければ、コミュニケーションそのものが成り立ちません。

何を長々と説明しているのかと言いますと、西田の「言葉にならないことを言葉で説明しようとしている」という営みにも、それなりに意味があるということです。言葉による説明は、それによっていくらかは方向性をつかむことはできますから、無駄ではありません。でも、やはりその言葉による説明だけでは、そのもの（実在）をつかまえることはできません。ですから、芸術の意味についても、真の実在についても、結局はその人自身でつかむしかない。ものごとを知的にだけ（抽象的にだけ）とらえることが好きな人は、つい言葉による説明だけを聞いて、そのもの（実在）をつかんだ気になりますが、そうしてとらえたものというのは、「知」に偏《かたよ》りすぎていて、真の実在とは言えない、ということです。

第二段落

独立自全なる真実在の成立する方式を考えて見ると、皆同一の形式に由って成立するのである。

また「独立自全」が出て来ました。西田は、どうしても真の実在を「独立自全」だと言いたいのです。これまで、この「独立自全」を《他に依らずに独立していて、それ自らですべてであるようなもの》という意味合いにほぐしてきましたが、読者の皆さんも、この言葉で形容される「真の実在」が何なのか、その言葉で西田が伝えようとしているものをつかんでもらえれば幸いです。さて、この真の実在は、西田によれば、主客や知情意の区別のないもの、とにかく分かれていないものですから、そのままで「一つ」であって、それだけですべてと言えます。それでは、もともと分かれていない一つですべての真の実在が、どのようにしてさまざまに分化していくのか、「自発自展」していくのか。その真の実在が多様に成立していくその動きを見てみると、そこには一つの決まった形式《パターン》がある、という話が続きます。

即ち次の如き形式に由るのである。先《ま》ず全体が含蓄的 implicit に現われる、それよりその内容が分化発展する、而《しか》してこの分化発展が終った時実在の全体が実現せられ完成せられるのである。一言にていえば、一つの者が自分自身にて発展完成するのである。この方式は我々の活動的意識作用において最も明《あきらか》に見ることができる。意志について見るに、先ず目的観念なる者があって、これより事情に応じてこれを実現するに適当なる観念が体系的に組織せられ、この

――組織が完成せられし時行為となり、ここに目的が実現せられ、意志の作用が終結するのである。

もともと一つの実在（直接経験の事実）から、どのようにさまざまな意識現象が生じてくるのか。そこには、次のような同一の形式《パターン》があるとしています。

① まず経験（意識現象）の全体が、はっきりと分化されずに、含蓄的に（暗黙的に《インプリシット》）現われる。

② その含蓄的に現われた全体が、それ自身によって、それ自身を次々に分化し、発展していく。

③ そして、分化し発展し終わったときに、実在の全体が、あらわに実現し、完成する。

西田は、「一つのもの」が自分自身においてさまざまに発展し完成する、とまとめています。そして、この形式《パターン》は、私たちの意識作用の中でも、特に活動的とされる「意志」において最も明らかに見ることができる、として、まずは、その「意志」について見ていきます。

最初に全体的・最終的な目的の観念が生じます。たとえば、どこでもいいですけど、漠然と「パリに行こうかな」というイメージを持ちます。そして、この目的の観念、つまり「パリに到着する」というイメージを実際に現実にするために、その状況に応じた適切な観念《イメージ》が体系的に組織されます。スケジュール調整、周囲への説明、飛行機、チケット購入、旅行代理店、費用などに枝分かれした「観念」がないと、目的は実現できません。そして、それらの観念が秩序だって並び、うまく組み合わさって集合体をなして、ある程度まとまったら、実際の行動が開始されます。もちろん、実際に行動に移れば、その段階に応じて新しい状況となり、さらなる観念が生まれます。予期せぬ周囲の反対、説得、悪天候、便の変更、乗り遅れた、スケジュール再調整、チケット変更などなどの「観念」が次から次へと現われてきます。そして、最初に現われていた全体的な目的観念（パリに到着）が実現したとき、この「パリに行こう」という意志の作用が終結します。これは、もちろん旅行にかぎらず、料理を作る、本を読む、テレビを観るなど、多くの行動に当てはまります。

啻《ただ》に意志作用のみではなく、いわゆる知識作用である思惟想像等について見てもこの通りである。やはり先ず目的観念があってこれより種々の観念聯合《れんごう》を生じ、正当なる観念結合を得た時この作用が完成せらるるのである。

このように、最初に大まかな目的観念がなんとなく現われて、その後にさまざまな細かい観念が現われてくるわけですが、この後からの複数の観念は、最初の時点ではハッキリとはしないで、最初の目的観念の中に暗黙的（含蓄的）に潜伏している、と西田は言います。たとえば「パリに行こう」という目的観念を持つという時点で、その裏側にはその手段や可能性が張り付いています。私たちはふつう「小惑星B612に行こう」とは思ったりしません。なぜなら、その存在も知らず、知っていても達成可能かどうかも不明で、手段も想像すらできないからです。思いもしないことを目的として「〜しよう」と意志することはできません。逆に言えば、何かを目的として意志するということは、たとえその目的がまだ漠然としていても、その目的の裏には必ずそこから多様な観念へと分化していくことになる体系的な筋道が隠れている、ということです。

そしてこのような①②③の形式《パターン》は意志の作用だけの話ではなく、知識の作用にも同じく当てはまる、と言います。この知識の作用には、「思惟」や「想像」が含まれているので、これら思惟や想像という作用も、やはり同じ形式《パターン》で成り立っていることになります。つまり思惟や想像という知的な作用においても、まずは漠然とした目的観念があって、それをベースに分化してさまざまな観念が生じて、それらの観念が連合していくというのです。そして、この後から発生した複数の観念同士が適切に結びついて、はじめの目的観念が達成できれば、思惟や想像という知的な作用も完成します。何の目的にも結びつかず、あるいは何の秩序や体系もないような、無秩序でランダムな観念が続くだけでは、思惟や想像は成り立たないわけです（妄想や連想は可能かもしれません）。

ジェームスが「意識の流《ながれ》」においていった様に、凡《すべ》て意識は右の如き形式をなして居る。例えば一文章を意識の上に想起するとせよ、その主語が意識上に現われた時已《すで》に全文章を暗に含んで居る。ただし客語が現われて来る時その内容が発展実現せらるるのである。

前章まで名前は出て来ませんでしたが、西田が明らかに参照していたウィリアム・ジェームズの名前が登場します。彼の著作『心理学』にも、すべての意識がこうした形式《パターン》を持っているということが書かれています。たとえば一つの文章を意識の上に思い描くとします。なんでもいいのですが、たとえば「ソクラテスは人間である」や「このお菓子は甘さ控えめで舌ざわりも良い」という文章を考えたとしましょう。そのとき、その主語（「ソクラテスは…」や「このお菓子は…」）が文章に現われたときには、すでにその文章の全体が意識の中に暗に含まれているというのです。その後に続く文章の可能性として、もしかしたら「ソクラテスは…」の後に、「…人間である」ではなく、「…哲学者である」とか「…ギリシア人である」という述語が続いたかもしれません。しかし、そうした可能性も、主語である「ソクラテスは…」に含まれている、というのです。まさか「ソクラテスは、甘さ控えめで舌ざわりも良い」とは考えないはずです。「ソクラテスは…」と言えば、その後に続く述語はだいたいかぎられてくるのです。つまり、主語には、それに適した述語がすでに暗に含まれているということです。まずは全体としてぼんやりとイメージが浮かび、それに対して主語が明らかとなり、その後に今度は述語が意識上に現われてくる。そのように漠然とした一つの全体が分化・発展することによって、やがてその内容が実現・完成に到るということになります。

第三段落

意志、思惟、想像等の発達せる意識現象については右の形式は明であるが、知覚、衝動等においては一見直《ただち》にその全体を実現して、右の過程を踏まない様にも見える。しかし前にいった様に、意識はいかなる場合でも決して単純で受動的ではない、能動的で複合せるものである。而《しか》してその成立は必ず右の形式に由るのである。主意説のいう様に、意志が凡ての意識の原形であるから、凡ての意識はいかに簡単であっても、意志と同一の形式に由って成立するものといわねばならぬ。

私たちの経験（意識現象）の中でも、意志・思惟・想像などは、このような「最初は漠然としていたものが、だんだん分化発展して明瞭になっていく」という形式《パターン》が明らかに当てはまるようです。西田は、この意志や思惟のような意識を、発達した意識現象だと言っていますね。それら複雑に重層化している意識はたしかにその形式が当てはまるとしても、もっとシンプルな意識である「衝動」や「知覚」は、あまり段階的に発展しているわけでもなさそうなので、同じ形式に当てはまると言えるのか、という話になります。衝動や知覚のような、いわゆる未発達の意識現象は、パッとすぐにその全体が実現するように思えるので、その形式《パターン》（段階的に分化発展して明瞭化していくプロセス）が、当てはまらないのではないか、という疑問（反論）がありそうなのです。

これに対して、西田は第三章でも見たように、意識はいかなる場合でもけっして「まったくの単純、まったくの受動」ということはありえない、と言います。それが意識であるかぎり、必ず能動的なところがあり、そこには複合的な仕組み、構成的なところがあるはずだ。そうでないと、それはもう意識とは言えない、という話でした。意識が成り立っている以上は、たとえ単純に思えても、そこには必ずこの形式《パターン》が当てはまっているのだ、と。

先ほどの「パリに行く」のように、自分がどこかに行こうとするときの意識現象を考えてみてください。そこに現われる意識現象をなんとか分析的に考えると、最初に「衝動」があって、そこから「意志」になって、その後に「思惟」のはたらきがあって、途中で「知覚」があってと分けて考えることもできます。ここで西田は、主意説の心理学者を登場させて、それぞれの意識の中でも「意志」こそがすべての原形だ、と言わせています。西田自身はそれについて何も述べていないので、とりあえずこの文脈では賛成ということでしょう。つまり、もし意識現象をさまざまに分類したとして、その分類には比較的単純そうな意識である衝動や知覚があるけれども、それらすべての意識現象は意志と同一の形式《パターン》で成立しているはずだ、というわけです。

衝動および知覚などと意志および思惟などとの別は程度の差であって、種類の差ではない。前者においては無意識である過程が後者においては意識に自らを現わし来《きた》るのであるから、我々は後者より推して前者も同一の構造でなければならぬことを知るのである。

「衝動」や「知覚」という意識現象についての補足説明です。ふつう「衝動」や「知覚」は、未発達で単純な意識現象だと思われ、それらに比べて「意志」や「思惟」は、発達した意識現象だ

と思われるかもしれない。しかし、そのような「まだ発達していない／発達し終わった」とか、あるいは「単純／複雑」という区別も、実際は決定的な違いではなく、「ほとんど発達していない、少しは発達している、まあ発達している、非常に発達している」などの段階があり、連続したグラデーションになっているはずです。「単純／複雑」にも、ゆるやかな程度の違いがあるだけでしょう。両端はつながっていて、本質的に異なっているわけではない。そもそも、どれも意識現象なのであって、まったく種類が異なるというわけではない、というわけです。

たしかに、「衝動」や「知覚」という意識現象は、気づかないうちに（無意識に）その過程《プロセス》が進んでいきます。その過程が意識されないので、パッと起こるようにも見えます。それに対して、「意志」や「思惟」という意識現象は、「自分は意志している、思惟している」という、なんらかの自意識を持ちながらその過程を経験できます。しかし、一方が「無意識的」で、もう一方が「意識的」だからといって、その二つがまったく別の種類の意識現象だと結論付けるわけにはいかない。むしろ、より単純な「衝動」や「知覚」が、より複雑な「意志」や「思惟」へと発展したと考えれば、それぞれ互いに同じ性質があるはずだ。つまり、「衝動→意志」または「知覚→思惟」という同質のつながりがあるならば、意識できる「意志」や「思惟」の構造に基づいて、意識できない「衝動」や「知覚」の構造も推測できるかもしれない、というのです。

── 我々の知覚というのもその発達から考えて見ると、種々なる経験の結果として生じたのである。例えば音楽などを聴いても、始《はじめ》の中《うち》は何の感をも与えないのが、段々耳に馴れてくればその中に明瞭なる知覚をうる様になるのである。知覚は一種の思惟といっても差支《さしつかえ》ない。

私たちの「知覚」は、「思惟」に比べれば単純に思えるが、それがここまで発達してきたことを考えれば、さまざまな経験の結果としてなんらかの構造を持って分化発展して生じたものだ、と説明しています。第三章では、これについて空間の認識を例に考えていました。ここでは音楽を聴くことが例にあげられています。ある音楽が聞こえてくるとしたら、ふつうは音・メロディ・リズムなどが聴覚で知覚されていると思います。しかし、ハードウェアとしての耳があるだけでは、それを音楽として聴けませんし、感動もできません。あるいは絵画でも、墨蹟《ぼくせき》でも、茶器でもよいのですが、それらが「ただ見えている」だけでは、それらを真に観ていることにはなりません。それを鑑賞する、味わうという意味で「観る」という知覚は、もはや単純なものではありません。

私たちは、初めのうちは何の感動もなかった音楽を、だんだん経験を重ねることによって、その深さ・真の意味がわかってくるということがあります。墨蹟や茶器なども、最初は何がいいのかぜんぜんわからなかったものが、やがてその良さがわかってきます。そういった意味での「知覚」は、単純なものではなく、深さ・厚みのある体系を持ったものであり、深化・発展する余地があります。西田は、このような「知覚」を、もはや一種の「思惟」と言っても差し支えないだろう、と言います。ここで西田は、とりあえず意識現象を「知覚」と「思惟」などに分類して話を進めていますが、もともと西田にとっては、それらの間に質的な断絶はありません。

第四段落

次に受動的意識と能動的意識との区別より起る誤解についても一言して置かねばならぬ。能動的意識にては右の形式が明であるが、受動的意識では観念を結合する者は外にあり、観念は単に外界の事情に由りて結合せらるるので、或る全《まった》き者が内より発展完成するのでない様に見える。

これまでも、意識現象が能動的なのか受動的なのか、という話は何度か出て来ました。それに対する西田の意見は、意識現象は厳密にどちらか片方だけではない、ということなのですが、ここでは、あえて能動と受動を区別しておいて、その区別と意識現象の成立する形式《パターン》との関係について述べています。

それでは、とりあえず「能動的な意識」と「受動的な意識」を、あえて区別して考えてみます。

まず、いわゆる「能動的な意識」は、これまで言っていた形式《パターン》が明らかに当てはまりそうです。つまり「能動的な意識」とは、自ら能《よ》く動いていこうとする意識ですから、そこには明らかに全体的な目的意識がありますし、それが具体的に細かく分化発展して現実化していくという過程《プロセス》があるのも明らかです。

その一方で、いわゆる「受動的な意識」においては、そこに現われてくる複数の観念を結びつけるものが「外」にあるように思えます。「受動（受ける動き）」というからには、自ら動くのではなく、他の何かに動かされるわけです。つまり、外に作用させる何かがあり、その外からの作用を受けて動かされることで、そこに観念が生じて、またそのように生じたいくつかの観念は、そのつど外の世界の事情によって結び付けられているように思えます。このように「受動的な意識」は、一つの全体的・体系的な目的観念もなく、目的に到るための手段を選ぶこともなく、その過程を見わたす広い視野もなく、ただブツ切りの意識の寄せ集めで、有機的にも結び付いてもいないかのようです。つまり「受動的な意識」は、全体としてまとまっているもの（或《ある》全《まった》き者）が自ら発展して完成しているようには見えない、先ほどの「形式《パターン》」で成り立っているようには見えない、というわけです。ここまでは、西田自身の主張ではなく、能動・受動を分けて考えた場合の話です。

しかし我々の意識は受動と能動とに峻《しゅん》別《べつ》することはできぬ。これも畢《ひっ》竟《きょう》程度の差である。聯《れん》想《そう》または記憶の如き意識作用も全然聯想の法則というが如き外界の事情より支配せらるるものでない、各人の内面的性質がその主動力である、やはり内より統一的或る者が発展すると見ることができる。ただいわゆる能動的意識ではこの統一的或る者が観念として明に意識の上に浮

んで居るが、受動的意識ではこの者が無意識かまたは一種の感情となって働いて居るのである。

この「しかし」から西田の意見になります。しかし、そもそも私たちの意識は、受動と能動に厳密に区別することはできない。ここまで仮に設定されていた「能動／受動」という違いも、結局は連続するグラデーションであり、ようするに「程度の差」なのだ、というわけです。ふつうは受動的な意識だと思われる「連想」や「記憶（想起）」のような意識作用も、けっして完全に外的な法則や事情によって支配されているわけではない。第三章第二段落で述べたように、「連想」であっても、各人の内面的な性質（個性）がそれなりに原因として影響を与えている。むしろ連想や想起などの意識現象も、内より統一する何か（統一的或者）が分化し発展していると見ることもできる、と言います。

たしかに「意志」や「思惟」という明らかに能動的な意識現象の場合は、自ら能《よ》く動いていこうとするので、自らが目的をもって（目的となって）統一するものとして動いていきます。たとえば「パリに行こう」という意志には、明らかに目的観念があり、細々《こまごま》とした観念を統一するものとして意識の上に現われているのに対して、なんとなく連想された「パリ」という受動的な意識現象には、そのような目的観念（統一するもの）が意識されていません。言い換えれば、そうした目的観念（統一するもの）は、意識の表にあらわになることなく、ある種の「情（感情・情熱）」となって、意識の裏ではたらいていているとも言えます。もっとも、いわゆる「受動的な意識」は、それ自体に意識が向けられることがないので、意識できる「能動的な意識」の構造から、そのように推測するほかありません。

まとめてみると、「衝動」や「知覚」は、はっきりした自らの目的が明らかになっていないので、「受動」とされるのに対して、「意志」や「思惟」は、はっきりした自らの目的が明らかになっているので、「能動」とされていますが、この目的が明らかかどうかというところに質的な違いはなく、グラデーション（程度の差）があるだけです。したがって、当然、「衝動」と「意志」の違いや「知覚」と「思惟」の違いも、やはり「程度の差」にすぎず、すべて同じ形式で成り立っていると言えるのだ、ということになります。

能動受動の区別、即ち精神が内から働くとか外から働を受けるとかいうことは、思惟に由って精神と物体との独立的存在を仮定し、意識現象は精神と外物と相互の作用より起るものとなすより来るので、純粋経験の事実上における区別ではない。純粋経験の事実上では単に程度の差である。我々が明瞭なる目的観念を有《も》って居る時は能動と思われるのである。

これまで繰り返し「意識現象は、能動なのか、受動なのか」という疑問を見てきました。すなわち、意識現象というのは、内から（自《みずか》ら・自《おの》ずから）作用するのか、それとも、外から（他の何かによって）作用を受けるのか、という疑問です。しかし、実はこうした疑問の前提である「能動／受動」、「内から／外から」という区別が、そもそも西田の「純粋経験の立場」に基づくものではありません。これらの区別と、それを前提に出される「この意識は能動（内から）なのか受動（外から）なのか？」という疑問は、仮に「精神と物体が別々に単独で存在する」と設定しておいて、さらに「意識現象は、そうした精神（内）と物体（外）との相互作用によって起こる」と考えることで出てくる疑問にすぎません。そもそも、その仮の設定が、「純粋経験の立場」には当てはまらないので、実はその疑問自体が成り立ちません。

ですから、もし誰かが、それぞれの意識現象に対して「これは能動的、あれは受動的」という分析・区別をしたいのだとしても、それは「純粋経験の事実」から見れば、単なる「程度の差」にすぎないと言うしかない。仮に「内／外」という違いがあるとしても、私たちは自らの内に何か明らかな目的を持っていれば、その内的な目的イメージに向かっていく行動を、とりあえず能動的だと思っているだけの話です。しかし、仮にそうだとしても、そもそもいわゆる外的条件がそろわなければ、そのような内的な目的を持つことすらありません。ふつうは、なかなか外的条件がそろわないので（お金も時間もありません）、日常的に「パリに行こう」とは思いませんし、ましてや「小惑星B612に行こう」とは思いようがありません。いわゆる外と内は互いに浸透し合っていて、そんな単純に「これは内的で能動的、あれは外的で受動的」などと言えないのです。

――経験学派の主張する所に由ると、我々の意識は凡て外物の作用に由りて発達するものであるという。しかしいかに外物が働くにしても、内にこれに応ずる先在的性質がなかったならば意識現象を生ずることはできまい。いかに外より培養するも、種子に発生の力がなかったならば植物が発生せぬと同様である。固《もと》より反対に種子のみあっても植物は発生せぬということもできる。要するにこの双方とも一方を見て他方を忘れたものである。真実在の活動では唯一の者の自発自展である、内外能受の別はこれを説明するために思惟に由って構成したものである。

内と外は厳密に分けられない、という話の続きです。ここで出てくる「経験学派」というのは、十八世紀のイギリスの哲学者ジョン・ロックに代表されるイギリス経験論の流れをくむ「学派」のことでしょう。ロックの『人間知性論』によれば、私たちは生まれたときは真っ白な板（タブラ・ラサ）のようなもので、生まれながらに何か「観念」を持っているわけではない。私たちは、さまざまなことを経験して、外からの影響を受けながら、知識を形成していくものとされます。つまり、私たちの意識はすべて外の世界の物の作用によって発達する、というわけです。

しかし、とりあえずはその「内／外」の区別に同意しておいて、その外の物体が内の精神に作用してくるのだとしても、その「内」に「外」からの作用に反応できる能力があらかじめそなわっていなければ、その「内」に意識現象が生じることはないだろう、と西田は言います。たとえば植物ですと、すべての外的条件を整えてある種子を培養したとしても、そもそもその種子に発芽する力がなければ、芽は出て来ません。また逆に、どんなに生命力に満ちた種子だったとしても、外的条件が整わなければ、やはり発芽しません。ロックの「まだ何もアイディア（観念）が書き込まれていない真っ白な板」という比喩は、いかにも外からのインプットが必要な受動的なものが想像されますが、そもそも「書き込み可能なもの」という時点で、それは立派な能動的能力だと言えます。ようするに、「この意識現象は能動的だ」とか「あの意識現象は受動的だ」などという主張は、結局のところ一方を見て他方を忘れているにすぎない、というわけです。

最後の「真実在の活動では…」という文は、これまで述べてきたことをコンパクトに表わしています。つまり、真実在が活動しているまさにその状況とは、「能動／受動」というように分けるのではなく、そもそもその「唯一のもの」が自発自展していくということだ、と言っています。この「自発自展」という表現は、《自らが発し、自らが分化発展していく》ということです。能動・受動の区別がないのですから、それをひっくり返して、《自らが発せられ、自らが分化発展されていく》とも言えます。

つまり、この「唯一のもの（統一するもの）」の作用《はたらき》を、あえて「能動／受動」や「内／外」という分析的な言葉を使って表現すると、「能動的でありかつ受動的である」あるいは「内でありかつ外である」ということになります。これでは明らかに矛盾した表現だと思うかもしれませんが、もともと分析できないものを分析的に表現しているのですから、矛盾した表現になってもしかたありません。西田も好きでこうした分析的な表現を使っているわけではありませんし、矛盾した言葉を使って煙《けむ》にまこうとしているのでもありません。

実際、西田の純粋経験の立場から見た真の実在には、そのような区別はないのです。真の実在とは、主客未分、能受未分、内外未分なのです。むしろ、そうした「主／客」、「能動／受動」、「内／外」という区別は、この「唯一のもの」の自発自展を説明するために、後から思惟によって構成した仮の枠組《フレーム・ワーク》みにすぎない。もし「能動」や「受動」という言葉を使うのであれば、それは、能動から受動へとつながりのある「唯一のもの」の中でのグラデーションの度合いとして使われるべきでしょう。

第五段落

凡ての意識現象を同一の形式に由って成立すると考えるのはさほどむずかしいことでもないと信ずるが、更に一歩を進んで、我々が通常外界の現象といって居る自然界の出来事をも、同一の形式の下に入れようとするのは頗《すこぶ》る難事と思われるかも知れない。しかし前にいった様に、意識を離れたる純粋物体界という如き者は抽象的概念である、真実在は意識現象の外にない、直接経験の真実在はいつも同一の形式によって成立するということができる。

第四章の最後の段落です。ここまでずっと、すべての意識現象が同一の形式《パターン》によって成立している、と述べられてきました。あまり納得できないにせよ、西田が言いたいことはとりあえず理解できたでしょうか。ここから西田は、さらに理解が困難なほうへ話を進めていきます。つまり、このような意識現象の成立する「形式」が、ふつう私たちが「外界の現象」とか「物体現象」だと言っているような、いわゆる自然界の出来事が成立するときにも当てはまる、と言うのです。

ふつうに考えれば、目の前にあるこの本も鉛筆も椅子もすべてが、先ほどの①②③の形式《パターン》に当てはまって存在しているというのは、かなり無理があります。しかし、前にも出て来ましたが、そもそも「意識を離れた完全に物体だけの世界」という考えは、思考しやすいように設定されたもの（抽象的な概念）なのであって、具体的な事実ではありませんでした。つきつめて考えれば、具体的な事実としての真の実在《リアル》は、この意識現象の他にはない。そして、ここで言われる「意識現象」は、精神現象と物体現象を含んだ意味で使われています。ですから、直接経験の事実（真の実在）は、いわゆる精神現象なのか、いわゆる物体現象なのかに関係なく、いつも同一の形式《パターン》によって成立することになるのです。

> 普通には固定せる物体なる者が事実として存在する様に思うて居る。しかし実地における事実はいつでも出来事である。希臘《ギリシャ》の哲学者ヘラクレイトスが「万物は流転し何物も止まることなし」Alles fließt und nichts hat Bestand といった様に、実在は流転して暫くも留まることなき出来事の連続である。

直前の話への補足説明です。ふつう私たちは、「固定した物体というものが事実として存在する」と思っている。しかし、実際のところ、事実はいつでも「出来事」なのだ、と言います。この「出来事」というのは、つまり、《出て来る事》、《あらたに出現して来ること》です。西田は、これは自分だけでなく他の哲学者も言っているよ、ということで、紀元前六世紀ギリシャの哲学者ヘラクレイトスに登場してもらっています。ヘラクレイトスは「万物は流転する。そして止まらない」と言いました。有名なセリフですね。原文にはギリシャ語ではなく、ドイツ語で書かれていますが、英語にすればAll flow and have not stoppedです。まさに実在とは、流れ続けてしばらくも立ち止まらない、ひたすら出て来続けるということ（出来事の連続）だ、というわけです。

我々が外界における客観的世界というものも、吾人《ごじん》の意識現象の外になく、やはり或る一種の統一作用に由って統一せられた者である。ただこの現象が普遍的である時即ち個人の小なる意識以上の統一を保つ時、我々より独立せる客観的世界と見るのである。例えばここに一のランプが見える、これが自分のみに見えるならば、或いは主観的幻覚とでも思うであろう。ただ各人が同じくこれを認むるに由りて客観的事実となる。客観的独立の世界というのはこの普遍的性質より起るのである。

いわゆる「外界の客観的世界」について、さらに補足説明です。「吾人」というのは今では使わない言葉ですが、単数でも複数でも使える一人称です。その直前に「我々」とあるので、ここでは単数でしょうか。

さて、私たちがふつうに言うような「外界における客観的世界」も、結局は「私の意識現象」に他ならない。そして、「私」とは別にその外界にあるとされる「客観的世界」は、そうした「私の」という「統一する作用」によって統一されたものということになる（でも実は、この「統一する（能）／統一される（受）」という区別それ自体がもともと後付けの設定だ、という話でした）。

もし私たちがなんらかの意識現象を「これは普遍的だ」と思うならば、それはちっぽけな私が今だけ個人的にそう思っているのではない、ということであり、そんな小さな個人の意識を超えて、もっと長く大きなスパンでそう思うことができるということです。私たちは、そのように思える「世界」を、個人から独立した客観的世界だとみなしているにすぎないのです。

たとえば、ここに照明器具が見えています。もしコレが私にしか見えなければ、この視覚現象は、もしかしたら主観的な幻覚かもしれません。しかし、コレは、他の人にも見えていますし、昨日の私にも今日の私にも見えています。つまり、ある程度の人々が、コレを同じように照明器具として認めるなら、それによって「客観的事実」だと言われることになります。つまり、「客観的で独立した世界」といっても、このように、いわゆる普遍的な性質から起きているにすぎない、ということです。

これで第四章は終了です。最初から最後まで、ひたすら同じことを言い続けている章でした。

つまり、タイトルの通り、「実在は常に同じ形式で成立する」ということです。

第五章

真の実在《リアル》は「一即多、多即一」という根本的なあり方をしている

〔真実在の根本的方式〕

第五章のタイトルは「真実在の根本的方式」です。第四章では「形式」と言い、第五章は「方式」と言っていますが、西田は「形式」と「方式」を意識して使い分けているわけではありません（第四章で「形式」を「方式」と書いているところもあります）。しかし、各章でそれらの言葉が指し示している意味は、重なりつつも、かなり違っています。

第四章の「形式」は、独立自全の実在が自ら分化・展開していくことでした。そのように唯一実在が「多」へと発展していく形が述べられた第四章に対して、第五章では、すでに分化・発展している多数の存在が話の前提となっています。その多数の対立し合う個別の実在は、唯一の実在とどういう関係なのか。その根本的な関係が「方式」として語られます。

また第四章では、意識現象によって「実在」が説明されていましたが、第五章では、ほとんど意識現象は登場しません。ここでの「実在」は、意識というよりは、どちらかと言うと、ふつうのいわゆる存在のように語られています。

この章では、多様な実在が対立しつつも、それが唯一の実在において統一される様子が描かれます。このような多であり一である真の実在のダイナミックなあり方（方式）が、テーマになっています。対立と統一（矛盾と同一）がメインテーマになっている第五章は、位置的にも内容的にも、第二編「実在」のまさに中心的な章と言えます。

第一段落

我々の経験する所の事実は種々ある様であるが、少しく考えて見ると皆同一の実在であって、同一の方式に由《よ》って成り立って居るのである。今此《かく》の如き凡《すべ》ての実在の根本的方式について話して見よう。

私たちはさまざまな経験をします。本を読む経験、音楽を演奏したり聴いたりする経験、料理をしたり食べたりする経験、ただぼーっと何かを眺める経験などなど。とにかくそれらの経験は、さまざまな意識として立ち現われては消えていきます。そうした意識現象が、私たちにとっての事実であり、「実在」ということになります。

そして、このように現に経験が「種々ある」ということは、そのような実在がいくつか（多数）あるということです。ここで西田は、それら多数に思われるそれぞれの経験（事実）について、少し詳しく考えてみれば、実はどれも同一の実在であり、同じ一つの方式によって成り立っている、と言います。これはもちろん、私たちの経験が多数あることを否定しているわけではありません。音楽を演奏する経験と、ただ何かを眺める経験が同一だということはありません。ここで西田が言いたいのは、このように「多い」と思われているすべての経験が、実は一つの同じ根本的な方式で成り立っている、ということです。

第二段落

先《ま》ず凡ての実在の背後には統一的或る者の働き居ることを認めねばならぬ。或る学者は真に単純であって独立せる要素、例えば元子論者の元子の如き者が根本的実在であると考えて居る、しかし此の如き要素は説明のために設けられた抽象的概念であって、事実上に存在することはできぬ。試《こころみ》に想え、今ここに何か一つの元子があるならば、そは必ず何らかの性質または作用をもったものでなければならぬ、全く性質または作用なき者は無と同一である。

「先《ま》ず」と、これまで述べてきた話が確認されています。多数だと思われる私たちの経験の事実（実在）のすべての背後には、「統一する何か（統一的或者）」が作用していることを認めなければいけない、と言うのです。そして、いわゆる物質的な現象のうち、多数あるとされる「元子」を例に出して説明をしています。

まずは西田とは異なる意見の登場です。いろいろな「学者」がいるでしょうが、ここで登場する「或《ある》学者」さんは、「根本的な実在というのは、たとえば原子論の原子のように、まったく単純で独立している要素のことだ」と考えています。原文の「元子」は、物体をどんどん小さくしていってその一番小さく単純で独立している要素（元の小さいもの）ということでしょう。現代ではさらに小さい電子や素粒子などもあるでしょうが、とりあえずここでは「原子」としておきます。この学者さんは、そういう原子だけが存在していると考えている、というわけです。

しかし、西田に言わせれば、このような「まったく単純で独立している要素」というのは、科学者が説明するために仮に設定した「抽象的な概念」にすぎません。科学的に説明するには有用な概念ですが、私たちにとって「具体的な事実」としては存在することができない、と言います。ためしに、今ここで何か一つの原子があると想像してみよう、と西田は言います。もしかしたら、模型図のようなもので立体的に原子構造を想像するかもしれません。あるいは現代では、コンピューターグラフィックで作られた動きのある様子を想像するかもしれません。どのように想像したとしても、そこで考えられた原子には、きっとなんらかの「性質」や「作用」があるはずです。たとえば原子模型には色も形もあるでしょうし、さらに動きも含めて想像されたのであれば、そこには他の原子との関係や作用も想像されたでしょう。原子を一つだけ想像するというのは困難で、少なくともその原子のまわりには空間を想定しているはずなので、空間に浮いているという様子（性質や作用）が想像されているでしょう。つまり、私たちは、原子を考える際に、それに性質や作用がまったくない状態では想像できないことになります。西田は、性質も作用も無いものはもはや「無い」と同じことだ、と言っています。

しかるに一つの物が働くというのは必ず他の物に対して働くのである、而《しか》してこれには必ずこの二つの物を結合して互に相働くを得しめる第三者がなくてはならぬ、例えば甲の物体の運動が乙に伝わるというには、この両物体の間に力というものがなければならぬ、また性質ということも一の性質が成立するには必ず他に対して成立するのである。例えば色が赤のみであったならば赤という色は現われ様がない、赤が現われるには赤ならざる色がなければならぬ、而して一の性質が他の性質と比較し区別せらるるには、両性質はその根柢において同一でなければならぬ、全く類を異にしその間に何らの共通なる点をもたぬ者は比較し区別することができぬ。かくの如く凡て物は対立に由って成立するというならば、その根柢には必ず統一的或る者が潜んで居るのである。

そうすると、想定された原子にもさまざまな作用や性質があることになります。また、原子論で言われる通り、たしかに原子は多数ありますから、それらの原子が他のさまざまな原子との関係において、作用したり性質を持ったりしていることになります。そして、そのように「さまざまに（多数）在る」とされる原子に作用や性質があるならば、それらには必ず「統一する何か」があるということになる、と言うのです。

なぜ「統一する何か」があることになるのか。まずは「作用」ということで考えてみます。何か一つの物が作用するということは、おおよそ他の物に対して作用するということになります。たとえば西田が他のところ（第三編）で例に出していたビリヤードで考えてみましょう。台の上で白玉が赤玉に当たって赤玉を動かすという場合、そこには明らかに白玉と赤玉という二つの物がありますが、この二つの玉に共通する何かがある、言い換えれば「統一する何か」があります。

つまり、物体Aが物体Bに作用するというのは、Aの動き（力）がBに伝わって動きだすということですから、AがBに作用を及ぼすためには、AとBの両方が共有する「力の法則」がなければなりません。AとBは個別の存在なのですが、その二つを結び付けて（統一して）相互に作用させる「第三のもの」があるということです。

「作用」の次は「性質」についても考えてみます。たとえばビリヤードをするとき、台の上に乗っている玉がすべて赤玉だったら、自分が突いた玉がどれで、当てた玉がどれかがわかりません。やはり他の色が必要です。そのように、もし世界全体が「その色」だけになってしまったら、もはやそれが「赤」だという意味を失ってしまうでしょう。すべてがその色になれば、その色を「赤」とは言いようがない。それが「赤」として現れるためには、赤ではない色（たとえば白色）が必要なのです。これは、一つの性質が成立しているということは、必ず他の性質に対して成立しているということであり、多であること（複数性）が必要だということです。

それでは、すべてが「多」で、ただバラバラなのかと言うとそうではありません。そこには、やはり必ず「統一」が必要になってきます。原文で言えば「その根柢において同一でなければならぬ」です。つまり、ある性質（たとえば「赤」）が他の性質（たとえば「白」）と比較して区別されるには、両方が同じ類《たぐい》のものでなければならない、ということです。たとえば両方とも「色」という同じ類でないと複数の色として数えることすらできない、ということです。もし、まったく類《るい》を異《こと》にして互いに何の共通性を持っていないもの同士ならば、比較したり区別することができません。ビリヤードの赤玉・白玉であれば、同じく玉であるという形における統一が、言い換えれば、転がるという性質の統一があります。また、そもそも同じビリヤード台の上に乗っているという統一性もあります（そうでなければ、ぶつかり合えません）。

このように、すべての物には作用や性質があり、そのような作用や性質を有する物というのは、他の物と互いに差異があって対立することで成り立っています。そして、それと同時に、その差異（対立）の根っこには、必ず「統一する何か」がなければならない。これが西田の言いたいことです。

この統一的或る者が物体現象ではこれを外界に存する物力となし、精神現象ではこれを意識の統一力に帰するのであるが、前にいった様に、物体現象といい精神現象というも純粋経験の上においては同一であるから、この二種の統一作用は元来、同一種に属すべきものである。我々の思惟意志の根柢における統一力と宇宙現象の根柢における統一力とは直《ただち》に同一である、例えば我々の論理、数学の法則は直に宇宙現象がこれに由りて成立しうる原則である。

ここまで西田は、物体現象を例にして「統一する何か（統一的或者）」について話をしてきましたが、これは、物体の話にかぎりません。たとえば民族対立というのは、対立する民族同士が同じ場所（少なくとも同じ地球上）に住んでいて、同じもの（土地や資源など）を求めているから起こります。

そのように、異なるもの・衝突するもの同士は、それらを「統一する何か」がなければ、そもそも対立しようがありません。こうした状況には、いわゆる物理的な対立だけではなく、いわゆる精神的な対立も発生しています。

いわゆる物体現象における「統一する何か」は、たとえばビリヤード玉のように、横から突かれたり、台の上のクロスとの摩擦力であったり、重力であったりと、いわゆる物質的世界（外界）にあるような「物の力」が考えられます。そして、いわゆる精神現象における「統一する何か」は、さまざまな意識を統一する何かということになるでしょう。それが個人の意識現象の中の話であれば、たとえば、第四章に出て来た「ある目的に向かおうとする意志」（たとえば「パリに行こう」という強い意志）が、さまざまな意識現象を統合する力となります。また、複数の人間の意識現象を統一するというのであれば、より大きな共通の理念（共同幻想）がそれらを統一するかもしれません（たとえば「富国強兵で近代国家を確立しよう」など）。

なお、ここで西田はとりあえず物体現象とか精神現象と言っていますが、そもそも西田自身の「直接経験の事実こそが実在だ」という立場においては実はどちらも同じことなのですから、このように統一作用を物体と精神の二種類に分けた表現は、実は不適切です。「物体／精神」と二つに分けた時点で、完全な統一がとれていません。そのため西田は、あらためて自分の立場に戻って「この二種の統一作用は元来、同一種に属すべきもの」だ、と言っています。

西田の本来の立場では、いわゆる精神現象とされる「思惟」や「意志」が成立しているその根底で統一している力と、いわゆる物体現象とされる「宇宙現象」が成立しているその根底で統一している力は、そのまま直ちに同一のはずです。そのため西田は、私たちの精神現象においてみられる「論理」や「数学」の法則が、そのまま直ちに宇宙現象にも当てはまり、むしろこの論理・数学の法則が宇宙現象の成立する原則にもなっている、と言っています。かなり大雑把な言い方をしていますが、ようするに西田の言いたいのは、いわゆる物体と精神は同じ原理・原則で統一されているんだ、ということです。

第三段落

実在の成立には、右に云った様にその根柢において統一というものが必要であると共に、相互の反対むしろ矛盾ということが必要である。ヘラクレイトスが争《あらそい》は万物の父といった様に、実在は矛盾に由って成立するのである、赤き物は赤からざる色に対し、働く者はこれをうける者に対して成立するのである。この矛盾が消滅すると共に実在も消え失せてしまう。元来この矛盾と統一とは同一の事柄を両方面より見たものにすぎない、統一があるから矛盾があり、矛盾があるから統一がある。

このように、私たちにとって多様に成立すると思われる実在（直接経験の事実）は、それらが成立するためには、その根底において「統一する何か」が必要です。そして西田は、このことを逆か

ら考えて、その統一が成立するためには、相互に対立することが必要だと言います。ここでは「矛盾」という言葉ですが、「対立」と同じ意味で使われています。古代ギリシャの哲学者ヘラクレイトスが再登場です。先ほどは「万物は流転する」でしたが、今度は「争いは万物の父である」と言っています。つまり、対立すること（争い）がすべてを生み出すのだ、それが生きていることなのだ、ということです。そのように実在とは、統一だけでなく、対立（矛盾）によっても成り立っているのです。静的に調和のとれたものではなく、動的にぶつかり合いながら統一されているというイメージです。

また物の「性質」について考えると、たとえば先ほどの例で、赤という色は、赤ではない色に対して成り立っていました。物の「作用」について考えると、「作用するもの」（主）は、その「作用を受けるもの」（客）に対することで成立します。この対立が消滅してしまえば、実在も消え失せてしまう。もともと、この対立と統一とは、同一の事柄を両方の面から見たものにすぎず、統一があるから対立があり、対立があるから統一がある、というのが西田の考えです。統一するという以上は、そこにははじめからなんらかの対立を含んだ複数性がある、ということになります。

例えば白と黒との様に凡ての点において共通であって、ただ一点において異なって居る者が互に最も反対となる、これに反し徳と三角という様に明了の反対なき者はまた明了なる統一もない。最も有力なる実在は種々の矛盾を最も能《よ》く調和統一した者である。

また色の例ですが、たとえば「白」と「黒」というのは、ほぼすべての点において共通であって、ただ一点（色ということ）において異なっています。このような関係が、「お互いに最も反対したもの同士」ということになる。何の分野でもライバルと呼ばれ合う人たちは、少なくとも同じ分野（競技）にいなければ話になりません。スポーツ選手と文学者を比べても、あまり意味がありません。概念としても、たとえば道徳上の徳目として「忠義」と「孝行」のどちらが重要か、という話はできますし、幾何学において正三角形と直角三角形を比較することも可能ですが、「忠義」と「正三角形」では比べようがありません。この二つの間には明確な対立がないので議論のしようがない。明確な対立がないもの同士では、やはり明確な統一もありません。

つまり、統一には、対立（矛盾）が必要なのです。そして、その対立が大きければ大きいほど、深ければ深いほど、それがなんとか統一されるときの力（統一する力）は、より大きくより深いものだ、ということになります。私たちにとって実在というのは、そこに対立と統一を含んでいる。そして、その実在の中でも、最も有力な実在というのは、さまざまな対立を最もよく調和し、統一することができるものだ、ということです。これは西田の哲学にとって、とても重要なポイントです。

——統一する者と統一せらるる者とを別々に考えるのは抽象的思惟に由るので、具体的実在にてはこの二つの者を離すことはできない。一本の樹とは枝葉根幹の種々異なりたる作用をなす部分を統一した上に存在するが、樹は単に枝葉根幹の集合ではない、樹全体の統一力がなかったならば枝葉根幹も無意義である。樹はその部分の対立と統一との上に存するのである。

私たちは、分析的に考えれば、「統一するもの」と「統一されるもの」とを分けることができます。しかし、このように別々に考えるということ自体がそもそも抽象的な思惟なのであって、具体的な実在（事実）ではありません。実際には、そう簡単に二つに切り離せるものではありません。たとえば一本の樹木を考えてみます。樹木は、枝・葉・根・幹などのさまざまに異なったはたらきをする部分からできている、と（分析的・抽象的に）考えることができます。そして、それら別々の部分の集合として一本の樹木があるとも考えられます。しかし、単なる枝・葉・根・幹などの部分の集合がこの樹木なのかというと、そうではありません。その樹木全体としてそれらの部分を有機的に統一するはたらき（力）があってはじめて、それらの部分も意味をもってきます。その樹木は、各部分それぞれが互いに対立し、全体へと統一することによって存在しています。そのような全体としての樹木を無視して、部分だけで考えていては、もともとの樹木とは言えません。

統一力と統一せらるる者と分離した時には実在とならない。例えば人が石を積みかさねた様に、石と人とは別物である、かかる時に石の積みかさねは人工的であって、独立の一実在

――とはならない。

もちろん「統一するはたらき（力）」と「統一されるもの」とを分離して考えるということも、抽象的な思考実験としては、可能です。しかし、その思考だけで、実在そのものを把握できるということにはなりません。たとえば人がいくつかの石を積んで石垣を作るとします。そのときに、組み上げられる（統一される）いくつかの石と、それを組み上げている（統一しようとする）力は、とりあえず分析的に考えれば「別のものだ」と言うこともできます。しかし、このような抽象的な思惟だけで、その「石垣を作る」という経験を実在としてつかむことはできません。

そのように、はたらき（作用）と物（客体）を分析的に考えているうちは、まだその状況はどうしても不自然で、どこか作為的（人工的）なままです。そのような作為的なとらえ方では、その状況が独立自全の一つの実在となるような把握ができません。この「石を積む」という状況が具体的な一つの事実（実在）となるためには、やはり統一されなければならない。樹木の例で言えば、私たち人間にしたら、分析的に枝・葉・根・幹を見て、まるで幹が枝や葉を統一しているようにも見えますが、樹木それ自体にすれば、部分同士が対立しているという意識もなく、統一する側・統一される側という主客の違いもなく、ただ自然に全体として対立しつつ統一されているでしょう。

第四段落

そこで実在の根本的方式は一なると共に多、多なると共に一、平等の中に差別を具《ぐ》し、差別の中に平等を具するのである。而《しか》してこの二方面は離すことのできないものであるから、つまり一つの者の自家発展ということができる。独立自全の真実在はいつでもこの方式を具《そな》えて居る、然《しか》らざる者は皆我々の抽象的概念である。

ここでやっと、この章のタイトルである「根本的方式」という言葉が出て来ました。このように実在（直接経験の事実）は、そこに必ず対立と統一を含んでいる。言い換えれば、実在には、多数のものが対立しつつも、それと同時になんらかの統一がある。これが、実在が成り立つための、普遍的で根本的なあり方（方式）なのだ、というわけです。これを定式化すれば「一なると共に多、多なると共に一」です。もっと短くしたら「一即多、多即一」です。あるいは、平等の中に差別をそなえ、差別の中に平等をそなえる、とも言っていますが、こちらは短くすると「平等即差別、差別即平等」となります。どちらも短いほうは、仏教における表現ですね。ここまでも何度か「差別」という言葉が出て来ましたが、これは現代で言う「人種差別」というときの「差別《さべつ》」ではなく、単に《差異・区別》という意味で、仏教的に「しゃべつ」と読みます。

繰り返しになりますが、このような多様性と同一性は、この片方だけでは成り立ちません。多様でありかつ統一しているのであって、この二つの側面は、切り離すことができません。見方を変えれば、「一つのもの」が自らの統一性を保ちつつも多様に発展している、と見ることもできます。そしてこのような「独立自全の真実在」は、いつでも、この「一なると共に多、多なると共に一」というあり方（方式）をしていることになります。もしこの根本的方式を理解せずに、単に「すべては個別でバラバラに存在している」と多様性のみを見て同一性を無視したり、あるいは逆に「全体的な統一だけが真の実在なのだ」と同一性のみを見て多様性を無視してしまうと、そんな片方を無視した見方（立場）は、現実から離れた、具体性を欠いた抽象的な考えにすぎない、ということになります。現実の世界は、完全にバラバラなわけでもなく、完全にただ一つというわけでもないのです。

実在は自分にて一の体系をなした者である。我々をして確実なる実在と信ぜしむる者はこの性質に由るのである。これに反し体系を成さぬ事柄は例えば夢の如くこれを実在とは信ぜぬのである。

このように私たちにとっての実在（直接経験の事実）とは、自ら一つの体系をなしたものだ、と西田は言います。この「体系」というのは、全体として一つのまとまりのある系統をなしている、秩序だっている、ということです。言い換えれば、それぞれの部分がバラバラに散在しているのではなく、有機的に結びついたシステム（系）を形成しているということです。私たちが何かを実在《リアル》だとみなすには、このようになんらかの体系性（秩序があり、まとまっていること）が必要なのです。たとえば寝ているときに見る夢というのは、ふつうの生活に比べて一貫性もなく、場面と場面が無秩序に移り変わっていきます。このように夢というのは、やはり全体として秩序もなくまとまっていないので、後からそれを振り返って実在だったとはふつう信じられません。もちろん西田は、夢がまったく実在ではない、と言いたいのではありません。体系をなしているかどうか、その度合いによって実在性の深さ・大きさが異なるというわけです。

第五段落

右の如く真に一にして多なる実在は自動不息でなければならぬ。静止の状態とは他と対立せぬ独存の状態であって、即ち多を排斥したる一の状態である。しかしこの状態にて実在は成立することはできない。もし統一に由って或る一つの状態が成立したとすれば、直にここに他の反対の状態が成立して居らねばならぬ。一の統一が立てば直にこれを破る不統一が成立する。真実在はかくの如き無限の対立を以て成立するのである。

たとえば、十人の人がいれば「十人十色」の状態となり、一つのグループの中でも対立（多であること）が生じます。もし、この十人が一色に染め上げられている「十人一色」の状態ならどうでしょう。全体としてはみごとに「一つ」ではありますが、これは「統一」されているわけではなく、単に一つで静止しているだけです。そこに対立はなく、「独存」（独善）となって、「多」ということをまったく否定することになります。これでは、そのグループが「生きている」とは言えません。統一するまさにその裏側では、必ず他の反対の状態が成立していて、「多」となっている。もともと、現実的には、完全な統一ということはありえませんから、なんらかの統一がなされて「一」となったら、直にこれを破る不統一が成立して「多」となる。真の実在とは、このような無限の統一と対立をもって成立するわけです。この話のポイントは、真の実在においては、こうした対立と統一が無限に続くということです。

> 物理学者は勢力保存などといって実在に極限があるかの様にいって居るが、こは説明の便宜上に設けられた仮定であって、かくの如き考は恰《あたか》も空間に極限があるというと同じく、ただ抽象的に一方のみを見て他方を忘れて居たのである。

それに対して物理学者は、実在には限界（極限）がある、と言います（すべての物理学者がそう言うわけではないでしょうが、ここでの設定上はそうなっています）。たしかに宇宙全体を物体の集合と考え、それを一つのまとまった「系《システム》」だと考えると、その中には統一性と多様性があります。物理学者は「もし孤立した（閉じた）系であれば、その中のエネルギー総量は変化しない」と言います（いわゆる「エネルギー保存の法則」です）。つまり、「一つのまとまりを持った系《システム》が、そこに含まれている全エネルギーの全体量を変えることなく、自らを無限に分化・発展させていく」という考え方です。これもたしかに統一と対立の考え方ではありますが、西田の考える「無限に続くもの」ではありません。

この物理学者の考え方では、宇宙全体を「一つの閉じた系」として、そこに限界があるとしていますが、この限界というのは、説明するときの都合で設けられた仮定にすぎません。仮に宇宙が「閉じた系」だとして、どこかに限界を設定しても、その時点ですぐにその外側が想定されてしまいます。それでは、その「閉じた系」と外側の関係はどうなるのか、という話になってしまう。この考えは、まるで「空間には限界がある」と言うのと同じことです。もし「宇宙空間は膨張し続けている」と言うならば、その膨張には「最前線」があるはずです。最前線があって、それが外に向かって動いているからこそ「膨張」と言えるはずだからです。しかし、それでは、その最前線（限界）の外側はどうなるのか。その外側を無視して、内側だけを見てその「極限」を語ったとしても、その説明では、都合の悪いところは見ずに都合のいいところだけを選んで語っている中途半端な抽象的説明にすぎない、ということになります。

活《い》きた者は皆無限の対立を含んで居る、即ち無限の変化を生ずる能力をもったものである。精神を活物《かつぶつ》というのは始終無限の対立を存し、停止する所がない故である。もしこれが一状態に固定して更に他の対立に移る能《あた》わざる時は死物《しぶつ》である。

真の実在は無限に続く動的なものだ、という話が続きます。先ほど「自動不息（自ら動き止まらない）」という言葉がありましたが、そういうものをここでは、「活《い》きた者」や「活物《かつぶつ》」と言っています。また、「静止の状態」のものは「死物《しぶつ》」と言われています。西田にとって、すべての「生きているもの」は、単に一つだというだけでなく、そこに必ず無限の対立を含んでいて、それによって動き続け、無限の変化を生ずる能力を持ったものになります。いわゆる「精神」は、動き続ける「生きているもの」ですが、もし一つの状態に固定してしまい、別の対立に移ることがなければ、それはもう「死んだもの」ということになる、というわけです。

原文には「始終無限の対立」とあります。そのまま読めば「始まりから終わりまで」ということですが、実際に「生きているもの」は、生きているかぎりは、「始まり」も「終わり」もありません。「終わり」が訪れた時点で、それは「死んだもの」です。そして「死んだもの」は実在ではありえません。「生きているもの」であるかぎり、無限に対立と統一を含んでいることになり、それこそが実在の根本的な方式なのです。

原文の「無限の対立を含んでいる」を読むと、まるでその内部に無限の対立と統一があるように見えますが、西田の立場で厳密に考えれば、いわゆる外部にも無限の対立と統一を含んでいることになります。外部に含んでいる、という表現が伝わりにくければ、「外部とも関係しあいながら、その内部において無限に対立と統一を続けている」と言ってもいいでしょう。この内・外の話は、次の段落に続きます。

第六段落

実在はこれに対立する者に由って成立するというが、この対立は他より出《い》で来《きた》るのではなく、自家の中より生ずるのである。前に云った様に対立の根柢には統一があって、無限の対立は皆自家の内面的性質より必然の結果として発展し来るので、真実在は一つの者の内面的必然より起る自由の発展である。

西田によれば、実在は対立をまとめる（統一する）ものですが、その統一が終了することはなく、一定のまとまり（統一）のある実在にさらなる対立があってこそ、動き続ける生きた実在として成り立ちます。そうすると、一つの疑問が出て来ます。その実在にさらに対立するものがあるとして、その対立するものは、元の実在とは別にあった外の何かなのか、という疑問です。そもそも西田の立場には内も外もないはずですが、それでは説明もできないので、ここで西田はとりあえず内と外ということを分けて考えて、実在の無限の対立と統一について説明しています。

「無限」には、内側の無限と外側の無限という考え方があります。たとえば直線上の点Aと点Bの間には（概念上は）無限に点を打つことができますが、これが内側の無限です。それに対して、点Aから点Bまでの線分の外側には、その直線が無限に続いていて、これが（線分ABの）外側にある無限です。人間の身体の内側と外側という区別で考えてみても、その内側では、約六十兆の細胞たちがそれぞれその多様な差異とバランスを保ちつつ、対立と統一を不断に続けながら生きています。また外側では、気温・湿度・明るさなどの周囲の環境と常に調和・対立を繰り返しています。そうした意味では、生きている身体には、内側にも外側にも「無限の対立」があると言えるでしょう。

このように内と外の別のある実在Aを一般化して考えてみましょう。内外の境界線を表わすために、下図のように○で囲んでおきます。この図ではわかりませんが、このAは、内部に無限に対立するものを含みながら、そこになんらかのまとまり（統一）を持っています。

そして、このAに対して、無限に対立するものが外部にあるということなので、その外には無限に同じようなものがあるわけですが、図にはその代表としてBを書いておきます。

さて、そうしますと、このAとBは、いちおう対立していることになりますが、先ほどの色やビリヤード玉のたとえのように、これらの対立が成り立つためには、それを成り立たせるさらなる同一性（統一）が必要でした。この統一性も、その大きさ・深さによってさまざまでしょうが、とりあえずそうした統一性を代表させて実在Cとしておきましょう。

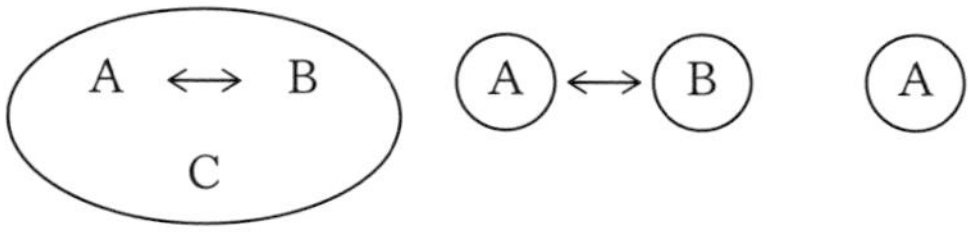

この実在Aと実在Bの対立は、Aから見れば、「私Aは、自らの外側にあるBと対立している」という外的なものになりますが、その対立を成り立たせている共通の場Cから見れば「私Cの内側で、AとBが対立している」という内的なものになります。AとBが互いに外的に対立し合っているというのは、見方を変えれば、それらを統一するCそれ自体の内的な性質として分化・発展してきた結果だとも言えます。対立の背景（基盤）には必ず統一があります。より深く、より大きな真の実在Cにおいて見れば、AとBという二つ（多）の対立は、一つのものであるCの内側において起こってくる「自由の発展」だと言えます。

どうして「自由」なのかと言いますと、これは「自らに由る」という意味での「自由」です。ここまで原文でもよく「由《よ》る、由《よ》って」という表現がありましたが、「由」という文字は、もともと壺の象形文字で、そこから何かが出て来る様子を表わします。つまり「自由」とは、他の何かから出て来る「他由《たゆう》」なのではなく、自らから出て来るということです。

もしなんらかのまとまり（たとえばA）が、その外にある他のもの（たとえばB）と対立したとしても、そのように外的に対立している二者は、実はそれらを包摂するより大きな「統一する何か（C）」の中から生ずる（「自由」な）対立だったということです。そのようなAとBの対立は、実はC自らの分化・発展であり、Cにとっては必然的なものだった、ということにもなります。そして、このより深い統一こそが、真の実在だというわけです。

例えば空間の限定に由って種々の幾何学的形状ができ、これらの形は互に相対立して特殊の性質を保って居る。しかし皆別々に対立するのではなくして、空間という一者の必然的性質に由りて結合せられて居る、即ち空間的性質の無限の発展である様に、我々が自然現象といって居る者について見ても、実際の自然現象なる者は前にもいった様に個々独立の要素より成るのではなく、また我々の意識現象を離れて存在するのではない。やはり一の統一的作用によりて成立するので、一自然の発展と看做《みな》すべきものである。

ここで西田は、自分の好きな幾何学のたとえを出してきます。たとえば三角形や四角形などの幾何学的な図形は、平面に線を引くことで一定の空間を限って作られる形です。三角形と四角形は、もちろん別々の特徴・性質を持った図形で、互いに別のものとして対立しているわけですが、ともに「平面図形」という統一性を持っています。そしてこの「平面図形」という系《システム》（A）は、「立体図形」という別の系（B）と、「空間」というさらに統一する系（C）において、対立しています。

このように、ある空間が限られることによって種々の幾何学的な形ができて、これらの形は相互に対立して、それぞれ特殊な性質を保っています。その一方で、それらの形は、空間という一つの系の必然的な性質によって結びついている、というのです。平面図形であれば、その性質上、たとえば三角形、四角形、五角形、六角

A 平面図形

A平面図形 ⟷ B立体図形

C 空間

形…と、必然的に無限に続いていくことになります。つまり、空間という系には、そのような図形が無限に展開していくことを許容するところがあるわけです。

そして、この方式は、私たちが「自然（物体）現象」と言っているものにも当てはまる、と西田は言います。自然現象においても、前にビリヤード玉や樹木の例で見たように、単にバラバラの個々独立した要素が集まっているわけではなく、そこには明らかに統一性を見ることができます（ここには、いわゆる客観的な統一があります）。

また、いわゆる自然現象だからといって、やはり私たちの意識現象を離れて存在するわけではない、という話でした。自然法則（物理法則）は、たしかにある意味で客観的な統一性ではありますが、意識現象として統一することによってこそ、そこに法則（統一）が成り立っていることが私たちの具体的事実として把握されるのです（ここには、いわゆる主観的な統一があります）。

つまり、自然現象といえども、いわゆる客観的なのか、いわゆる主観的なのか、という見方の違いはあるにしても、やはりそこには統一する作用が成り立っていることになります。言い換えれば、このように多様に立ち現われてくるように見える自然現象も、もともと一つの自然が（あるいは一つの意識が）それ自らで発展して現われてきているのだ、と考えることもできるのです。

「自然」については、第八章で詳しく扱われます。

——ヘーゲルは何でも理性的なる者は実在であって、実在は必ず理性的なる者であるといった。

この語は種々の反対をうけたにも拘《かかわ》らず、見方に由っては動かすべからざる真理である。宇宙の現象はいかに些細なる者であっても、決して偶然に起り前後に全く何らの関係をもたぬものはない。必ず起るべき理由を具して起るのである。我らはこれを偶然と見るのは単に知識の不足より来るのである。

この二字下がりの段落では、先ほどの原文「一つの者の内面的必然より起る…」や「一者の必然的性質に由りて…」というところの「必然」が補足的に説明されています。西田が多大な影響を受けた十九世紀のドイツの哲学者ヘーゲルの『法の哲学』序文の有名な一節が引用されています。今では「なんであれ理性的なものは現実的である。そして現実的なものは理性的である」などと訳される箇所ですが、西田は「現実的なもの」を「実在」としています。そして、このヘーゲルの言葉はさまざまに批判されたが、それでも見方によっては動かすことのできない真理なのだ、と言っています。では、この言葉のどこに真理があるのかというと、ここまでの文脈からのみ解釈すると、ここで言われる「理性的なもの」というのは、理《ことわり》（ロゴス）を有するということ、秩序があり統一性があるということでしょう。少し言い換えれば、「理のあるものが現実であり、現実には必ず理がある」ということになり、さらに西田の言葉で言えば、「統一性のあるものこそが実在であり、実在であればそこには必ず統一性がある」ということになります。

その理が、秩序や法則であるかぎり、この宇宙における現象（出来事）は、いかに小さなこと

（もの）であっても、けっして偶然に起きるのではない。いかなる現象であれ、その前と後に生じる現象がまったく無関係ということはありません。その出来事には、起こるべき理由が必ずあり、起きるべくして起きている。私たちは、その出来事の前後関係についての知識が足りないので、ついそれを偶然だと思ってしまうが、あらゆる出来事は、けっして無秩序に起こってはいない。そこには、なんらかの秩序・法則があり、その秩序・法則の中で対立しながらさまざまな現象が立ち現われている。先ほどの幾何学の例であれば、平面図形には平面図形の秩序があったわけで、その秩序を逸脱した現象は出てこない、ということです。

第七段落

普通には何か活動の主があって、これより活動が起るものと考えて居る。しかし直接経験より見れば活動其者《そのもの》が実在である。この主たる物というは抽象的概念である。我々は統一とその内容との対立を互に独立の実在であるかの様に思うから斯《かく》の如き考《かんがえ》を生ずるのである。

第五章の最後の段落は、たったの四つしかセンテンスがなく、かなり短いですが、重要です。活動とそれをする主体（主）について述べ、そんな活動主体が実は抽象的な概念なのだ、と言っています。まずは活動するとはどういうことかを考えてみましょう。

たとえば読者はいま文章を読んでいます。文字を読んでそこに統一的な意味をつかもうとしているはずですが、実は現在の状況は最初から単純な「一つ」なのではなく、意識の表には現われない多様な情報が交錯しています。たとえば視覚としては、文字の書かれていない空白や、自分の手や鉛筆、机や床なども見えているかもしれません。それらの文字以外のものは、文章を理解しようという統一的な目的をはたすために、意識の背後に退いています。その他、聴覚・嗅覚・触覚などもはたらいているでしょうし、あまり文章に関係ないことをふと思い出すかもしれません。それら雑多な情報をここでは一つの目的に統合して、なんとか読み続けて文章を理解しようとしているのが現在の状況です。

さて、このような「読む」という統一的な活動についてあらためて考えると、ふつう私たちは、なんとなく「私がいる。そして、この私が読書をしている」と思っています。つまり、ふつうは「まず活動する主体があって、この主体から活動が起こってくる。この主体がいろいろな客体を束ねている」と思っているわけです。しかし直接経験の立場からすれば、そうではありません。直接経験の立場からこの状況を考えれば、何か統一するような（ここでは「読む」という）活動そのものが実在なのです。「私が…」とか「本を…」という主語や目的語は、その一つの活動自体において生じる「対立（多）」ということになります。ふつう私たちは、統一するもの（主）とその内容（客）とを別々に独立した実在であるかのように思い、そして、まず統一（活動）する主体のほうが「在る」のだと思います。しかし、直に実在しているのは、ただ活動しているという事実だけです。活動そのものから離れた個別の「活動する主体」や「活動される客体（対象）」というのは抽象的概念にすぎない、というわけです。

さまざまな対立があり、そこに統一があるとしても、ふつうは「個々別々に対立するものがあって、それらがなんとかして統一していこうとする」と思うのです。私は本とは別に存在していて、私の読むという活動がこの状況を束ねている、と。図式的には「対立→統一」ということになりますが、現実は、そのような一方向だけではすまない。むしろ、この関係は、「統一があってこそ（その内で）対立があり、かつ、対立があってこそ（その対立が成り立つための）統一がある」という双方向の関係です。その双方向性を表わせば、「統一即対立、対立即統一」となります。

先ほどのA・B・Cで言い換えれば、「AとBの対立が、Cによって統一される」と言ったり、「Cが、AとBの対立を統一する」とも言えますが、そのようなA・B・Cの間の「統一する（主）／統一される（客）」という対立すらも統一するのが、真の統一です。Cが、かたくなに「統一するもの」として存続しているかぎり、「A・B」（統一されるもの）との対立が残り続けて、動きは止まり、そこに真の統一は成り立ちません。Cが自ら「統一するもの」であることすら消し去って「多」となれば、そこに対立と統一の無限の動きが生じて「真の実在」となります。実在の唯一性は、そこに顕在化する多様性によって、自らの唯一性を否定されながら、成り立ち続ける（一即多）。また、実在の多様性は、それらを場として支える唯一性によってその多様性（個別性）を否定されながら、成り立ち続ける（多即一）。これが真の実在の根本的なあり方（方式）だというわけです。

第六章

実在《リアル》はただ一つだけ

〔唯一実在〕

第六章のタイトルは、シンプルに「唯一実在」です。第二章のタイトルにも「唯一の実在」というフレーズが入っていましたし、本文でも真の実在が唯一であることは何度も述べられてきましたから、今さらのタイトルのようにも思えます。

第一章から第四章までは、どちらかと言えば「実在とは、統一だ、同一だ、独立自全だ」と、その唯一性が強調されていましたが、第五章では、その実在の根本的なあり方（方式）として「一即多、多即一」が説かれ、「多」としての実在が対立し合うダイナミックな多様性にもスポットが当たっていました。

それが第六章では、そのタイトルが示すように、また唯一性が強調されています。もちろん、だからといって、その「多であること」が否定されるというわけではありません。ですから、前の章で述べられた「根本的方式」を頭に残しつつ、実在が唯一であることを確認してもらえば、誤解がないかと思います。

なお、第二章の第六段落の後半に出て来た、「昨日の意識と今日の意識は同一の意識と言える」という話から「別々の個人の意識も同一だと言える」という話につながる論理展開も、ここで再登場します。このいわゆる非常識な話を読者に理解してもらおうと、西田も（そして私も）、あの手この手でいろいろと説明しているので、この章はかなりしつこい書きぶりになっていますのでお許しください。

第一段落

　実在は前に云った様に意識活動である。而《しか》して意識活動とは普通の解釈に由ればその時々に現われまた忽《たちま》ち消え去るもので、同一の活動が永久に連結することはできない。して見ると、小にして我々の一生の経験、大にしては今日に至るまでの宇宙の発展、これらの事実は畢竟《ひっきょう》虚幻夢の如く、支離滅裂なるものであって、その間に何らの統一的基礎がないのであろうか。此《かく》の如き疑問に対しては、実在は相互の関係において成立するもので、宇宙は唯一実在の唯一活動であることを述べて置こうと思う。

　何が実在《リアル》なのか。西田は「前に云った様に」と言っていますが、これまでは「意識現象」でしたから、「意識活動」という言葉は初登場です。実在《リアル》とは、私たち一人ひとりの意識においてまさに立ち現われてくる現象のことでした。この意識現象は、まとまり（統一）がありつつも、けっして静止したものではなく、必ず対立による動きがあります。この「動きがある」というニュアンスが強調された表現が、「意識活動」という言葉です。第五章ではあまり登場しなかった「意識」の話が、そこに対立と統一という動きが加わることでバージョンアップされています。

　さて、実在とは意識活動である、というのが西田の考えなのですが、ふつうに考えて、「動いている」ということは、その時々に現われては消えていくということです。ふつうは同じ活動がずっと永久に続いていくこともありえないでしょう。そうすると、西田の言う「実在」に対して、次のような疑問が出て来ます。

――実に在るはずのものが、すぐに消えていくというのは、おかしいだろう。「実在」と言うからには、同一のものが永久に続いていくようなもののはずだ。不安定で移り変わるような「実在《リアル》」では、なんだか統一的な基礎というものがなくなってしまい、結局はすべてがバラバラということになってしまう――と。

確実な不動の実在を求める人は、たとえば、永遠不変の神とか、本質としてのイデアとか、死後も存続する魂のようなものを、「実在」だと言いそうです。ふつう「実在」という言葉（概念）から想定されるものは、もっとしっかり安定したもののようなのです。

実在が西田の言うような「現象」や「活動」として移り変わるとすると、大きな話で言えば「現在にいたるまでの宇宙の発展」はやがて消えていき、もっと小さい話で言えば「私たち一人ひとりの一生涯の経験」はさらにすぐ消えていきます。そうすると、西田の実在論は、不動の実在を求める人にしたら、大小（長短）の差こそあれ、すべてがやがて消えゆく現象・活動に基づいて、結局はなんだか虚《むな》しい幻や夢のような、支離滅裂なものに思えてきます。

このような考えに対して、西田は、前章の内容をふまえながら、「いやむしろ、バラバラに見える多様な実在の背後（根底）にこそ、唯一の実在があるのだ」と答えます。多数の実在の背後（根底）で、それらが相互に結びついて関係し合い、より大きな深い一つの体系を成しているのだ、と。この章では、その最も大きな一つの体系としての「唯一の実在」が、ひたすら強調されます。いわゆる宇宙は、その唯一の実在による、唯一の体系としての活動なのだ、というわけです。

第二段落

意識活動は或る範囲内では統一に由って成立することは略《ほぼ》説明したと思うが、なお或る範囲以外ではかかる統一のあることを信ぜぬ人が多い。例えば昨日の意識と今日の意識とは全く独立であって、もはや一《ひとつ》の意識とは看做《みな》されないと考えて居る人がある。しかし直接経験の立脚地より考えて見ると、此の如き区別は単に相対的の区別であって絶対的区別ではない。

前段の最後で「宇宙は唯一実在の唯一活動である」ことを述べると言っていますが、いきなり宇宙全体の話では大きすぎるので、私たちにとって具体的・現実的な一人ひとりの意識から考えていきます。まず、これまでの説明のように、私たちにはいくつかの意識活動がありますが、それらはなんらかの「統一する力」で結びつけられて成立していました。たとえば一冊の本を読んでいる、楽器を弾いている、断崖絶壁をよじ登っているなどです。どの意識活動においても必ずなんらかの統一があります。統一がなければ、一冊の本も読み終わらず、一曲も弾き終わらず、崖からは落ちてしまうでしょう。

これらの意識に統一性があるということは、なんとなく常識的にも理解できますから、読者もあまり違和感はないでしょう。そこで西田は、そのような常識の範囲を越えて、意識活動に統一性があると言おうとします。西田も、自分の主張が多くの人に理解されないと思っているのか、「信ぜぬ人が多い」と言っています。かなり非常識な話になるので、段階的に話を進めていきます。

まず、私たちは、現実としてこの文章を読んでいる時点で、私も読者も、今ここで目が覚めています。寝てはいません。もしかしたら夢を見ているだけかもしれませんが、少なくとも熟睡はしていません。つまりは、意識がある、意識がはたらいている状態です。このようになんらかの意識が作用し続けているとき、そこにはなんらかの統一性があるということは了解してもらえているでしょう。演奏会で楽器を弾く芸術活動とか、断崖をよじ登るという緊急事態はもちろんですが、そのような難易度の高い活動ではなくても、たとえ集中できずに気が散りながら文章を読んでいるとしても、その意識活動が継続している以上は、やはりそこにはなんらかの統一があるはずです。

しかし、それでは、その途中で寝てしまったり、ふっと気を失ったりして、その継続性がいったん途切れたとしたら、その前後の統一性はなくなってしまうのでしょうか。先に西田の結論を言えば、明らかに意識が途切れていたとしても、その断絶の前後を通して意識の統一はあるはずだ、ということになります。

もちろん人によっては、「意識が途切れた前後では、同じ意識が続いているとは言えない」とか、さらに言えば「昨日の意識と今日の意識では、まったく別々の意識なのであって、厳密に言えば、もう同一の意識ではない」などと言われることも想定されます。しかし、西田の直接経験の立場からすれば、このように意識が途切れる前後で意識を区別するのは、単に相対的な区別なのであって、絶対的な区別とは言えないのです。

何人《なんぴと》でも統一せる一の意識現象と考えて居る思惟または意志等について見ても、その過程は各《おのおの》相異なって居る観念の連続にすぎない。精細にこれを区別して見ればこれらの観念は別々の意識であるとも考えることができる。しかるにこの連続せる観念が個々独立の実在ではなく、一の意識活動として見ることができるならば、昨日の意識と今日の意識とは一の意識活動として見られぬことはない、我々が幾日にも亙《わた》りて或る一の問題を考え、または一の事業を計画するという場合には、明《あきらか》に同一の意識が連続的に働くと見ることができる、ただ時間の長短において異なるばかりである。

次に、たとえば「この本を読み切ろう」という意志や、一つのことを考え続けている思惟という意識活動について考えてみます。このような意志や思惟という意識活動は、一つのまとまりを持ちながらも、そこに絶対的な統一性があるわけではありません。実際のところ「意志」や「思惟」が成り立つ過程を見ても、それぞれ互いに異なっている観念が連続していますし、あえて詳しく区別すれば、さまざまに現われる観念を別々の意識だと言えないこともない。

「意志」や「思惟」という意識活動は明らかに統一性があると認められるわけですが、それも別の視点から見れば、そこには断絶があり、別々の観念に分割することができる、というわけです。しかし、逆に言えば、そのように別々の意識だとみなすこともできる意志や思惟であっても、私たちは、やはりそこになんらかの統一性を見てもいます。つまり、私たちには、別々の観念が連合したものにすぎない意識活動であっても、それらを別々のものとして見るのではなく、一つの意識活動として見ている。これは私たちがすでに実感していることだろう、と言うのです。

さあ、それでは、何かの作業中に気を失って意識の切れ目があったとき、その前後の意識はまったくの別ものなのか、あるいは同じものだと言えるのか、という話に戻りましょう。さらに言えば、「昨日の意識」と「今日の意識」は、一つの意識活動として見ることができるのか、できないのか、という話です。もし、切れ目があるので一つの意識とは言えないとするならば、たったいま確認したように、明らかに統一性のあるはずの意志や思惟さえも、どこかに切れ目があるのですから、統一した意識ではないことになってしまう、というのです。

思考実験をしてみましょう。たとえばこの文章を読みながら一瞬だけ寝てしまい、すぐに目が覚めて読み続けたとします。その前後の意識は別々の意識なのでしょうか。厳密に言えば違っているのかもしれませんが、そこにはなんとなく統一感があります。西田は、その意識の切れ目の前後を、ただ分析的に見るのではなく、そこに統一性をも見るべきだ、と言うのです。第五章のA・B・Cの対立と統一の話のように、寝る前の意識Aと後の意識Bが対立しているのであれば、それらを統一するものCがあるのではないか、というのです。もし「一瞬寝たので、私の意識は別のものになった」と思ったとしても、この二つを比較して「別ものだ」と意識して統一しているものCがいるのです。

私たちが何日にもわたってある一つの問題を考え続けたり、一つの事業を計画・実行しているとき、たとえ途中に切れ目があっても、そこにはなんらかの同一の意識が連続的にはたらいていると考えていい、ということです。明らかに目が覚めていて一つのことを考え続けている場合でも、そこにはさまざまな観念が生まれては消えている。意識が続いたり切れたりする「時間の長短」に違いがあるだけだ、というわけです。

意識の結合には知覚の如き同時の結合、聯想《れんそう》思惟の如き継続的結合、および自覚の如き一生に亙れる結合も皆程度の差異であって、同一の性質より成り立つ者である。

たった一文の二字下がりの段落です。私たちの意識活動では、いくつかの観念が結合していて、そこには必ずなんらかの統一性があります。たとえばパッと瞬間的に結びつくような「知覚」もあれば、いくらかの継続性をもって結び付いている「連想」や「思惟」という意識活動もあります。また、さらに、その人の一生涯にわたって持続するような自己意識（自分が自分であるという意識、自己同一性《アイデンティティ》）も、一つの統一的な意識活動と言えます。これらの意識活動は、それぞれ長さや深さ

の程度がかなり違っているが、どれも同じくまとまり（統一性）があるということで成り立っているのだ、と言っています。

第三段落

意識現象は時々刻々に移りゆくもので、同一の意識が再び起ることはない。昨日の意識と今日の意識とは、よしその内容において同一なるにせよ、全然異なった意識であるという考は、直接経験の立脚地より見たのではなくて、かえって時間という者を仮定し、意識現象はその上に顕われる者として推論した結果である。

また、ある人は、次のように言うかもしれません。

――意識現象は時々刻々に移り変わっていくもので、まったく同一の意識が再び生じることはない。「昨日の意識」と「今日の意識」は、たとえその内容が同一のように見えても、時間が違っているのだから、まったく異なった意識なのだ――と。

第四章で、「万物は流転し、止まらない」と言っていたヘラクレイトスには、「同じ河に二度と入ることはできない」という有名な言葉もあります。鴨長明の『方丈記』の「ゆく河の流れは絶えずして、しかももとの水にあらず」も思い浮かびます。彼らは特に意識について言っているわけではありませんが、共通しているところもあります。つまり、「異なる時間に起きたことは異なったものだ」という考えです。しかし、それは、西田の直接経験の立場に合ったものではありません。

そもそもその考え方は、まずは「時間は、けっして元には戻らない」と仮定し、次に「意識現象は、その時間の上で生じる（時間の性質に従う）」と仮定してから、推論して成り立つような考えです。そうした推論は、たしかに常識的な考え方かもしれないが、真の実在をつかもうとする直接経験の立場ではない、というわけです。

意識現象が時間という形式に由って成立する者とすれば、時間の性質上一《ひと》たび過ぎ去った意識現象は再び還《かえ》ることはできぬ。時間はただ一つの方向を有するのみである。たとい全く同一の内容を有する意識であっても、時間の形式上已《すで》に同一とはいわれないこととなる。しかし今直接経験の本《もと》に立ち還って見ると、これらの関係は全く反対とならねばならぬ。時間というのは我々の経験の内容を整頓する形式にすぎないので、時間という考の起るには先《ま》ず意識内容が結合せられ統一せられて一となることができねばならぬ。しからざれば前後を連合配列して時間的に考えることはできない。されば意識の統一作用は時間の支配を受けるのではなく、かえって時間はこの統一作用に由って成立するのである。意識の根柢には時間の外に超越せる不変的或る者があるといわねばならぬことになる。

もう少し詳しく考えてみます。たしかに常識的に「意識現象が時間において成立している」と考えれば、その時間の性質からして、ひとたび過ぎ去った意識現象は二度と戻ることはないでしょう。なぜなら、時間は、その設定上、ただ一つの方向にしか動かない（ことになっている）からです。意識現象は常に動いていますから、もちろん時間Aの意識と時間Bの意識は、その内容は異なっているのでしょう。しかし、万が一その内容がまったく同じだったとしても、時間を最重要視する考えでは、その意識の成立する時間的な位置が違うという理由だけで、別物のように扱われてしまうのです。

しかし、そのように「一方向にしか進まない時間」を（勝手に）設定して、そのように設定された時間をもとに意識現象について考えて、「同一の意識現象は二度と現われない」と結論を下すというのは間違っているのではないか、と西田は言います。その前提から、前提の異なる「直接経験の立場」を否定できないはずです。直接経験の立場からすれば、そもそも、その前提と結論の順番がまったく逆なのです。西田は、そのことを「これらの関係は全く反対とならねばならぬ」と言っています。わかりにくいので、ゆっくりその推論の順序を考えてみましょう。

私たちは常識的に、

1　時間がある。その時間は一方向にしか進まない（元に戻らない）。

2　その時間の上に意識活動がある。

3　だから、その時間の上にある意識活動は元に戻らない（同じものではない）。

と、なんとなく考えています。しかし、これは「事実」とは違っている。そもそも一番目の「時間がある」はどこから出て来たのか。直接経験の立場からすれば、さらにその前に、
Ⅰ　意識活動がある。その意識活動は対立しかつ統一する。

Ⅱ　対立（差異）は、その意識活動のなんらかの統一において現われる。

Ⅲ　意識活動の統一における事物の対立（差異）によって、「時間」が設定される。

という経緯があるはずです。つまり、時間が意識活動を支配しているのではなく、意識活動が時間を成り立たせているわけです。

西田にしたら、そもそも「時間」それ自体が、私たちの経験の内容を整頓するための形式にすぎません。実際のところ、「時間」という考えが起こるには、少なくとも二つ以上の意識現象の内容が結合され統一される必要があります。たとえば、太陽の動きでも、月の満ち欠けでも、お肌の衰えでも、とにかく何か一つのこと（太陽、月、お肌）をベースにして、その中で差異が現われてこなければ、時間を実感することはできません。つまり、時間について語る（意識する）には、それ以前になんらかの意識の統一とそこでの差異（対立）が必要なのです。意識活動として統一されていなければ、前後を連ね合わせて配列するという「時間的な思考」自体ができないのです。

さまざまな意識現象が立ち現われて来るその根底には、それらの対立や差異をまとめる不変の「統一する何か」がある。そうした統一する何かは、時間という思考形式の枠から超え出たものである。これが西田の考えです。

直接経験より見れば同一内容の意識は直《ただち》に同一の意識である、真理は何人が何時代に考えても同一である様に、我々の昨日の意識と今日の意識とは同一の体系に属し同一の内容を有するが故に、直に結合せられて一《いち》意識と成るのである。個人の一生という者は此の如き一体系を成せる意識の発展である。

このように直接経験の立場からすれば、時間の隔たりがあろうがなかろうが、意識現象の内容が同一であれば、その意識現象それ自体も同一だということになり、真理は誰がどの時代に考えても同一だということになります。そして、それと同じように、たとえ自分の意識を「昨日の意識」と「今日の意識」に分けたとしても、結局は、私という同一の「系」に属する同一の内容なのであれば、それはそのまま同一の意識だということになります。

このように直接経験の立場は、時間という仮定に基づきません。常識的に考えれば、個人の一生は限りある時間かもしれませんが、西田の立場からすれば、そもそも人が生きるということは、まず《時間の中に区切られたもの》とは見なされません。むしろ人が生きていくということは、何よりも意識活動が一つの体系（統一性）を成り立たせ、その統一性を保ちつつ分化・発展していくことになります（そしてその中で時間も意識現象として現われてきます）。

この点より見れば精神の根柢には常に不変的或る者がある。この者が日々その発展を大きくするのである。時間の経過とはこの発展に伴う統一的中心点が変じてゆくのである、この中心点がいつでも「今」である。

第三段落の本文最後の「意識の根柢には…不変的或る者がある」という表現が、この二字下がりの段落では「精神の根柢には…」となって、「意識」が「精神」に置き換えられています。でも、意識現象（直接経験）が唯一の実在であり、そこに精神（心）・自然（物）という区別はない、というのが『善の研究』の趣旨なんですから、西田には、これら「意識」と「精神」という概念を別のものとして書いてほしいところです。でも実際のところ西田も、意識と精神を同じように思っているから、こういう書き方になってしまうんでしょう。『善の研究』が唯心論的だと「誤解」されるところです。とりあえず今は前後の文脈から「意識の根底」としておきます。

さて、これまで見てきたように、さまざまな意識現象の根底には、それを統一するなんらかの「変わらないもの（不変的或る者）」があることになります。そうでないとバラバラになってしまうからです。この「変わらないもの」が分化・発展することで、そこに差異が立ち現われ、「時間」が成立する。時間が過ぎていくというのは、この「変わらないもの」が分化・発展していくのにともなって、その統一する中心点が移り変わっていくことだ、と西田は言います。これはちょっと、わかりにくい表現です。ふつうに「日々その発展を大きくする」と聞けば、そこにはすでに

「時間の経過」が前提されているように思えますが、西田の立場では、発想が逆です。「変わらないもの」における統一と対立が「時間」という思考の過程を生み出す元だ、というわけです。この「変わらないもの」は、分化・発展していくという意味では、動いている（変化している）わけですが、それでもその発展をまとめる（統一する）中心のようなものであることは変わらない、というのです。「中心」というのは、ふつうは《全体の中でけっしてその位置を変えないもの》のはずですが、西田は「発展に伴う統一的中心点が変じてゆく」と言っています。これは、全体としてみたら「変わらないもの」なのですが、その中にいる個物からしたら変じていくように見える、ということでしょうか。ふつうには時間が流れ、現在も移り行くように思えるが、西田の考えでは、現在は常に時間の中心にあり続け永遠に「今」である、ということになります。

第四段落

右にいった様に意識の根柢に不変の統一力が働いて居るとすれば、この統一力なる者は如何《いか》なる形において存在するか、いかにして自分を維持するかの疑《うたがい》が起るであろう。心理学では此の如き統一作用の本を脳という物質に帰して居る。しかしかつていった様に、意識外に独立の物体を仮定するのは意識現象の不変的結合より推論したので、これよりも意識内容の直接の結合という統一作用が根本的事実である。

西田は、これまで見てきたように、変わることなくはたらき続ける「統一する力」が意識の根底にある、と言います。原文に「不変の統一力が働いて居る」とありますが、ふつうに考えれば、これは矛盾した表現です。なぜなら、ふつうは「作用《はたら》いている、活動している」ということは、つまり「変化する」ということだからです。そうすると、このように動き続ける（変化する）ものが、統一し続ける（変化しない）とは、どういうことなのか。この統一する力が維持するために何か不変の基盤のようなものがあるのか、という疑問が出て来る、というわけです。そこで西田はまた心理学の知見を参照します。

そのような疑問に対して、心理学では、このような「統一する作用」が成り立つ基本として脳という物体を想定している、と言います。しかし、神経系統と意識の関係については第二章第二段落にも出て来たように、「意識の外に独立した物体がある」という考えは推論に基づく仮定にすぎない、という話でした。私たちが目の前に物体を見ていると思っても、しょせんは見慣れている記憶、身体感覚、視覚による映像などのさまざまな意識現象がおおよそ変わることなくいつも結びついているので、それを物体だと推論して認識しているにすぎないわけです。

もちろん、この「意識の外に独立した物体がある」という仮定は、推論に基づくとはいえ、かなり強力なものです。しかし、このような推論による仮定よりも、直接的な意識活動のほうが、はるかに確かで強力です。どちらが実在《リアル》かと言えば、自らの意識内容として直接に結びつく統一作用のほうが、より根本的な事実、実在《リアル》だと言えます。

この統一力は或る他の実在よりして出《い》で来《きた》るのではなく、実在はかえってこの作用に由りて成立するのである。人は皆宇宙に一定不変の理なる者あって、万物はこれに由りて成立すると信じて居る。この理とは万物の統一力であって兼ねてまた意識内面の統一力である、理は物や心に由って所持《しょじ》せられるのではなく、理が物心を成立せしむるのである。理は独立自存であって、時間、空間、人に由って異なることなく、顕滅《けんめつ》用不用に由りて変ぜざる者である。

先ほどの「統一力なる者は如何なる形において存在するか」という疑問に対して、科学的には「脳（神経系統）に基づいて」というわけですが、西田の答えは違います。この「統一する力」は、他のもの（実在）から出て来るのではなく、まさにその力（作用）こそが実在なので、それ自らで成り立っていることになります。もし他のもの（実在）を想定するのであれば、その他のものこそがこの統一力に基づいて成り立っているのだ、と言います。

ほとんどの人は、物体を自分の意識とは別にあると考えて、「宇宙には一定不変の理《ことわり》があり、万物はこの理によって成り立っている」と信じています。物の理《ことわり》、いわゆる物理の法則です（原文に一文字で出て来る「理」は、「ことわり」でも「り」でも、好きなほうで読んでください）。しかし、この理は、いわゆる外界の万物を統一する力だけではなく、意識の内面とされる精神（心）の統一力でもある、と言います。

原文の「理は物や心に由って所持《しょじ》せられるのではなく」という文章からは、西田の二つの考えがうかがえます。まず、理は物体や精神（心）に基づいて（由って）は得られない、ということ。しかも、それは（対象的に）所持されるようなものではない、ということです。

そして次の原文「理が物心を成立せしむる」というのは、つまり「理とは、物心を統一して成立させる力だ」ということになりますが、ここで注意が必要です。説明するためにそう言っていますが、西田自身の立場では、そうした真の実在（理）とは、もともと主・客や能動・受動が分かれていないはずでした。ですから、この理は、《すべての物心を統一する力》というだけでなく、《すべての物心が自ら統一していく力》だとも言えます。この「を／が」という主客の両方を含みつつも分かれないニュアンスを伝えるとしたら、「理は物心の統一力である」と言うほうが正確です（わかりにくいですけど）。

> 普通に理といえば、我々の主観的意識上の観念聯合《れんごう》を支配する作用と考えられて居る。しかし斯《かく》の如き作用は理の活動の足跡であって、理其者《そのもの》ではない。理其者は創作的であって、我々はこれになりきりこれに即して働くことができるが、これを意識の対象として見ることのできないものである。

ふつう私たちは、「一人ひとりに個別の意識現象があり、それら意識現象に現われるさまざまな観念も別々に存在している」と思っています。しかし、それらはまったくバラバラ無秩序に存在しているわけではなく、それらを関連づければ、その関係性の中にどこか秩序や法則のあることがわかります。そこで、「その個別に見える観念を連合させ、支配するような統一する作用《はたらき》が、それら観念の背後にあるはずだ」と思って、そのような作用の法則性を「理」と名づけています（たとえば心理学は、いわゆる心の法則性を見出す学問です）。

しかし、このように、実際の意識現象（観念）が生じた後から「そこにあるはずだ」と想定されるような理、言い換えれば、「それらの観念を支配しているはずの何か」として学問上設定された理（法則）は、もともとの何かが実際に活動し終わった後の痕跡にすぎない、と西田は言います。たとえば美しく整えられた庭園（世界）を見て、そこに優れた庭師の存在を想定することはできますが、庭師そのもののはたらきを見たわけではありません。また、地面にくっきりと残った牛の足跡を見つけても、牛そのものをつかまえたことにはなりません。

そのように対象的にとらえられた理は、理そのものとは言えない。理そのものは、造作物や足跡のように動かない固定したものではなく、自ら活動する創造的な何かのはずだ。いや、活動・創造そのものこそが理であると言えるでしょう。そうした理そのものと直にかかわるうえで私たちにできることは、自ら理になりきり、理に即してはたらくことだけでしょう。理そのものは、何か固定した原理のように対象的に意識されるものではない。もし理を意識的に対象として見ようとしたら、そのようなものは「すでに停止しているもの」であって、理そのものではない。真の理は、他の何かに依存せず、自ら動いているはずだからです。

普通の意義において物が存在するということは、或る場処或る時において或る形において存在するのである。しかしここにいう理の存在というのはこれと類を異にして居る。此の如く一処に束縛せらるるものならば統一の働《はたらき》をなすことはできない、かくの如き者は活きた真の理でない。

では、このような理は、どのように存在するのか。ふつう何かが存在する、というのは、《ある場所、ある時間に、ある形で存在する》ということです。しかし、ここで「理が存在する」というのは、このようなふつうの意味で「何かが存在する」のと同じような「存在する」ではないでしょう。もし、そのように一所《ひとところ》に固定（束縛）されてしまうような「存在する」では、すべてを統一するはたらき（活動）はできないでしょうし、活きた（活動している）真の理とは言えない、と西田は言います。

したがって、ここでの「理が存在する」というのは、いわゆる「存在する」というよりも、むしろ「理がはたらいている」というほうが事実に近いことになります。また理とは、《すべてを統一するはたらき》であり、あるいは《すべてが統一していくはたらき》のことですから、「理が存在している」ということはようするに、《すべて統一して働いている》ということになります。

第五段落

個人の意識が右にいった様に昨日の意識と今日の意識と直《ただち》に統一せられて一《いち》実在をなす如く、我々の一生の意識も同様に一《ひとつ》と見做《みな》すことができる。この考を推し進めて行く時は、啻《ただ》に一個人の範囲内ばかりではなく、他人との意識もまた同一の理由に由って連結して一と見做すことができる。理は何人が考えても同一である様に、我々の意識の根柢には普遍的なる者がある。我々はこれに由りて互に相理会《りかい》し相交通することができる。

さて、これまで見てきたように、いわゆる個人における昨日と今日の意識も、時間的に異なっているように思えますが、その時間という前提を抜きにして意識現象のはたらきとしてみれば、そのまま直ちに統一された一つの実在である、という話でした。

そうすると、その意識が二日にわたるものでも、一カ月でも、一年でも、十年でも、さらには一生涯続くものでも、やはり一つだとみなすことができるはずです。もちろん、子どもだったころの意識と今の意識がまったく同一だとは言えませんが、それでも、そこには一人格としての自己同一性《アイデンティティ》がある。そして西田は、さらに「この考を推し進めて」いきます。このようになんらかの意味で「意識が統一している」ということを、一個人の範囲に限らずに、複数の人のいる社会の意識にも広げていくわけです。そして、いわゆる別の人たちの意識も、「同一の理由」から連結したものとして一つとみなすことができる、と言います。
この「同一の理由」というのは、先ほどから出て来ている理が誰にとっても同一の理のはずだから、ということです。もしAさんの動きを統一している理が、Aさんだけに通用して、Bさんを動かすことができないとしたら、それは両者を統《す》べる真の理とは言えません。真の理とは、Aさんの意識の根底にも、Bさんの意識の根底にもある、普遍的なものでなければなりません。また、AさんとBさんが、もし相互にコミュニケーションがとれるのであれば、Aさんは自らの根底にある自らの理を通して、Bさんの根底にあるBさんの理に会うことができるはずだ。そうでなければ、互いを知り得ない、と言うのです。これは、Bさんの本質（理）を解剖して知るような「理解」ではなく、その理に会うという「理会」です。このAさんの理とBさんの理は、その根底において繋がっている普遍的な理です。Aさんにとっても、Bさんにとっても、自らの理に会うことが、そのまま相手の理に会うことにもなる。だからこそ、相互に理会することができる、交わり通じ合うことができる、というわけです。

啻《ただ》にいわゆる普遍的理性が一般人心の根柢に通ずるばかりでなく、或る一社会に生れたる人はいかに独創に富むにせよ、皆その特殊なる社会精神の支配を受けざる者はない、各個人の精神は皆この社会精神の一細胞にすぎないのである。

ちなみに、ここまでさんざん言ってきた「理」というのは、いわゆる理性（知）によってのみ把握されるものではありません。ここでの真の理は、知・情・意のすべてを含んだものです。ですから、まるで無色透明ないわゆる「普遍的理性」というものがあって、それが一般的に人々の心の根底に通じている、というわけではありません。この理は、その普遍性によって個々の人々の意識を根底で結びつけるにしても、そこにはどうしても、それら個人が属する社会の色（特殊性）が付着することになります。

人は必ずある一つの社会に生まれますが、その人がどれだけ独創的であったとしても、その社会の色をまったく帯びずにいきなり普遍性と結びつくことはできません。人は誰であっても、自らが属する社会の特殊な色や独特な仕組み、その核となる「精神」の影響を受けている。個人は、自分が属する特定の社会の中で、その社会の特色を受けとりながら有機的に結合する細胞の一つにすぎない、と言うのです。

前にもいった様に、個人と個人との意識の連結と、一個人において昨日の意識と今日の意識との連結とは同一である。前者は外より間接に結合せられ、後者は内より直に結合する様に見ゆるが、もし外より結合せらるる様に見れば、後者も或る一種の内面的感覚の符徴《ふちょう》によりて結合せらるるので、個人間の意識が言語等の符徴に由って結合せらるるのと同一である。

もし内より結合せらるる様に見れば、前者においても個人間に元来同一の根柢あればこそ直に結合せらるるのである。

いわゆる一個人において「昨日の意識」と「今日の意識」が連結（統一）しているということは、常識的に納得できそうですが、ここで西田は、さらに別々の「Aさんの意識」と「Bさんの意識」も連結（統一）しているんだ、それらは基本的に同じことなんだ、と言います。これを西田は「前にもいった様に」と言いますが、やはり読者が納得してくれないと思ったのか、さらに補足説明をしています。ちなみに、このころの西田がひたすら修行をしていた禅にも、「張公《ちょうこう》酒を喫《きっ》すれば、李公《りこう》酔う（張さんが酒を飲めば、李さんが酔っ払う）」という言葉があります。常識的にはムチャクチャな話で、あまりにも常識はずれの話なので、少し詳しく見ていきましょう。

一個人における昨日と今日の意識の話とは違って、私（A）という個人の意識と、そこにいるBさんという個人の意識が連結する（同一である）となると、やはり外側のものと無理して意識的に結合された感じがします。たとえば列車の一号車と二号車が連結されているような感じです。自分が一号車だとすれば、その座席1Aと座席9Aは違う席ながらも、なんとなく内側で結びついている感じがします。しかし、隣の二号車とは、外側の連結器でガチャンと結びついているだけで、「自分（一号車）が、そのまま隣の誰か（二号車）と同一だ」という意識にはなれません（擬人的表現ですが、西田も第三章で認めていましたからご了承ください）。

しかし、もし「個人Aの意識と個人Bの意識が、連結器のようなもので外から結合される」というのであれば、一個人の中の昨日の意識と今日の意識が結合しているということも、やはりある種の「連結器」によって結合していると言える、というのが先ほどからの話です。たしかに、一個人の中で結合する場合の連結は、その結びつきがあまりに自然で内面的に感じますが、そこにもたとえば自分の名前（記号）などの助けがあって自己同一性を保っているのです。もし記憶喪失で自分の名前や故郷などを忘れてしまえば、自己同一性《アイデンティティ》も喪失します。そう考えれば、たとえ別々の個人同士の意識が、いわゆる外的な連結器（記号）によって結合されているとしても、それは一個人の中での同一性もそうなのですから、そこに本質的な違いはない、というわけです。

先ほどの擬人的な列車の例であれば、もし自分が一号車ではなく、単に座席1Aであるとすれば、座席9Aは別の存在ということになります。そうしますと「自分（1A）は、しぶしぶアイツ（9A）と結びつけられている」と外的な結合を感じるかもしれません。しかし、その場合でも、同じ一号車の窓側A列の座席だという記号によって、仲間意識を持つこと（同一化すること）も可能です。もし、もっと深い統一性を「内側から」得られれば、自らが一号車であるという自意識が持てるでしょう。

それでは、仮に自分が一号車なのだとして、さらに二号車との関係を考えてみましょう。そこで、自分（一号車）も、隣の人（二号車）も、同じ時間に同じ線路の上を同じ方向に向かって一緒に走っている「列車」だということで、仲間意識を持つこと（同一化すること）も可能となるかもしれません。さらに言えば、「自分とは、一号車から九号車までのこの列車全体なのだ」と思えば、二号車どころか他の車両とも内からの統一性を得ることができます。

座席1Aと座席9Aが一つの車両の内で結合されているように見えるのであれば、さらに一号車と二号車も同じ列車に含まれていることから、やはり直接に内から結合されることになります。この擬人的な例をもとの話に戻せば、もし「昨日の意識」と「今日の意識」が一個人の内より結合されるように見えるのであれば、さらに「個人Aの意識」と「個人Bの意識」についても、その両者の間にはなんらかの同一の根底があってもおかしくない。いや、必ず同一の根底があるはずだ、ということになります。なぜなら、もし同一の根底がなければ、そもそも個人と個人の対立すら起きないからです。対立しているという以上は、そこには同一の根底があり、その同一の根底をふまえれば、その根底において直に内的に結合されるのです。

さて、このように西田は、「Aさんの意識とBさんの意識はもともと同一とも言えるのだ」という自説を、読者にわかってほしいので、それなりに常識の範囲で説明しようとしています。でも、そもそもの西田自身の立場、何が実在《リアル》なのかをとらえるための直接経験の立場から考えたら、実は話はいたってシンプルなんです。つまり、Aさんの意識とBさんの意識の違いといっても、直接経験の立場からすれば、そもそも「個人的意識の内と外」という考え方それ自体が抽象的な仮定であり、もともと意識活動には内・外の区別がない、というだけで話がすみます。つまり、

「個人が別々に存在している。AさんにとってBさんは外の存在なのだ」という前提それ自体が違っているのです。

ところで、もちろん西田は「列車の比喩」なんて述べていません（私の創作です）。それにこの比喩は、時間の違いと空間の違いを一緒にしているので、ちょっと誤魔化しているようにも見えます。つまり、「座席の違い」も「車両の違い」も空間的なものですが、もとの話の「一個人内の意識の違い」は時間的で、「個人と個人の意識の違い」は空間的な違いなのです。ふつう私たちは、一個人の中の時間的な違いよりも、個人と個人の空間的な違いのほうが、その差異を強く感じるでしょう。ですから、やはり「この身体の空間的内側にある意識aと意識bの同一性と、この身体Aの空間的外側にある他の人の意識Bとの同一性が、同じことだ」というのは、無理があるように思えるでしょうし、「列車の比喩」ではそれを説明できていない、と思われるかもしれません。

しかし、やはり西田の立場からすれば、先ほどの「時間」の話と同じように、そうした空間的な違いも、後から付け加えられた仮定になります。もっとシンプルに言えば、実在《リアル》をとらえるうえでは、そもそも時間や空間という区別はそんなに重要ではないことなのです。私たちの統一性（まとまり）は、その内だと思っていたものが外になり、外だと思っていたものが内になる、常識的に思われている以上に動的で柔軟なものです。

実際、個人の身体を基準にして空間的（物体的）に区切ってまとまりをつけるという考え方は、そんなに確実なことではありません。たしかに私たちは、思考する便宜上、この身体の境界である皮膚の内側を「自分」としていますが、現実的にはそんな皮膚を超えて「自分」をとらえています。現に私たちは、この身体の境界を超えて、髪（これはまだ身体の一部かもしれませんが）、お化粧、服装、持ち物、自室、家族、学校、会社、地域、民族、国家などに、ある意味で「自分」を感じてしまいます。ちょうど同じ線路の上を同じ方向に向かって一緒に走っている列車の車両たちのように、いわゆる「他の個人」も、自己として内側からの連結を認めることも可能なのです。

第六段落

我々のいわゆる客観的世界と名づけて居る者も、幾度か言った様に、我々の主観を離れて成立するものではなく、客観的世界の統一力と主観的意識の統一力とは同一である、即ちいわゆる客観的世界も意識も同一の理に由って成立するものである。

最後の段落です。常識的には、個人は別々に独立して存在しており、個人には内と外があるとみなされますが、西田にすれば、たとえば自分という個人の外に設定した世界（客観）は、その自分（個人）の内に設定した世界（主観）を離れて成立するものではありません。そのように、内と外（主観と客観）を分けたとしても、いわゆる外の世界（客観）における「統一する力」と、いわゆる内の世界（主観）における「統一する力」とは、結局は同一だということになります。すなわち、いわゆる客観も主観も、同一の理（統一する力）によって成立している、ということです。

この故に人は自己の中にある理に由って宇宙成立の原理を理会することができるのである。もし我々の意識の統一と異なった世界があるとするも、此の如き世界は我々と全然没交渉の世界である。苟《いやしく》も我々の知り得る、理会し得る世界は我々の意識と同一の統一力の下に立たねばならぬ。

だからこそ私たちは、自分の内にある理によって、自己の外にあるとされる宇宙成立の理に会う（理会する）ことができる。もし私たちの意識の内の理（統一する力）とはまったく異なった世界が外にあったとしたら、そんな世界は、私たちにとってまったく没交渉の世界です。私たちが何の交渉も持てない世界、どうしても理会できない世界があったとして、それは私たちにとって何の意味もありません。たとえ対立するにしても、なんらかの形でかかわることのできる世界は、私たち自身の意識活動における理と同じ理の下にある世界のはずです。

ここで言われる「理」とは、異なるもの同士を結びつけるはたらきであり、統一する力そのものです。ですから、異なったままで止まってしまったら、それはもはや真の理とは言えません。たとえ対立しているとしても、それをひたすら統一し続ける力、知情意のすべてを含みながらも体系化していく意識活動、それが「理」であり、唯一の実在だということです。

第七章

実在《リアル》は、「一」に分化し、「多」へと発展する

〔実在の分化発展〕

第七章のタイトル「実在の分化発展」は、第六章とちょうど逆のことが強調されています。「実在」を説明するために、第六章では、「多」を統一するものとしての「一」が強調されていましたが、ここでは、その「一」がいかに「多」に分かれていくのかが強調されます。第五章で説明された実在の根本方式「一即多、多即一」が、第六章と第七章で交互に逆方面から説明されるかたちになっています。

私たちが生きるこの世界は多様性に満ちていますし、この多様性（差異）は、喜ばしいこともあれば、悲しいこともあります。区別があることを是とするか否とするか、その価値判断それ自体も、やはり多様でしょう。また、私というわゆる一個人の中に現われる知・情・意も、やはり多様に互いにぶつかり合い、葛藤は尽きることがありません。

このように私たちはすでにそのような「多」を生きていますが、いきなり「多」であったわけではない。「一」はまず「二」に分化し、それを繰り返すことで発展して「多」となっている。これが西田の考えです。

この章では、そんな「多」の原初としての「二」が扱われます。その中でも、これまで何度も出て来た「主観／客観」という二項対立が扱われます。それを中心にして、「能動／受動」、「無意識／意識」、「現象／本体」という互いに対立する概念ペアがいくつか説明されることになります。

第一段落

意識を離れて世界ありという考《かんがえ》より見れば、万物は個々独立に存在するものということができるかも知らぬが、意識現象が唯一の実在であるという考より見れば、宇宙万象《ばんしょう》の根柢には唯一の統一力あり、万物は同一の実在の発現したものといわねばならぬ。我々の知識が進歩するに従って益々《ますます》この同一の理あることを確信する様になる。今この唯一の実在より如何《いか》にして種々の差別的対立を生ずるかを述べて見よう。

最初にこれまでの話が要約されています。ふつう私たちは、「世界は、一人ひとりの意識とは別に（意識を離れて）存在する。そして、世界の中にあるすべての物（万物）も、それぞれ個別に独立して存在している」と考えている。だから、常識的には「この私が意識を失っても（たとえ死んでしまっても）、それとは関係なく世界は存在し続ける」と思っている。ちなみに独我論を主張する人は、「自分が死んだら世界も消滅する」と思っています。

ここまで西田は、独我論とは違ったかたちで、この「常識」をくつがえしていました。直接経験の立場、つまり、意識現象が唯一の実在であるという考えに基づいて、真に実在しているのは、宇宙のすべての事象を根底で統一している力だけだ、というわけです。そして万物も、同一（唯一）の実在が分化・発展して現われ出たものだ、ということでした。もっとも私たちは、そのような根底にある統一力を対象的に知ることはできないが、私たちの知識が進歩していけば、ますます万物の根底にある「同一の理」「統一する力」「唯一の実在」（言い方はいろいろですが同じことです）のあることを確信するようになるのだ、というわけです。

それでは、このように唯一であり統一する実在から、どのようにしてさまざまな区別や対立が生じてくるのか。いったいどうやって、一から多へ、唯一から種々雑多な世界へと進むのか。これがこの章のテーマとなります。

第二段落

実在は一に統一せられて居ると共に対立を含んで居らねばならぬ。ここに一の実在があれば必ずこれに対する他の実在がある。而《しか》してかくこの二つの物が互に相対立するには、この二つの物が独立の実在ではなくして、統一せられたるものでなければならぬ、即ち一の実在の分化発展でなければならぬ。而してこの両者が統一せられて一の実在として現われた時には、更に一の対立が生ぜねばならぬ。しかしこの時この両者の背後に、また一の統一が働いて居らねばならぬ。かくして無限の統一に進むのである。

これまで第四・五・六章で見てきたように、真の実在とは、一つに統一されているもの（自ら統一しているもの）であり、それだけでなくそこに対立を含んでいるものでした。一つの実在Aがあれば、必ずこれに対して他の実在Bがある。そうして、この実在Aと実在Bという二つが互いに相手と対立するということは、この二つが単に独立した別々の実在だというだけでなく、その二つを統一する何かがその背後には必要でした。つまり、AとBという対立の側から見たら、自分たちが共に立っている基盤、自分たちを統一するもの（実在C）がある。そして、この状況を、その基盤・統一するもの（実在C）の側から見れば、もともと一つだったものが二つに分かれている（分化・発展している）とも言える。どちらから見るかで、その状況の説明が変わってくるだけです。

もし対立の側から「この対立する二つ（AとB）が統一されて一つの実在（C）として現われた」と言ったとしても、べつにこの実在Cは究極的な最大の実在でもないので、そこで止まることなく、今度はその実在Cに対立する実在Dが現われます。そして実在Cと実在Dが対立している以上は、その対立を成立させている共通の統一（実在E）があるということになります。こうして、さらにその背後にある実在F、G、H…とかぎりなく統一が進んでいくことになります。

ここで「進んでいくことになります」などと言うと、まるで次から次へと統一が時間的に深まっていくように聞こえますが、これは考える（表現する）都合でこのように言っているだけで、統一の側から「もともとの唯一の実在が分化・発展した」と見れば、もともと初めからそうしたより深い統一があったということになります。個別的な思考に慣れている私たちには、後からその「より深い統一」に気づくのかもしれませんが、それはすでにあったものに気づくだけで、なかったものが作り出されるわけではありません。あえて時間的な前・後を言うならば、基盤があってそのうえで対立が起こるわけですから、基盤のほうが前からあったということになるでしょう。この統一は、私たちにはなかなか気づくことができませんが、それはすでにそこに在る、無限の深さを持った統一ということになります。

これを逆に一方より考えて見れば、無限なる唯一実在が小より大に、浅《せん》より深《しん》に、自己を分化発展するのであると考えることができる。此《かく》の如き過程が実在発現の方式であって、宇宙現象はこれに由りて成立し進行するのである。

そして、この「最初のAとBの対立の底にあるC、CとDの対立の底にあるE、EとFの対立の底にあるG……」という関係を、逆転して見てみれば、「G（という場）にあるEとF、EにあるCとD、CにあるAとB…」ということになります。ここでは説明のためAからGまでしか書いていませんが、Aにもなんらかの対立があるでしょうし、Gの背景にもZを超えてずっと深い統一があるでしょう。このAよりも小さい方向へ、Gよりも大きい方向へと無限に続くその全体は、Aのほうには無限に対立し、Zのほうには無限に統一していくような、両方向に突き抜けていく「唯一の実在」です。言い換えれば、無限に先へ先へと突き進む多様性を、無限に底の底へと深まっていく統一が包んでいる、ということになります。その全体が、ここで言う「唯一の実在」です。

こうした無限に先へ展開しつつ無限に底から統一する「唯一の実在」は、AやBのレベルのほうから見ると、小から大へ、浅いところから深いところへと統一していくように見えますし、逆にZをはるかに超えた底なしのほうから見ると、その唯一である自己を多様の世界へと分化・発展させていると見ることもできます。このような過程《プロセス》が、「唯一の実在」が発現していく方式であり、宇宙の多種多様な現象はこのような方式で成り立って行くのだ、というわけです。ちなみに第四章では、この一から多への分化・発展が、「形式」と言われていました。

ところで原文では「小より大に、浅《せん》より深《しん》に」となっていますが、この解説口語訳では逆に読んでいます。文脈からして、唯一のものが自分を分化・発展するのであれば、むしろ「深く大きな一から、浅く小さな多に」のほうがより整合性がとれたからです。もしかしたら西田に別の意図があったのかもしれませんが、読者はどう解釈するでしょうか。

斯《かく》の如き実在発展の過程は我々の意識現象について明《あきらか》にこれを見ることができる。例えば意志について見ると、意志とは或る理想を現実にせんとするので、現在と理想との対立である。しかしこの意志が実行せられ理想と一致した時、この現在は更に他の理想と対立して新なる意志が出《い》でくる。かくして我々の生きて居る間は、どこまでも自己を発展し実現しゆくのである。

そこで西田は、このように唯一の実在が分化・発展するという方向でこの世界を見た場合、私たちは、その発展の過程《プロセス》を意識現象において明らかに見ることができる、と言います。意識現象を例にしたほうが、読者に理解してもらいやすいと思ったのでしょう。あらためて確認すると、意志とは、《ある目的・理想を現実にしようとする意識》です。つまり、私たちに「意志」が生じるということは、現状で満足せずに、現実と理想との間に食い違い《ギャップ》（対立）があるということになります。たとえば「のどが渇いている」という現状があり、「のどが潤《うるお》っている」という理想があったとしたら、「のどを潤そう（水を飲もう）」という意志が生じます。そして、この意志が実行にうつされて、現実と理想が一致したら（現実にのどが潤えば）、その「水を飲もう」という意志は消えます。そして、その意志は消えますが、きっとすぐに他の現実と理想の対立が生じて、次々と意志が生じていきます。私たちは、生きているかぎりずっと意志が発生し続けるので、自分でさまざまに具体的な行為を発展させていき、自己が実現していくことになる、というわけです。

次に生物の生活および発達について見ても、此の如き実在の方式を認むることができる。生物の生活は実に断の如き不息《ふそく》の活動である。ただ無生物の存在はちょっとこの方式にあてはめて考えることが困難である様に見えるが、このことについては後に自然を論ずる時に話すこととしよう。

次に西田は、生物の生活や発達についても、このような実在の分化・発展という方式が認められる、と言います。生物が生きていくというのは、ひたすら現われ続ける対立と統一の止むことのない活動だ、というわけです。この「不息《ふそく》」という言葉は、第五章にも出て来ましたが、《一息《ひといき》つかない、休まない、ずっと続く》という意味です。

ちなみに西田が好きな言葉に「自彊不息《じきょうやまず》」という言葉があります（揮毫《きごう》もしています）。この四文字熟語は、《自ら努力して休まない、怠けない》という意味に使われますが、もとの『易経』の文脈上では、《休まずに運行し続ける天のすがたが健全であるように、君子は自《みずか》ら務《つと》め励《はげ》んで休息しない〔でも健《すこ》やかだ〕》というような意味です。

ここでおそらく西田の頭の中には、いわゆる生物だけでなく、天地や自然も、対立と統一を無限に繰り返しながら止まることなく展開していく姿が浮かんでいたのだと思います。人間以外の生物も、いわゆる無機物である自然も、すべてがこの唯一実在の無限の対立と統一という方式で成り立っている。西田は、このようなヴィジョンを哲学的に表現しようとしていますが、ここでは「さすがに無生物についてこの方式をあてはめるのは、ちょっと難しいかもしれません」として、その話を次の第八章「自然」に持ち越しています。

第三段落

さて右に述べた様な実在の根本的方式より、如何《いか》にして種々なる実在の差別を生ずるのであるか。先《ま》ずいわゆる主観客観の別は何から起ってくるか。主観と客観とは相離れて存在するものではなく、一実在の相対せる両方面である、即ち我々の主観というものは統一的方面であって、客観というのは統一せらるる方面である、我とはいつでも実在の統一者であって、物とは統一せられる者である（ここに客観と云うのは我々の意識より独立せる実在という意義ではなく、単に意識対象の意義である）。

それでは、これまで述べてきた実在の根本的な方式（一即多、多即一）から、どのようにして分化発展が起こって、種々の多様な実在が生じるのか。つまり、もともと「一」だったはずなのに、どうしてそこに差異・区別のある「多」が生ずるのか。ここで西田は、また意識現象の話をベースにして、特に哲学上よく問題となる、「主／客」、「能動／受動」、「無意識／意識」、「現象／本体」という差異・区別について考えていきます。

まずは、いわゆる「主／客」という区別が何から起こってくるかについて考えます。なお、念のため確認ですが、原文での「主観」「客観」という言葉は、それぞれ単に《観る・行う側》と《観られる・行われる側》という意味で使われています。ですから、ここでの「主観」「客観」には、日常会話で「主観的な…」や「客観的に…」と言われるときの価値判断は含まれていません。また、「観る」ということに限った話でもなく、なんらかの動作をする側、される側（対象）という意味です。この章では、ひたすらこの関係性が出て来るので、「主観／客観」だと、日常的な意味や「観」に引っぱられそうなので、なるべく「主」と「客」という表現で解説します。

さて、そもそもの大前提として、この主（するもの）と客（されるもの）は、もともと別々に離れて存在するものではありません。たとえば、「私が文章を読んでいる」というこの状況を考えてみると、「私」が主で、「文章」が客です。このとき、ふつうは「まず私（主）がいる。そして、この私が文章（客）を読んでいる」と考えられるのですが、そもそも、そのように「確固たる私（主）と、それとは別のものである文章（客）が、別々に独立して存在している」という前提それ自体が、直接経験の立場からは間違っています。

　直接経験の立場からこの状況を考えてみると、実際のところ、この直接の意識現象において、いきなり「私」や「文章」などが別々に現われているわけではありません。あえて言葉でその実際の状況（直接の経験）を描写するとしても、その状況にとって特に強調されるものから順に概念として意識の上に現われてきます。とりあえずここでは説明のために「読んでいる」という概念がまず意識に現われるとしましょう。もちろん読むことに没頭しているときは、わざわざ「読んでいる」などという概念が意識上に現われたりはしませんが、少なくともいきなり「私が／読んでいる／文章を」などと明瞭に主・客が分かれてはいません。

　こうして、ただ「読んでいる」という意識だけが前面に出たあとに、それを取り巻くように「私が（主）」と「文章を（客）」という概念がその関係を含みながら意識の上に登場します。

　このように、もともと「主／客」の二つに分かれていない、一つにまとまった直接の経験があり、その現実の一つの経験において、「私」と「文章」がその経験の両側に向かい合ってくる。しかも、実はこの「私」は、ただ文章を読んでいるだけではありません。この「私」には、手も見えていますし、音も聞こえています。呼吸もしていますし、椅子に座ってもいて、きっと食物を腸内で消化もしています。ここで「主」と言うならば、その「私」という主は、実は「文章」だけでなく、数えきれないほどの多種多様な「客（対象）」にかかわっているはずです。そのように言葉で言い表わそうと思ったらずっと続くような、この状況（経験）全体に対して、あえて「私は文章を読んでいる」とだけ言うわけです。これは、一つの全体としてもっと豊かな経験（実在《リアル》）のほんの一部分だけを、とりあえず一つの「主／客」という構図に落とし込んでいるにすぎません。

　もっとも、この状況をとにかく「主／客」という構図で理解するのであれば、どうやら「主」は統一する側であり、「客」は統一される側である、と大まかに区分することもできます。いわゆる「客」は、文章かもしれませんし、手や音かもしれませんし、椅子や食物かもしれません。なんでもいいんですが、そのような多種多様な何かを「客」として、この「私」がいわゆる「主」として束《たば》ねている、統一していると言えます。この「私」とは、この経験（実在《リアル》）において、常に「統一するもの」であり、いわゆる「客」とされる何かは、なんであれ「統一されるもの」ということになります。

　ところで原文では括弧に「ここに客観と云うのは…」という但し書きがありますが、西田も、ここまで書いてきて、「客観」という言葉が読者の誤解を生むと思ったのでしょうか。ここでの「客観」とは、いわゆる意識の外に独立して存在するようなものを意味して言っているのではなく、単に意識における「対象」という意味ですよ、と説明しています。

例えば我々が何物かを知覚するとか、もしくは思惟するとかいう場合において、自己とは彼此《ひし》相比較し統一する作用であって、物とはこれに対して立つ対象である、即ち比較統一の材料である。後の意識より前の意識を見た時、自己を対象として見ることができる様に思うが、その実はこの自己とは真の自己ではなく、真の自己は現在の観察者即ち統一者である。この時は前の統一は已《すで》に一《ひと》たび完結し、次の統一の材料としてこの中に包含せられたものと考えねばならぬ。自己はかくの如く無限の統一者である、決してこれを対象として比較統一の材料とすることのできない者である。

さて、次に西田は、「私がアレやコレを知覚する、思惟する」という状況を想定して話を続けます。実際に何かを知覚したり考えているときに、その実際に生じている状況（経験）の中でこの「私（自己）」がどのような役割を果たしているのか、という話です。どうやらこの「私」は、その状況において、単に「主」であるというだけでなく、アチラのAとコチラのBを相互に区別・比較して、それらを統一するというはたらきをしているようだ、というのです。一方で、その状況（経験）において、それらAやBがどのような役割を果たしているのかというと、そうした「私の統一するはたらき」に対して、そのはたらきを受ける対象になっている。つまり、「私」が分けたり比べたり統一したりするときの相手（材料）になっているわけです。

また、こんどは「私が私を意識する」という場合（自意識）を想定してみます。ただ、ふつうに「私が私を意識する」という場合、まるで私（自己）自身がそのままの私自身を対象として見ることができそうな気がしますが、実は一つ目の「私が…」の私と、二つ目の「私を…」の私は、別の私を指し示しています。

たとえば自分の行いを反省するというときは、今の私が過去の私の行いを振り返って考えているわけです。この反省するという状況は、けっして「今の私が、まさにこの今の私を意識している」ということではありません。「今の私が、過去の私を意識している」ということです。このように、「私が私を意識する」といった場合、ここで意識されている私（客）のほうは、今まさに意識している私（主）ではありません。「主」としての「私（自己）」は、今まさに見ている側の私だけなのです。「私が…」と「私を…」は違う私であり、真の自己（私）は、あくまで統一する側の存在だということになります。さらに言うと、真の自己とは、この「私が…」という言葉が指し示す、この根元にいる何かです。対象的に「私を…」という言葉で指し示されているのは、むこう側にある別の何かなのです。

この「私が私を意識する」という場合、二つ目の私（目的語になっている私）は、もはや「統一するもの」ではなく、「統一されるもの」です。この二つ目の私も、もしかしたらかつては「統一するもの」だったのかもしれませんが、今ではそんなはたらきもすでに「完結」していて、もはや

「統一される材料」になり下がっています。このように、真の私（自己）とは、けっして「対象として比較されたり、統一されるような材料」にはなり得ないものであり、ずっと統一する側のものだということになります。

心理学から見ても吾人《ごじん》の自己とは意識の統一者である。而して今意識が唯一の真実在であるという立脚地より見れば、この自己は実在の統一者でなければならぬ。心理学ではこの統一者である自己なる者が、統一せらるるものから離れて別に存在する様にいえども、此の如き自己は単に抽象的概念にすぎない。事実においては、物を離れて自己あるのではなく、我々の自己は直《ただち》に宇宙実在の統一力其者《そのもの》である。

心理学から見ても、私たちの自己とは「意識の統一者」であるようで、西田もこれを否定しません。ただ、心理学が「自己は意識において統一するものだ」とするのに対して、西田は、まさにその意識（現象）が唯一の実在であると言っているわけですから、ここでいう心理学とは立場が違っています。つまり西田の「自己」は、心理学者の言う意識をはみ出して、いわゆる実在においても「統一するもの」だということになります。

ふつう心理学では、この「統一するもの」としての自己は、「統一されるもの」から離れて別に存在すると考えられています（これは心理学にかぎらない常識的な考えです）。しかし、このように心理学で（常識的に）思われている「自己」は、西田にしたら抽象的な概念にすぎません。「主／客」という区別は、直接の経験を説明するために都合がいいから分けているのであって、まさにその経験においては（つまり「事実」としては）、そのように「物（客）」を離れた「自己（主）」がいるわけではない。主と客が分かれないまま、この自己が真に「統一するもの」であれば、その統一は、表面上の統一よりもさらに深く、さらに大きく、そのまま宇宙全体が実在《リアル》となるような「統一する力」そのものなのだ、と言います。先ほどのA・B・C・…Z…の例で言えば、もしAさんが、Bという物を対象として見ず、自分Aと物Bが共にいるCをも対象として見ず、Zをも超えてひたすら大きく深いそれらと分離することなく、すべてが「自己」として統一されているのならば、それはもうそのまま「宇宙実在の統一力」ということになります。意識現象の話だったのに、最後に壮大な話になりました。

精神現象、物体現象の区別というのも決して二種の実在があるのではない。精神現象というのは統一的方面即ち主観の方から見たので、物体現象とは統一せらるる者即ち客観の方から見たのである。ただ同一実在を相反せる両方面より見たのにすぎない。それで統一の方より見れば凡《すべ》てが主観に属して精神現象となり、統一を除いて考えれば凡てが客観的物体現象となる（唯心論、唯物論の対立はかくの如き両方面の一を固執せるより起るのである）。

私たちの世界（宇宙）には、さまざまな現象があるように思われます。これまでさんざん出て来ましたが、特によく区別されるものとして、精神現象と物体現象の二種類がありました。でも、これはけっして二種類の実在があるというわけではない、というのが西田の立場です。いわゆる精神現象とは、もともと一つの実在を、「統一する側」すなわち「主」のほうから見て、そのように名づけているにすぎない。また、いわゆる物体現象も、「統一される側」すなわち「客」のほうから見て、そのように名付けているにすぎない、ということになります。どちらにしても、ただ同一の実在について、あえて「主／客」という対立する両側を設定して、そのように見ているだけだ、というのです。それで、その一つの実在を、統一する側として考えればすべてが精神現象だということ（唯心論）になり、その「統一する」という作用を無視して設定すれば、すべてが物体現象だと考えられること（唯物論）になります。でも、西田にすれば、唯心論も唯物論も、「唯一の実在」を二つの面に分けておいて、その一方だけに固執することから起こっているにすぎない、というわけです。

第四段落

次に能動所動の差別は何から起ってくるか。能動所動ということも実在に二種の区別があるのではなく、やはり同一実在の両方面である、統一者がいつでも能動であって、被統一者がいつでも所動である。例えば意識現象について見ると、我々の意志が働いたというのは意志の統

―一的観念即ち目的が実現せられたというので、即ち統一が成立したことである。

第四段落で語られる二項対立は、「能動／受動」です。「能動」というのは、「能《よ》く動く」つまり「自《みずか》ら動くことができる」ということで、「自律（自《みずか》ら律《りつ》する、自ら決めている）」と言い換えられます。一方、「受動（所動）」とは、「動きを受けるところのもの」つまり「他の誰かに動かされる（自らは動けない）」ということで、「他律（他の何かに律《りつ》せられる、決められている）」ということです。自らの意志で動き出すことが「能動」ですし、自らの意志にかかわらず動かされるのが「受動」です。このように見ると、前の段落の「主／客」と同じ構図になっています。「主」は自らの意志で能く動きますが、「客」はその動きを受けるだけでそこに自らの意志や自律はありません。

さて、ふつうはこのように「能動／受動」という区別をつけるわけですが、先ほどの「主／客」の話と同じように、この「能動／受動」も、実際の状況（直接の経験）では、もともと二種類の区別があるのではなく、やはり同じ一つの状況（直接の経験、実在）の両面ということになります。「主／客」と同じように、その状況（実在）を後から分析してみて、「統一するもの／統一されるもの」に分けた場合に、「統一するもの」に基づく動きが能動で、「統一されるもの」から見た動きが受動だというだけの話です。

また意識現象が例としてあげられています。何かをしよう（たとえば「水を飲もう」）と「意志」の意識現象がはたらき出すのは、現実と理想に食い違いがあるときでした。つまり意識現象において、分裂が生じているわけです。この意識における分裂状態というのは、たとえば「のどが渇いている」（現状）の意識と「のどが潤っている」（理想）の意識の両方が生じて対立してしまっている状態です。そこで、その対立を統一するために、「水を飲もう」という意志が生じる。つまり意志とは、現実と理想が統一されている状況の観念を目的として、それに向かって行動を起こそうとする意識現象だということです。そして「のどが潤っている」という理想の観念が現実となれば、現実と理想の統一が成立したということで、その意志は達成されたことになります。

その外《ほか》凡て精神が働いたということは統一の目的を達したということで、これができなくって他より統一せられた時には所動というのである。物体現象においても甲の者が乙に対して働くということは、甲の性質の中に乙の性質を包含し統括し得た場合をいうのである。かくの如く統一が即ち能動の真意義であって、我々が統一の位置にある時は能動的で、自由である。これに反して他より統一せられた時は所動的で、必然法の下に支配せられたこととなる。

その他なんであっても、いわゆる「自分の精神がはたらいた（そしてそれが意識できた）」ということは、ようするに自分の意識において何かを統一するために動き、その目的が達成できた、ということなのです。自らの現実と理想に食い違い（ギャップ）を感じて、自らの意志でそのギャップを埋めよう（統一しよう）として行動すれば、それは「能動」と言えます。これに対して、自分では埋めたいギャップ（差異）があると思っていないのに、他の誰かにムリヤリそこに差異を見せつけられ目的を設定されてそこに向かわされたら、それは「受動」ということになります。また、そこにギャップを感じても、自分としては「まあ、このままでもいいや」と思って受け入れているのに、やはり他の誰かにムリヤリそれを埋めろ（統一しろ）と強制されるという場合も、やはり「受動」ということになります。

この「能動／受動」は、「自ら統一するはたらき／他によって統一されるはたらき」と言い換えられます。そのはたらきをするモノ、されるモノに意識を向ければ、先ほどの主（統一するもの）と客（統一されるもの）という関係になります。さて、このように「能動／受動」の対立にせよ、「主／客」の対立にせよ、そこに対立があるということは、その対立が生じている「そこ」という、さらなる「統一するもの」があることになります。「統一する／統一される」という対立をも統一するものが必ずあるはずでした。このように、底の底へと無限に統一していく存在、「能動／受動」や「主／客」という区別を超えた、無限に能動的である（かぎりなく動き続ける）存在があるということになります。

いわゆる物体現象についても考えてみましょう。たとえば「物体Aが、物体Bに対して作用する（A→B）」という場合、単に「A→」だけでは、真のはたらき（能動）とは言えません。第五章で登場したビリヤード玉を思い浮かべてください。玉Aが、玉Bになんらかの作用を与えたとき、AとBには共通の性質が必要でした。AとBがちゃんとぶつかり合うためには、AとBが互いに同じ性質・条件を持っている必要がありました。AとBは互いを統合するような何かを共有していました。たとえば球の形をしている、転がる能力、同じ台の上に乗っている、力を及ぼし合える、などです。もしその力を記号「↓」で表わせば、「A↓B」ということになり、AとBは、この力（↓）をその両端から共有していることになります。そして実は、それら「A」や「B」そして「↓」をも成り立せるような統一性（C）もある、という話でした。そうしたこともぜんぶ統括されてこそ、Aは真にはたらくことができると言えます。つまり、真のはたらき（能動）とは、「AやBの性質を包含し、統括することができるC」によってこそ可能となります。Aが真に能く動くというのは、単に「A」だけではなく、「A↓」のことでもなく、「A↓B」という全体Cにあるということになります。そしてこの全体Cは、「A」と「↓」と「B」を、そこに成り立たせる上下のカギ括弧《かっこ》「　」で表わされる場ということになります。

この関係を物体現象ではなく、前の段落で出て来た「私が私を意識する」に当てはめてみましょう。「私↓私」となります。上の私が意識する私（A）、下の私が意識される私（B）、そして「意識する」が動き（↓）になります。この「意識する」は、もちろん知的に意識するだけでなく、「愛する」や「憎む」、あるいは「責める」や「許す」でもかまいません。さて、私たちは、もし自分が「下の私（B）」の位置にいると感じてしまったら、たとえ上にいるのが「自分」だとしても、やはり他者に動かされている気がして不自由になります。一方、自分がこの「上の私（A）」の位置にいて、その状況を把握しコントロールしているときは、自らの能動性を感じて、自由だと思えるでしょう。さらに、ここでもし、この意識する私（A）と意識される私（B）をさらに統一するような全体としての私（C）が自覚できれば、さらに深く自由になることができます。

> 普通では時間上の連続において先だつ者が能動者と考えられて居るが、時間上に先だつ者が必ずしも能動者ではない、能動者は力をもったものでなければならぬ。而して力というのは実在の統一作用をいうのである。例えば物体の運動は運動力より起るという、しかるにこの力というのはつまり或る現象間の不変的関係をさすので、即ちこの現象を連結綜合する統一者をいうのである。而して厳密なる意義においてはただ精神のみ能動である。

前章の話では、「元に戻らない時間」というのは、あくまで仮定にすぎなかったわけですが、ここで西田はその仮定された時間で話をしています。そのような時間の中で二つの連続した現象がある場合、それらの間で「動かすもの（能動）」と「動かされるもの（受動）」の関係を考えたら、ふつうは時間的に先だつものが「能《よ》く動くもの（原因）」で、時間的に後のものが「動きを受けるもの（結果）」だと考えられます。しかし西田は、このように仮定された「時間」においても、その時間上で先だつということが、「能《よ》く動くもの」となる必要条件ではない、と言います。むしろ、それが「能《よ》く動くもの」であるには、「力をもったもの」でなければならない、と言います。この「力」は、物理的な力ではなく、実在における「統一する力」です。たとえば「私が文章を読んでいる」と表現される状況（経験）において、そこに含まれている「私」とか「文章」とか「読む」ということをすべて統括して、それ全体としてまとまって動いている力のことです。

いわゆる物体現象における運動も、ふつうは物理的な力によって生じると言われますが、この「物理的な力」というのも、つまるところ現象Aと現象Bの間に変わらないであろう関係が成り立って、その関係性をもってそこに「物理的な力」があると見なした設定だという話でした。たとえば「ある高さで鉛筆を手放す」という現象Aと、「鉛筆が下に落ちる」という現象Bの間には、ほとんど変わらない関係が成り立ちます。そこで、この二つの現象A・Bに対して、それらを連結し統合するような「統一するもの」を想定して、その「統一するもの」を「（物理的な）力」と言っている、という話です。

最後の一文「厳密なる意義においてはただ精神のみ能動である」の解釈がやっかいです。西田は、前の二字下がりの段落で、自分は精神だけに固執する唯心論ではないよ、とアピールしていたはずなのに、どうしてこういう文章を書いてしまうのでしょう。西田の立場から厳密に言えば、「ただ精神と物質を統一する力のみが能動である」と言ってほしいところです。でもここでわざわざ「ただ精神のみ能動である」と言っているのも事実ですから、その意図を考えてみましょう。

おそらく、ふつうに「力」と言えば、どうしてもいわゆる物理的な力をイメージしてしまう人が多いので、西田がそういう人たちを意識してこのように言っていると想定できます。西田にしたら、いわゆる客観的な物質の力があまりに重要視される世の中で、つい自らの意志によって動く「精神」のほうが真の能動に近いんだ、と言いたかったのかもしれません。

たとえば、私がビリヤード台上の白玉を突いて、その白玉が赤玉に当たり、赤玉がみごとに穴に落ちたとします。そのとき、白玉の動きは、赤玉の動きに「先だつもの」であり、赤玉を「能《よ》く動かしたもの」ではありますが、白玉に真の能動があるとは思えません。白玉の有する力学的な作用が真の能動だとも言えません。なぜなら白玉には、自ら動こうとする意志がなく、自らの動きを統一する力もないからです。この状況を分析して「私→白玉→赤玉」という関係を見ると、「私」と「白玉」と「赤玉」という三つの中では、明らかに「私」こそが能動者（能《よ》く動くもの）と言えます。

もっとも先ほどの話をふまえれば、真に「能《よ》く動くもの」つまり「統一するもの」とは、けっして他のものと別に独立している「私（精神）」なのではなく、その「私→白玉→赤玉」という全体（そのカギ括弧までを含んだ全体）ということになります。「私（精神）」は、その状況を把握して意志をもって動きの原因となっているという意味では、たしかに「統一するもの」なのですが、そこで「白玉」や「赤玉」（いわゆる物体）と区別されているかぎりは、まだ真の統一とは言えません。真の統一とは、そのような精神や物体という区別を包み込んだ、その状況そのもの、その経験そのもの、その意識現象それ自体なのです。そうした真の統一こそが、真の能動ということになります。きっと西田もそういうことが言いたかったのだと思います。

第五段落

次に無意識と意識との区別について一言《いちげん》せん。主観的統一作用は常に無意識であって、統一の対象となる者が意識内容として現われるのである。思惟について見ても、また意志について見ても、真の統一作用其者はいつも無意識である。ただこれを反省して見た時、この統一作用は一の観念として意識上に現われる。しかしこの時は已《すで》に統一作用ではなくして、統一の対象となって居るのである。前にいった様に、統一作用はいつでも主観であるから、従っていつでも無意識でなければならぬ。

第五段落は、「無意識／意識」の区別・対立についてです。先ほどの「主／客」の区別で言えば、「主」の側にある「統一する」というはたらきそのものは、けっして意識されることがありません。意識されてしまった時点で、それはもう「意識されるもの」なのですから、「意識するもの（主）」ではなくなってしまいます。また、「無意識」だからといって、意識がまったくない（気を失っている）という意味ではありません。意識しているということそれ自体は意識されない、ということです。つまり私たちは、無意識に何かを意識しているということになります（この「何か」は対象として意識されています）。

そして、この意識する「主」に対して、その向こう側に意識される「客」が現われます。統一する「意識するもの」に対して、統一される「意識される対象」が、意識の内容として現われてくるわけです。ですから、何かを考える（思惟する）場合も、何かを意志する場合も、その「考える」とか「意志する」という作用がちゃんと動いているときは、その「何か」は意識の内容として浮上してきますが、その作用そのものが意識の上に登場することはありません。もし意識されてしまったら、その「意識される」ことによって、「意識するもの／意識されるもの」という分裂・対立の構造にはまってしまいます。ですから、とにかく真に統一するというはたらきそのものは、いつも無意識なのです。

ハルトマンも無意識が活動であるといって居る様に、我々が主観の位置に立ち活動の状態にある時はいつも無意識である。これに反し或る意識を客観的対象として意識した時には、その意識は已に活動を失ったものである。例えば或る芸術の修錬についても、一々の動作を意識して居る間は未だ真に生きた芸術ではない、無意識の状態に至って始めて生きた芸術となるのである。

しかし私たちは、このように無意識に行っている「考える」とか「意志する」という作用を、あえて意識的に振り返ってみる（反省する）こともできます。そのように、もともと無意識にしていた作用をあえて振り返ってみれば、その無意識だった作用も、意識対象として意識の上に現われます。しかし、その「もとは無意識であったのに、今では意識的になってしまった作用」は、意識の上の単なるイメージとしては成り立っていますが、もはや「もとは無意識にはたらいていた作用そのもの」ではありません。そのとき、もとの分裂なく統一していた「無意識」のはたらきは、「意識するもの／意識されるもの」に分かれ、対立が生じてしまっています。

先ほど言ったように、統一する作用というのは、けっして対象として扱われた時点で、もうそれは、真の統一ではなくなっている。真の統一（客）にはなりません。対象として「主」であり、その「主」の位置で活動しているかぎりは、いつでも無意識である。これは、十九世紀のドイツの哲学者ハルトマンも「無意識が活動である」と言っているようです。

たとえば、ここまで私たちはずっと文章を読み続けています。このようにあらためて言われなければ、「私は文章を読んでいる」などと意識しないで読んでいたはずです。つまり、ここまで私たちは無意識に「文章を読む」という意識活動をしていたことになります。それでは、ここで文章を読むことを少し中断して、あえて「私は文章を読んでいた」と意識（反省）してみましょう。

意識してみたでしょうか。これで私たちは、文章を読むという意識活動を、「私は文章を読んでいた」と対象として意識したことになります。それでは、こんどは文章を読むことを中断せずに、「読んでいた」と過去形ではなく、「私は文章を読んでいる」と意識しながら、実際に文章を読むことができるでしょうか。つまり、文章を読むという現在進行している意識活動を実際に行いながら、その現在進行している「読んでいること」を認識するという別の意識活動ができるでしょうか。どうぞやってみてください。

おそらく、その現在進行している活動と意識がぴったりと一致しないで、ズレが生じると思います。どうやら私たちは、対象として意識された「意識」を、そのまま生きた活動として持続することが困難なようです。対象的な「意識」は、もはや能動的でもなく、統一もしていません。意識が、まさに意識であることを保持し、能く動くもの、統一するものとして生き続けるためには、それはたんに対象として意識されてはいけないのです。それは、わざと「私は文章を読んでいる」と反省せずに、ただひたすら文章を読み続けていたときの状態です。

西田があげている芸術活動は、わかりやすい例です。ピアノの演奏でも、油絵を描くのでも、とにかくなんらかの技芸を習得して芸術として成り立たせるには、その指や腕の動かし方をいちいち意識していたら、その創作活動そのものに打ち込めません。修練を積み重ねて、一つ一つの動作に習熟していくことによって、それらの動作が無意識のうちに（意識されずに）行われるようになって、やっとその営為が「生きた芸術」となる、というわけです。もちろんこれは、芸術活動にかぎりません。料理を作る、水泳をする、言葉を読む・話す、ただ歩く、なんにでも当てはまります。

心理学より見て精神現象は凡て意識現象であるから、無意識なる精神現象は存在せぬと云う非難がある。しかし我々の精神現象は単に観念の連続でない、必ずこれを連結統一する無意識の活動があって、始めて精神現象が成立するのである。

また心理学が出て来ました。西田はよほど心理学が気になるようです。心理学からすれば、「精神現象はすべて意識現象なのだから、無意識なる精神現象は存在しない」と非難されるかもしれない、というのです。これに対して、一文だけの短い論駁をしています。短すぎて何を言っているのかわかりにくい一文です。原文では、まず「我々の精神現象は単に観念の連続」ではない、と言っています。この「観念」というのは、意識の中に現われて来るイメージのようなもの、その意識の内容のことです。つまり、意識の中に現われて来る観念Aと観念Bは、そのまま連結しているわけではなくて、それらAとBを連結しているはたらきがあり、そのように連結し統一しているはたらきは意識されない活動のはずだ、というわけです。

たとえば、一つの意識現象として「観念A→観念B」という意識の連続があったとします。具体的には「のどが渇いた」という観念A（認知）から、「水が飲みたい」という観念B（欲求）が続いて起こったとします。意識現象として一つのまとまった意志（「水を飲もう」）が発生する直前の状況です。先ほどの記号を使えば、この意識現象がまさに生じている状況では、このAとBをつなぐ「→」は、無意識にAとBを連結していて、意識されません。さらに、この観念の連続を成り立たせる基盤（カギ括弧までの全体）も、やはり意識されずに、それらの観念を統一しています。

第六段落

最後に現象と本体との関係について見ても、やはり実在の両方面の関係と見て説明することができる。我々が物の本体といって居るのは実在の統一力をいうのであって、現象とはその分化発展せる対立の状態をいうのである。例えばここに机の本体が存在するというのは、我々の意識がいつでも或る一定の結合に由って現ずるということで、ここに不変の本体というのはこの統一力をさすのである。

第七章の最後の段落では、短めに「現象／本体」の区別について語られます。この区別もやはりこれまでの話と同じで、一つの実在の二つの方面の関係として説明されます。いつものように「ふつうの考え」から始まります。ふつう私たちは、「さまざまな現象が生じてくるには、その元となる物の本体があるはずだ」と考える。しかし、この「物の本体」と言われるものは、直接経験の立場からすれば、実在における「統一する力」のことになります。そして「現象」とは、その実在において分化・発展して「多」となったものたちが対立している状況を言っていることになります。

西田のあげた例で考えましょう。たとえば目の前に「机」が見えている。この部屋に来て、ある程度の明るさがあり、目を開けていれば、だいたいいつでも私の意識にはこのように「目の前の机」という一定の意識現象が生じてくる。そこでふつうは「ここに机（の本体）がある」と言われます。このような本を書いている私も、さすがに日常的に「ここに机の現象だけがある」とは思いません。「ここに机（の本体）がある」と思っています。しかし、ふつうはそこに在ると思われる机（の本体）も、実は、直接の経験としての意識現象の背後に想定されているにすぎません。直接経験としては、明かりをつけるという筋肉感覚、机が目の前に見えるという視覚、手に触れるという触覚などによるそれぞれの意識現象が、いつでも一定の仕方で結びついて立ち現われているだけです。厳密に言えば、直接経験には、「これは机だ」という判断すら起きていないのですから、ましてやそこに「机（の本体）」があると言えるわけがありません。もしそこに何か「不変の本体」があるというのであれば、それは、こうした意識現象が結びつく「統一する力」を指していることになる、ということです。

先ほどからの表現を用いれば、目の前に現象Bが現われているとしたら、その背後に直接に経験できない本体Aが想定されている、ということになります。第一章、第二章に出て来た因果律という強力な思考ルールによって、見えもしないAという観念やその因果の関係性（↓）の観念が想定され、私たちの意識に「A↓B」という意識現象が成り立つのです。このAは、唯物論者によれば「机そのもの」になるでしょうし、唯心論（独我論）者によれば「心（私）」になるでしょう。でも、単にAがこの状況を統一しているのではありません。真に統一しているのは、この「A↓B」という状況が成り立つ「　」というカギ括弧の全体だということになります。

かくいえば真正の主観が実在の本体であると言わねばならぬ事になる、しかるに我々は通常かえって物体は客観にあると考えて居る。しかしこれは真正の主観を考えないで抽象的主観を考えるに由るのである。此の如き主観は無力なる概念であって、これに対しては物の本体はかえって客観に属するといった方が至当《しとう》である。しかし真正にいえば主観を離れた客観とはまた抽象的概念であって、無力である。真に活動せる物の本体というのは、実在成立の根本的作用である統一力であって、即ち真正の主観でなければならぬ。

第七章の最後の二字下がりの段落です。ここまでの話の流れから、西田は、真正の「主」こそが実在の本体である、と結論づけます。「真正の」というぐらいですから、いわゆる「A／B」と分かれたAのようなものではなく、AとBとCとDと…Zと…という全体を「統一するもの」としての主ということでしょう。

実は、この次の原文「しかるに我々は通常かえって物体は客観にあると考えて居る」の意味が私にはよくわかりません。文脈がかみ合わないんです。たしかに私たちは通常「物体は客観にある」と考えていますけど、ここでの話の流れで言えば、この文章は「物体は」が主語なのではなく、「物の本体は」が主語になるべきところです。すぐ後の文章にも「物の本体」が出て来ますから、そのほうが意味は通りやすいでしょう（単に誤字なのかもしれません）。

さて、そのように常識的には、物の本体は「客」のほうにある、と私たちは考えます。ここは、

「主観」「客観」という表現に戻したほうがわかりやすいでしょうか。ふつう私たちは「客観こそが実在なのであって、主観は実在ではない」と考えている、というわけです。しかし西田は、そういう考えは、真正の主観ではなく、抽象的な主観、仮の主観なのだ、と言います。そのような、「主／客」と分けられた後の片側の「主」（A）は、「抽象的主観」であって、無力なただの概念ということになる。そんな無力な概念にすぎないような「主」に比べれば、物の本体は、「客」のほうに属すると言ったほうが当たっているかもしれない。しかし、これまで述べた「唯一実在の根本的方式」をふまえて本当のところを言えば、「客のない主だけ（Aのみ）」あるいは「主のない客だけ（Bのみ）」という設定自体が、抽象的（分析的）な概念にすぎず、無力なものだということになります。真に活動する「物の本体」というのは、ただ客観的に存在しているというのではない。「物の本体」とは、さまざまな実在を成立させる根本的なはたらき（統一する力）なのであって、底の底へと深まり広がっていく真正の「主」でなければならない、ということです。

これで第七章は終了です。でも、最後の「現象と本体」については、かなり中途半端な状態で話が終わっています。「現象」という言葉は、この本で最も大切な「意識現象こそが唯一の実在である」という文章を構成するキーワードなんですが、まだ十分に話がされていません。この「現象と本体」の関係は、最終章である第十章においても扱われるので、またそこで考えましょう。

第八章

「自然」にも、実在《リアル》としての自己がある

〔自然〕

第八章のテーマは、無機物・有機物（動植物）を含む、いわゆる「自然」の物です。「自然」というと、もしかしたら「無為自然《むいしぜん》」（老子）や「自然法爾《じねんほうに》」（親鸞）の「自《おの》ずから然《しか》り」をイメージする読者もいそうですが、ここでは次章のいわゆる「精神」の対《つい》概念としての「自然」が扱われるので、とりあえずはそのような特別な意味はありません。

この章では、そんな自然物に対して、いわゆる科学的・常識的な「ふつうの考え」が繰り返し登場して、それを西田が批判するというパターンで話が進みます。あまり新しい話はなく、ちょっと盛り上がり（面白み）に欠けますが、これまでの話を振り返っているので、比較的わかりやすい章です。

その中でもわかりにくい話があるとしたら、第七章に出て来た「自己」が、また「統一するもの」として登場するところでしょう。第一段落で「…それ故に自然には自己がない」と言いながら、第四段落では「自然もやはり一種の自己を具《そな》えて居る」などと言っています。この前後の「自然」と「自己」の意味の違いにご注意ください。後の「自己」は、いわゆる一人称（私）が示すような《自分》でもなく、いわゆる《精神》でもありません。いわゆる自然は、ふつうの意味での自己を持ってはいません。この章では、いわゆる自己ではなく、「統一するもの」としての自己が、実在であり、それが自然にもあることが語られます。

第一段落

実在はただ一つあるのみであって、その見方の異なるに由りて種々の形を呈《てい》するのである。自然といえば全然我々の主観より独立した客観的実在であると考えられて居る、しかし厳密に言えば、斯《かく》の如き自然は抽象的概念であって決して真の実在ではない。自然の本体はやはり未だ主客の分れざる直接経験の事実であるのである。

まずはこれまでの振り返りです。実在とは、個々バラバラなのではなく、もともとは唯《ただ》一つあるだけだが、私たちは、この実在に対して異なった見方をしていて、その見方によって見えてくる実在の形もさまざまに異なっている、と言っています。この章は、そんな実在の中でも特に異なったものだと思われる「自然」についての話になります。ここで言われる「自然」は、動植物も含みながら、ほとんど物質世界と同じような意味で使われていて、西田も、ふつうに「自然」と言えば、《まったく私たちの主観から独立した、客観的な実在》だと考えられている、と言っています。

たとえば、いわゆる自然現象である天気は、私たちがいくら主観的に晴れてほしいと思っても、そんな主観的な願望とはまったく関係なく雨や雪が降るかもしれません。その日の天気は、人間の都合とは無関係に、さまざまな条件がからみあって決まります。このような客観的な事実としての自然は、人間が主観的な希望的観測をしても、どうにかなるものではありません。ふつうに考えれば、この自然（地球・宇宙）は、私たち人間の意識が生まれて主観が成り立つ以前から、それとは独立して客観的に成立していたのでしょうし、きっとこの主観が消えたとしても、やはり成立していくのでしょう。独我論者は否定しますが、この自然は、ふつう私たちの主観から離れて存在していると思われます。

西田は、こういう「ふつうの考え」を前提としつつも、そこから話をひっくりかえします。つまり、自然が私たちの主観からまったく離れた客観的なのかというと、実はそうでもないのだ、と言うのです。むしろ厳密に言えば、客観的にだけ考えられる自然というのは、そのいわゆる客観性を無理に強調したものにすぎない。つまり、客観的とされる自然は、その客観性だけが抽《ぬ》き出され強調されている抽象的な（作られた）概念なのであって、けっして真の実在とは言えないのだ、というわけです。真の実在としての「自然の本体」は、概念化・対象化されたものではなく、やはり未だ主客の分かれない「直接経験の事実」なのだ、というわけです。

例えば我々が真に草木として考うる物は、生々たる色と形とを具《そな》えた草木であって、我々の直覚的事実である。ただ我々がこの具体的実在より姑《しばら》く主観的活動の方面を除去して考えた時は、純客観的自然であるかの様に考えられるのである。而《しか》して科学者のいわゆる最も厳密なる意味における自然とは、この考え方を極端にまで推し進めた者であって、最抽象的なる者即ち最も実在の真景を遠ざかった者である。

たとえば、私たちにとって実在《リアル》な天気というのは、天気図や数値上の気温や気圧として抽《ぬ》き出されたもの（抽象）ではありません。実際に私たちが直に経験している天気、まさに体験している具体的なこの天気が、実在《リアル》の天気のはずです。また、私たちにとって真の実在だと思える草木は、単なる数値でもなく、図鑑に載っていたり、映像に映っていたり、標本として陳列されるような草木でもありません。つまり対象的に向こうに眺められるような草木は、真の草木とは言えないわけです。私たちにとって真の草木とは、まさに生き生きした色と形とをそなえ、私という実在に直接に関わってくるような草木でしょう。それこそ、私たちにとって具体的で直覚的な事実だというわけです。

私たちは、いわゆる客観的なデータ（数値）だけでは、それを真の実在《リアル》だとは思えません。そのように客観だけを抽《ぬ》き出す（抽象する）には、まずは主観と客観を分ける必要がありますが、そもそもこの具体的な実在（直覚的な事実）には、そのような「主／客」の区別はありません。たしかに真の実在には、主と客へと分かれていく可能性が含まれていますが、その元となる真の実在が分かれた片方だけ（客観的だけ）ということはありません。

しかし、もし私たちが、この具体的実在を仮に「主／客」に分けて、いわゆる主観的なはたらきのほうを捨てて、いわゆる客観的な自然だけを取り出す（抽象する）とすれば、そのように抽象された自然は、たしかに客観的な自然ということになります。しかし、それはもともとの実在《リアル》の自然ではない。おそらく、いわゆる科学者にとっての「最も厳密な意味における自然」というのは、そのようにもとの自然から主観をひたすら除去して、客観とされるところだけを扱おうとする姿勢を極度に先鋭化して得られた自然のことでしょう。しかし、このような極端な姿勢で扱われるような自然は、たしかに最も客観的ではありますが、最も抽象的でもあり、最も実在の真のすがたから遠ざかったものだ、ということになります。

ちなみに、西田は述べていませんが、今の話の客観と主観を入れ替えて、いわゆる客観的なところをひたすら除去し続けて、ただ主観的にだけ語られる自然というのも、やはり極めて抽象的であり、真の実在ではないことになります。ですから、第三章で出て来た擬人的表現も、それがもし表現であることを忘れて「まさに人間と同じなんだ」と極端に主観的に考えているとしたら、それはもうただの迷信であり、かえって実在の真景から遠ざかったものになります。

自然とは、具体的実在より主観的方面、即ち統一作用を除き去ったものである。それ故に自然には自己がない。自然はただ必然の法則に従って外より動かされるのである、自己より自動的に働くことができないのである。それで自然現象の連結統一は精神現象においての様に内面的統一ではなく、単に時間空間上における偶然的連結である。

もともとの「具体的な実在」には、客観的と主観的の両方の面を含みつつも、まだ分かれていません。そんな具体的実在の主観的なほうの面を、ここでは「統一作用」と言い換えて、いわゆる「（客観的な）自然」とは《統一する作用が除き去されて、統一されるだけになったもの》だ、というわけです。「それ故に自然には自己がない」という原文で、どうして「それ故に」なのかというと、この「自己」は（第七章にも出て来たように）「統一する作用」の言い換えだからです。「統一する作用」が除去されたものが「自然」なのだとしたら、そんな自然には「自己」はありえません。そして、そんな「統一する自己」がないものには、能動性もないことになります。それはつまり、ただ必然的で機械的な法則にしたがって外から動かされる受動的なものであり、自《おの》ずから動けないものだ、ということです。

その一方で、いわゆる精神現象には、外から動かされるというよりも、どこか自発的・内面的な作用がありますから、そんな精神現象における統一や連結という作用は、どちらかと言えば、それ自らの内から生ずる自発的なものだということになります。しかし、いわゆる「（客観的な）自然」の場合は、たとえさまざまな自然現象になんらかの連結が生じて統一されていたとしても、いわゆる精神現象のように自発的・内面的に統一するということは起こりえない。むしろ、そのような「客観的な自然」における結びつきというのは、単に客観的な時間・空間のうえで、他発的・外面的・偶然的に生ずるもの、ということになります。

——いわゆる帰納法に由って得たる自然法なる者は、或る両種の現象が不変的連続において起るから、一は他の原因であると仮定したまでであって、如何《いか》に自然科学が進歩しても、我々はこれ以上の説明を得ることはできぬ。ただこの説明が精細にかつ一般的となるまでである。

そのような「客観的な自然」を仮定するには、やはり私たちの「主観」とは無関係な原理、ひたすら「客観的」な法則が必要になります。では、そのような「客観的な自然」の法則を私たちがどうやって知るのかというと、「いわゆる帰納法に由《よ》って」ということになります。

たとえば、リンゴを真上に投げればそのまま真下に落ち、遠くに投げれば曲線（放物線）を描いて落下します。投げる力や落下する力、リンゴの重さ（質量）などの違いから、個々さまざまな現象が起こります。そこで私たちは、それらさまざまな現象を漫然《まんぜん》と眺めるだけでなく、頭（知性）をはたらかせてそこに共通する原理を見つけ出し、一つにまとめて一般的な法則を導き出すわけです。このように、さまざまな現象をまとめて共通する原理を導き出す推論方法を、「帰納法（induction）」と言います。この帰納法という思考方法はたいへんに優れたもので、私たちは、多くの現象を観察することで、一つの自然法則を得ることができます。ある二つの現象（AとB）が、何度も変わらずに連続して起こるのであれば、その複数回の現象から推論して、このAとBの間に原因・結果の関係があるのだろうと一つの結論を導き出せるわけです。

この帰納法（推論）によって得られる知識は、観察する個別事例の数が増えるほどより「客観的」になってきますが、やはり「直接経験の事実」と言えるほどに確実なものではなく、最後まで仮定にとどまります。自然科学が進歩すれば、たしかに、この仮定による説明や知識はさらに精緻となり、普遍化され、その適用範囲も拡大していくでしょうが、その「客観的」な説明や知識は、どこまでいっても「主観」を排除し続けた抽象的な「仮」にすぎないわけです。つまり、いくら説明が精細になっても、それで具体的な実在が得られるわけではない、ということです。

第二段落

現今《げんこん》科学の趨勢《すうせい》はできるだけ客観的ならんことをつとめて居る。それで心理現象は生理的に、生理現象は化学的に、化学現象は物理的に、物理現象は機械的に説明せねばならぬこととなる。此《かく》の如き説明の基礎となる純機械的説明とはいかなる者であるか。純物質とは全く我々の経験のできない実在である、苟《いやしく》もこれについて何らかの経験のできうる者ならば、意識現象として我々の意識の上に現われ来《きた》る者でなければならぬ。

このように科学は、現代でも西田の生きた時代でも、できるだけ客観的になるという方向に進む努力をします。その方向にひたすら進んでいけば、いわゆる心理現象は生理学的に説明され、生理現象は化学的に説明され、化学現象は物理的に説明されていきます。そして、そうした最も客観的な物理現象としての説明が、それ以前の心理的・生理的・化学的な説明の基礎であって、最も厳密で「正しい説明」だと言われます。たしかにこの「客観的」説明は、説明する人が勝手な（主観的な）操作を加えない説明ですし、誰もがその説明を後から機械的に再確認できますから、ある意味で最も「正しい説明」だと言えます。

しかし、西田からすれば、そもそも私たちには、そのように主観をまったく交えずに機械的・客観的なだけの説明をすることが可能なのか、という話になります。そもそも完全に客観的な説明というのは、原理的に不可能です。何かを知り説明するということ自体が主観的な行為なのですから、私たちは、自分自身から完全に離れた客観的物質を説明することはできません。たとえば客観的であることを標榜する科学者も、その研究対象の価値を自ら認め、研究しようと思い、思考を重ねているということは、そこにはその人自身の価値判断や意志や思惟という、いわゆる主観的な意識現象が含まれています。私たちが関わりを持とうとする経験可能な実在は、私たちの意識現象として意識の上に現われてきているのであって、まったくの客観ということはありえないわけです。

しかるに意識の事実として現われきたる者は尽《ことごと》く主観的であって、純客観的なる物質とはいわれない、純物質というのは何らの捕捉すべき積極的性質もない、単に空間時間運動という如き純数量的性質のみを有する者で、数学上の概念の如く全く抽象的概念にすぎないのである。

そうしますと、私たちの意識の事実として現われてくるものは、すべて必ず「主観性」を含むことになり、まったく混じりけのない「客観的な物質」とは言えなくなる。ですから、もし仮に「純粋に客観的な物質」がどこかにあったとしても、そこには私たち人間が知り得るような積極的な性質は何もありません。もしそんな「純物質」を扱うというのであれば、それは単に空間・時間・運動という純粋に数量的性質だけを有するものとして扱うしかありません。しかしそれは、ちょうど数学上の概念のように、まったくの抽象的概念なのであって、実在からはほど遠いものになります。

いちおう確認しておきますが、このように言っているからといって、西田はけっして抽象的・機械的な説明の存在価値を否定しているわけではありません。若いころに数学者になろうかとも思っていたくらいなので、数学や物理学のような抽象的思考の有用性や美しさは十分に理解しています。それを理解したうえで、ここでは、あくまで実在としての自然とは何か、という話をしているわけです。つまり、科学的・客観的に自然を扱うことは、もちろんなんらかの価値のあることは認めるにせよ、それだけでは自然そのもの（実在としての自然）の説明にはならない、と言いたいのです。

物質は空間を充《みた》す者として恰《あたか》もこれを直覚しうるかの様に考えて居るが、しかし我々が具体的に考えうる物の延長ということは、触覚および視覚の意識現象にすぎない。我々の感覚に大きく見えるとも必ずしも物質が多いとはいわれぬ。物理学上物質の多少はつまりその力

——の大小に由りて定まるので、即ち彼此《ひし》の作用的関係より推理するのである、決して直覚的事実ではない。

ここでは、名前は出ていませんが、第一章にも登場した哲学者デカルトの物質についての考えがふまえられています。デカルトは、「考える私（主）」と「考えられる物（客）」をはっきり区別して、「物」は《一定の空間を占めるもの（延長）》であり、この「私」はそんな物を対象として知る者と考えました。そこで西田は、デカルトの言う「客観的な物（空間をみたす延長）」があるとしても、私たちが具体的に認識したり思考することのできるのは、見たり触ったりして立ち現われてくる意識現象にすぎない、と言います。

私たちは、そんな「物」を純粋に客観的にとらえられませんが、だからといって主観的な感覚だけがそのまま実在なのかと言うと、そうでもなさそうです。たとえば、私たちの感覚として「大きく見えるもの」も、必ずしも見えているほどにはその物の質量が実際に多い（大きい）とはかぎらない。遠近法を利用した錯視図（だまし絵）も良い例でしょう。そのため物理学では、物質のサイズを客観的に述べるために、その力（エネルギー）の大小によって決定している。つまり、客観的な物（質量）の大小は、たとえば物質Aとそれ以外の物質Bが互いに作用するときの関係におけるエネルギー量から推論し判断している、というわけです。しかし西田に言わせたら、そうした客観的な推論と判断が「直覚的な事実」かというと、けっしてそうではない。いわゆる主観的な感覚だけで実在をとらえることができないように、いわゆる客観的な推論だけでも実在をとらえることはできない、ということです。

第三段落

また右の如く自然を純物質的に考えれば動物、植物、生物の区別もなく、凡《すべ》て同一なる機械力の作用というの外《ほか》なく、自然現象は何らの特殊なる性質および意義を有せぬものとなる。人間も土塊《つちくれ》も何の異なる所もない。しかるに我々が実際に経験する真の自然は決して右にいった様な抽象的概念でなく、従って単に同一なる機械力の作用でもない。

この段落から、いわゆる無機物だけでなく、動物・植物という有機物も考えられています。これまで出て来た唯物論的な科学者のように、もし自然を単に物質としてのみ考えるのであれば、動物・植物・生物の区別もなく、すべてが同一の機械的な力の作用にすぎないことになる。すべてが化学的に原子記号や物理的なエネルギーなどで説明できてしまう。そして、それぞれの自然現象を単なる物質（原子などの集合）として考えるのであれば、それぞれの現象に固有の性質も意味も何もないことになる。そして、人間も土くれもなんの異なるところがないことになります。

しかしそうは言っても、私たちが実際に経験する自然、生きた具体的な自然は、けっして今言ったような主観がそぎ落とされた抽象的概念としての自然ではないだろう、と西田は言います。

実際の経験において、人間も、動物も、植物も、土くれも、どれも同一の機械的な作用（力）で動いている、とだけ言って、それで説明終了というわけにはいかないのです。

> 動物は動物、植物は植物、金石は金石、それぞれ特色と意義とを具えた具体的事実である。我々のいわゆる山川草木虫魚禽獣《きんじゅう》というのは、皆斯《かく》の如くそれぞれの個性を具《そな》えた者で、これを説明するには種々の立脚地より、種々に説明することもできるが、この直接に与えられたる直覚的事実の自然はとうてい動かすことのできない者である。

動物は動物、植物は植物、金属は金属、岩石は岩石、それぞれに特色があり、それぞれに個別の意味があります。それらは、私たちにとって具体的事実として、そこに多様に存在している。いわゆる「山・川・草・木・虫・魚・禽《とり》・獣」は、どれもこのようにそれぞれの個性をそなえたものです。もちろん西田は、このような自然の一つ一つに対する科学的な説明を全面否定はしません。その一方で、この直接に与えられる具体的な自然、直覚的事実としての自然も、いわゆる科学的な説明によって全面否定されるものではない、ということです。

たとえば、自分が長年飼っていた猫が死んでしまったとします（西田は猫好きで、いつも猫と生活していました）。自然現象として、猫が死ぬことは当然の事実です。その猫が十年以上生きていて、最近は栄養不足で病気がちだったとしたら、科学的（生物学的・医学的）な平均値から考えても、やがて死ぬということは客観的に見て「正しい」出来事だと言えます。この文脈で科学的判断を否定することはできません。しかし、話はそれだけで終わりません。自分にとって、まさに生活を共にしていた猫、具体的で直覚的な事実としての愛しい猫が死んだのです。いくら科学的なデータが並べられ、客観的な意見が述べられたからといって、それで、この具体的な悲哀の事実が消えるわけではない。実在《リアル》の世界を、客観的データに矮小化《わいしょうか》してはならない、ということです。

我々が普通に純機械的自然を真に客観的実在となし、直接経験における具体的自然を主観的現象となすのは、凡て意識現象は自己の主観的現象であるという仮定より推理した考《かんがえ》である。しかし幾度もいった様に、我々は全然意識現象より離れた実在を考えることはできぬ。もし意識現象に関係あるが故に主観的であるというならば、純機械的自然も主観的である、空間、時間、運動という如きも我々の意識現象を離れては考えることはできない。ただ比較的に客観的であるので絶対的に客観的であるのではない。

同じ内容が微妙に表現を変えながら説明されます。ふつう私たちは、「この意識現象は、自分の主観的な現象にすぎない。真の実在ではない（不確かなものだ）」と思っている。そして、そんな意識現象（直接経験）における具体的自然も、やっぱり主観的なものであって、本当の実在とは言えない。やっぱり、純粋に機械的で客観的な自然こそが、確か（真の実在）なのだ、と考える。これが、ふつうの考えです。

しかし、西田にとって意識現象とは、主客が未だ分かたれないものでしたから、意識現象は、かならずしも自分の主観的なものだけではなく、客観性も含まれていました。とりあえずふつうに主客を分けて考えるとしても、そのように「主観的なものは不確かだ、客観的なものこそが確かだ」と考えるのも無理があります。そのように考える人は、「主観」と「自分勝手な思い込み」を同一視しているのでしょうか。たしかに「自分勝手な思い込み」と「客観的なデータに裏付けされた判断」であれば、後者のほうが確実に思えるかもしれません。しかし、そこには、まさにその「客観的な…判断」をしている「主観」がいるはずです。「統一するもの」がいなければ判断も成り立ちませんし、もしその判断が自明なのであれば、その自明性は、その主観（統一するもの）に基づいています。ですから、もし「主観的なものは不確かだ」と言うのであれば、すべての判断が不確かになってしまいます。

「幾度もいった様に」と繰り返しています。私たちは、意識現象からまったく離れた実在を考えることはできません。考えることそれ自体が意識現象だからです。だから、もし「意識現象に関するものだから、すべて主観的で不確かだ」と言うのであれば、純粋に機械的だと言われる（考えられる）自然も、すべてが主観的で不確かになってしまう。たとえ抽象的・機械的な空間・時間・運動についても、私たちは、意識現象を離れて考えることはできない。したがって、比較的に客観的であるとは言えても、絶対的に客観的であるとは言えない、という話です。

第四段落

真に具体的実在としての自然は、全く統一作用なくして成立するものではない。自然もやはり一種の自己を具《そな》えて居るのである。一本の植物、一匹の動物もその発現する種々の形態変化および運動は、単に無意義なる物質の結合および機械的運動ではなく、一々その全体と離すべからざる関係をもって居るので、つまり一の統一的自己の発現と看做《みな》すべきものである。

前の段落で見たように、まったく「統一する作用」が含まれていないような、統一されるだけの客観的な自然というのは、真に具体的な実在《リアル》であるはずがない。抽象されていない自然そのままには、真の実在としての自然には、「統一する作用」いわゆる「主」としてのはたらきがあるはずだ、というわけです。そして西田は、さも当たり前のように、この「統一作用」を、「自己」と言い換えています。第七章第三段落で「自己とは彼此《ひし》相比較し統一する作用」だとか、「自己はかくの如く無限の統一者である」と言っていました。それをここでは「統一的自己」とも言っています。このように西田は、もともと意味の異なる（時には矛盾する）二つの言葉を「的」で結んで、それらの言葉が重なり合って表わす独特な意味を伝えようとします（このような「的」の使い方は、『善の研究』から晩年までずっと続く西田独特の表現方法です）。ここでは、「統一するものとしての自己」ということです。

たとえば一本の植物や一匹の動物にも、さまざまな形態があり、多様に変化して動きもありますが、そこには統一性があります。その生物にとって、それら多様な発現は、ただの無意味な物質の結合ではなく、単なる機械的な運動でもありません。そのさまざまな発現の一つ一つは、その全体と離すことのできない関係を持っていて、その関係の中での意味を持っています。たとえば一本の樹木が幹や枝を空へと伸ばして葉を茂《しげ》らすとき、それはただ無意味に機械的に現われているわけではなく、その一本の樹木にとってなんらかの意味があります。ここで西田は、このような生物における多様な現象を、全体として一つにまとまっているものが多様に発現していることだと考えます。西田独特の言葉を使えば、独立自全の唯一実在が自発自展している、ということになります。

例えば動物の手足鼻口等凡《すべ》て一々動物生存の目的と密接なる関係があって、これを離れてその意義を解することはできぬ。少くとも動植物の現象を説明するには、かくの如き自然の統一力を仮定せねばならぬ。生物学者は凡て生活本能を以て生物の現象を説明するのである。啻《ただ》に生物にのみ此《かく》の如き統一作用があるのではなく、無機物の結晶においても已《すで》に多少この作用が現われて居る。即ち凡ての鉱物は皆特有の結晶形を具えて居るのである。自然の自己即ち統一作用は此の如く無機物の結晶より動植物の有機体に至って益々《ますます》明《あきらか》となるのである（真の自己は精神に至って始めて現われる）。

動物の手足鼻口などすべての器官は、どれもその動物が生存するという一つの目的とつながっています。たとえ今ではもうその器官が生存に役立っていなくても、その器官ができたのは必ず生存という目的に結びついていたはずだ、というわけです。意味というのは、その目的との関係で理解されます。動物や植物の現象を説明するには、このように自然の「統一する力」を仮定する必要があり、生物学者であれば、生存本能という「一つの目的」と結びつけて生物の多様な現象を説明するだろう、と言います。

さらに西田は、このような「統一する作用」が、有機物（生物）だけでなく、無機物においてもある程度は現われている、として、結晶化現象が例としてあげられています。たとえば、すべての鉱物にはそれぞれ特有の結晶の形があり、そのような結晶化の様子を見ると、無機物にも「統一する作用」があるように思える、というのです。ましてや無機物よりもさらに複雑な動物や植物であれば、なおさらそこになんらかの「統一するはたらき」があることは明らかだ、というわけです。ここで西田は、さきほど「統一的自己」と言っていたのを、「自己即ち統一作用」と言い換えて、あらためて「自己」と「統一する作用」を結び付けています。

最後の丸括弧の中の一文は注意が必要です。ここまで無機物・植物・動物それぞれに、なんらかの「統一するはたらき（自己）」があると言ってきたわけですが、ここでは、その統一の最も深い真の自己というのが「精神」にいたってはじめて現われるのだ、と書いています。この「精神」

の解釈には気をつける必要があります。少なくとも、いわゆる「物体／精神」というように区別される片方のことではないでしょう（もしそれが、区別された後の片方なのだとしたら、ぜんぜん統一されたことになっていませんから）。この「精神」は、次の第九章のメインテーマなので、詳しくはそちらに譲るとして、とりあえずここでは、真の自己（統一）が現われ始めるものが「精神」と呼ばれているんだな、ぐらいに理解しておいてください。

現今科学の厳密なる機械的説明の立脚地より見れば、有機体の合目的発達も畢竟《ひっきょう》物理および化学の法則より説明されねばならぬ。即ち単に偶然の結果にすぎないこととなる。しかし斯《か》くの如き考はあまり事実を無視することになるから、科学者は潜勢力という仮定をもってこれを説明しようとする。即ち生物の卵または種にはそれぞれの生物を発生する潜勢力をもって居るという、この潜勢力が即ち今のいわゆる自然の統一力に相当するのである。

繰り返し科学的な考え方が批判されます。西田が生きていた時代でも、科学的な説明においては、たとえ生物（有機体）の目的に合った発達でも、けっきょくは物理や化学の法則として機械的に説明しなければならなかったようです。つまり、科学的な説明に従えば、どのような生物の発達にも、特に目的（統一性）を考える必要はなく、単なる偶然の結果にすぎないことになる、というのです。西田はなんとかしてこの考え方を退《しりぞ》けようとしています。

もし、そうした科学的な説明にしたがって、生物（有機体）の発生や成長が、特に統一的な方向性を有するわけでもなく、無目的に偶然に生じているのだと考えるとすれば、それではあまりに「事実を無視する」考え方になってしまう、と言います。西田の実感として、動物も植物も、実際にはなんらかの統一性を持ち、その同一の系統に則してさまざまに発現していると思えるからです。

そこで、科学者（生物学者？）も、この生物（有機体）の発達を説明するにあたって、さすがに「すべてが偶然的に（ランダムに）発現する」とだけ考えるのではなく、「その発現には何か潜在している力のようなもの（潜勢力）がある」と仮定している、と言っています。この科学者は、生物の卵や種《たね》が、それぞれの生物を発生させる潜勢力を持っていると言っているそうです。西田にすれば、この科学者の言う「潜勢力」が、自説における「自然の統一する力」に相当するのだ、というわけです。

自然の説明の上において、機械力の外に斯の如き統一力の作用を許すとするも、この二つの説明が衝突する必要はない。かえって両者相俟って完全なる自然の説明ができるのである。例えばここに一の銅像があるとせよ、その材料たる銅としては物理化学の法則に従うでもあろうが、こは単に銅の一塊と見るべき者ではなく、我々の理想を現わしたる美術品である。即ち我々の理想の統一力に由りて現われたるものである。しかしこの理想の統一作用と材料

――其者《そのもの》を支配する物理化学の法則とは自《おのずか》ら別範囲に属し、決して相犯《あいおか》すはずのものではない。

ここまで見てきた自然についての説明には、二つのパターン（二つの説明）がありました。つまり、

（a）自然とは、いわゆる客観的にのみ考えられる機械的で偶然のもの、目的のないものである、

（b）自然とは、主観・客観の分かれていない、具体的で統一性のある事実である、

という二つです。ここで西田が強調しているのは（b）のほうです。ちなみに、この二つの説明があるとしたら、

（c）自然とは、いわゆる主観的にのみ考えられる恣意的で必然な、目的に合ったものである、

という考えも出て来そうですが、これはまだ登場していません。たとえば自然が人格的な主宰神によって目的をもって創造されたと考えたら、この（c）の考えになります（この考えは、第十章に登場して、否定されることになります）。

あらためて確認しますが、そもそも西田は、客観的にだけ考えること（a）は否定しますが、客観的に考えること自体は否定していません。むしろ、私たちが真に何かを理解するときには、真に客観的でなければならない、と思っています。そして、この「真に客観的」であるためには、説明するのに勝手な思惑を入れたり、不都合なところを削除するような「抽象的なやり方」はよろしくない、と思っています。

私たちは、主観的な都合だけで客観的な事実を捻じ曲げてはいけません。それは自然の捏造です。しかし、だからといって「私は客観的な説明をしたい！」と思うあまりに、いわゆる主観的な部分を無視して説明してしまっても、やはりよろしくない。現実に直覚しているはずの具体的な事実をなかったことにして、いわゆる客観的なところだけを取り出して、むりやり客観的に説明するというのでは、「真に客観的」な説明とは言えないわけです。

だからこそ、いわゆる客観的に説明される自然（a）と、具体的で統一性のある事実として説明される自然（b）という「二つの説明が衝突する必要はない」と言うわけです。実際のところ、この二つの説明は、互いに否定し合うどころか、むしろ補い合い、かえって自然についてより完全な説明になるのだ、と言っています。

ここで西田は、銅像の例を出しています（これは第三篇「善」の第三章にも登場します）。たとえば一体の銅像があるとする。私たちは、この銅像を、その構造や耐久性について力学的に考えることもできるし、その材料（銅）について化学的に説明することもできる。しかし、力学や化学の法則だけでは、銅像が説明しつくされたことにはならない。もしそれが芸術作品ならば、そこにはなんらか「理想」が表現されているだろうし、それを単に銅の塊《かたまり》として説明するだけでは十分だとは言えない。いわゆる科学者にとっては、力学・化学的な側面だけを抽《ぬ》き出したほうが説明しやすいのだろうが、それこそ「抽象的な説明」なのだ、というわけです。単なる銅塊ではなく、銅像そのものとして説明するには、作者の表現しようとした理想（目的）をつかみ、それによって統一されている銅像を全体として説明する必要がある。このように、いわゆる主観的で美術的な説明と、いわゆる客観的で物理・化学的な説明は、それぞれが別の範囲に属しているわけで、けっして互いに否定し合うわけではない。むしろ、その両方の説明によって、銅像の真の実在の説明が可能となる、というわけです。

第五段落

右にいった様な統一的自己があって、而《しか》して後自然に目的あり、意義あり、甫《はじ》めて生きた自然となるのである。斯《かく》の如き自然の生命である統一力は単に我々の思惟に由りて作為せる抽象的概念ではなく、かえって我々の直覚の上に現じ来《きた》る事実である。

前の段落に出て来た「統一するものとしての自己（統一的自己）」が自然にあってこそ、その後に（而《しか》して後）、そんな自然にも目的があることになり、そこに意味（意義）もあると言える。そして、そのような「自己」をそなえた自然こそが、「生きた自然」だと言っています。この「生きている」ということは、西田にとって《自《みず》ら動いている》ということであり、それはすなわち、《真の》ということになります。死んでいるもの、止まっているものは、真ではないんですね。

そして、このように自然が生きているために不可欠な「統一する力」は、単に私たちの思惟によって作り出された抽象概念ではない（抽象的な概念では、停止してしまっています）。そうではなく、この「統一する力」は、私たちが直覚するときに現われて来る「具体的な事実」ということになります。もちろんこれは、動いている、生きている事実ということになります。

> 我々は愛する花を見、また親しき動物を見て、直《ただち》に全体において統一的或る者を捕捉するのである。これがその物の自己、その物の本体である。美術家は斯の如き直覚の最もすぐれた人である。彼らは一見、物の真相を看破して統一的或る物を捕捉するのである。彼らの現わす所の者は表面の事実ではなく、深く物の根柢に潜める不変の本体である。

私たちが好きな花を見たり猫に触れたりするとき、その花や猫は、私たちにとって《全体として統一しているもの》として現われてきます。私たちは、好きな相手を、そのまとまりを持った全体として、そのまま好きだということです。この花や猫のこの部分が好き、あの部分が好き、と並べあげ、分析的に評価することも可能でしょうが、私たちが相手をしっかりとつかむというのは、そのような分析的・抽象的な把握ではなく、そのものを直に具体的な事実としてつかむということです。この具体的な事実としてつかまえられる「ひとまとまり（統一的な何か）」が、そのものの本体（本質）と言われたり、そのものの「自己」と言われたりします。

たとえば芸術家は、このような「そのものの本体（自己）」をつかみとる直覚の最も優れた人たちだろう、と西田は言います。芸術家は、一目でそのものの真のすがたを見やぶり、そこにある本質的な「統一的な何か」をつかみとる。だから、そんな芸術家が表現しようとしているものは、単に表面上のことなのではなく、もっと深くその根底に潜在している不変の「本体（本質）」なのだ、ということです。西田の芸術家への高い評価がうかがえます。

ゲーテは生物の研究に潜心し、今日の進化論の先駆者であった。氏の説に由ると自然現象の背後には本源的現象 Urphänomen なる者がある。詩人はこれを直覚するのである。種々の動物植物はこの本源的現象たる本源的動物、本源的植物の変化せる者であるという。現に今日の動植物の中に一定不変の典型がある。氏はこの説に基づいて、凡て生物は進化し来ったものであることを論じたのである。

十八〜十九世紀のドイツの詩人ゲーテが、生物研究に取り組んだ進化論の先駆者として紹介されています。もちろん彼は科学者である以前に偉大な芸術家でした。ゲーテは、多様な自然現象の背後には、それら現象を内に含む本源的現象（ウァフェノメン）がある、と言います。「詩人はこれを直覚するのである」という一文は、ゲーテの言葉のようにも見えますが、直前の芸術家の話の流れから西田自身の言葉でしょう。ただ、その後の「種々の動物・植物は、この本源的現象としての本源的な動物・植物が変化したものだ」というのは、ゲーテの思想です。進化の過程で現在ここまで展開してきた多様な動物・植物には、それらに共通する一定不変の「原型」がある、という考えです。ゲーテは、すべての生物はこの「原型」から形態変化《メタモルフォーゼ》してきたのだ、と論じたので、西田はそこに自分の「統一的なあるものの分化・発展」という考えとの親和性を感じて、このように紹介しています。

第六段落

しからば自然の背後に潜める統一的自己とは如何なる者であるか。我々は自然現象をば我々の主観と関係なき純客観的現象であると考えて居るが故に、この自然の統一力も我々の全く知り得べからざる不可知的或る者と考えられて居る。しかし已に論じた様に、真実在は主観客観の分離しないものである、実際の自然は単に客観的一方という如き抽象的概念ではなく、主客を具したる意識の具体的事実である。

これまでの話をまとめるために問いを立てています。つまり、ここまで述べてきた、自然の背後に潜んでいるという「統一する自己」とは何なのか、と。章の初めから述べていたように、ふつう私たちは、「自然現象は、私たちの主観とは関係なく、純粋に客観的な現象だ」と考えているので、「そんな自然現象を統一する力があったとしても、私たちにはそれを知ることができない（不可知的或る者）」と考えてしまう。しかし、何度も述べてきたように、真の実在（統一する力）は、そもそも主客が分かれていないはずなので、自然現象は、ただ統一されるだけのものではなく、

統一するものでもあるはずだ、「自己」があるはずだ、というわけです。言い換えれば、自然現象は、客観だけが抽出された概念なのではなく、主客が共に含まれる「意識」における具体的事実なのだ、というわけです（ふつう「意識」と言えば、主だけのように思われますが、西田の言う意識は、「主客を具したる」ものです）。

従ってその統一的自己は我々の意識と何らの関係のない不可知的或る者ではなく、実に我々の意識の統一作用その者である。この故に我々が自然の意義目的を理会《りかい》するのは、自己の理想および情意の主観的統一に由るのである。

したがって、その自然現象の背景にある「統一する自己」は、《私たちの意識となんら無関係で知り得ないもの》ではない。言い換えれば、自然にもそなわっている「統一する自己」は、《対象的にあちら側にあると想定されながらも手の届かないもの》ではない、ということです。自然の統一作用（自己）も、いわゆる「こちら側」にいる私たちの意識が統一する作用そのものと同じなんだ、というわけです。自然に関する「真の実在」も、実は手の届かない向こう側にあるのではなく、こちら側にある意識それ自体だったわけです。ですから、私たちが自然の意味や目的を理会する（理に会う）ためには、対象的に向こう側のものを理解する必要はなく、ただ自らの側にある理想や情意を主観的に統一すればよい。そうすれば、その統一（自己）を背景として現われる自然現象の意義も理会できる、というわけです。

なお、この「主観的統一に由る」というのは誤解を生みそうです。どうしても自然が客観的なものだと思われがちなので、そんな自然の意義・目的を知るために、あえて「主観的統一」と言っているのでしょう。ただ、いわゆる「こちら側（主）」にある理と、いわゆる「あちら側（客）」にある理が会う（理会）には、とうぜん「主」も必要なので、それを「主観的統一」と言えないこともないですが、厳密に言えば「主客合一的統一に由る」というところでしょう。

例えば我々が能《よ》く動物の種々の機関および動作の本《もと》に横《よこた》われる根本的意義を理会するのは、自分の情意を以て直にこれを直覚するので、自分に情意がなかったならばとうてい動物の根本的意義を理会する事はできぬ。我々の理想および情意が深遠博大となるに従って、いよいよ自然の真意義を理会することができる。これを要するに我々の主観的統一と自然の客観的統一力とはもと同一である。これを客観的に見れば自然の統一力となり、これを主観的に見れば自己の知情意の統一となるのである。

たとえば私たちが、動物の種々の機能・構造・動作の根底にある根本的な意味を理会しようとしたとき、それらを、いわゆる純粋な知的対象として、科学的・客観的に（冷静に）理会しようとしても、真の意味で理会できるものではない。真の理会には、純粋な知的好奇心というだけではなく、自分の情意をもって、その根底にあるものをそのまま直覚する必要がある。この「情意をもって」というのは、単に「主観的に」という意味ではありません。「主観的であり、かつ客観的に」、もっと言えば、「主客が分かれずに」という意味での「情意をもって」でしょう。つまり、主客が分かれず、知だけでなく情意もともなって、初めてその動物の根本的な意味を理会することができることになります。

したがって、理会しようとするものが銅像であれ動物であれ、私たちの理想や情意が深遠となり広大になればなるほど、自然現象の真の意味をますます深遠に広大に理会することができるようになる。私たちのいわゆる主観的な統一と、いわゆる自然の客観的な統一とは、もともと意識現象において同一だということです。このように、「いわゆる自然の客観的な統一」と「いわゆる精神の主観的な統一」とが違って見えるのは、この唯一の実在を、あえて客観的に見て「自然を統一する力」としてみたり、あえて主観的に見て「自己の知情意が統一する力」とみなしているにすぎない、というわけです。

物力という如き者は全く吾人の主観的統一に関係がないと信ぜられて居る。勿論《もちろん》これは最も無意義の統一でもあろう、しかしこれとても全然主観的統一を離れたものではない、我々が物体の中に力あり、種々の作用をなすということは、つまり自己の意志作用を客観的に見たのである。

再び常識的な考え方が述べられて、返答が続きます。世の中の常識では、いわゆる物理的な力（物力）は、私たちの主観的な統一にはまったく関係ない、と信じられている。そのような物理的な力にも、一定の物理法則（体系）が成り立っている以上、そこにはなんらかの「統一」があるわけだが、そのような「統一」は、いわゆる主観的な統一からは最も縁遠いものだ。だから、そこに意義を見出すということも難しいだろう。ここまでが常識的な考えです。それに対して西田は、しかし、そのようないわゆる物理的な統一も、まったく「主観的統一」を離れたものではないはずだ、と言うわけです。

もちろん西田は、べつに主観的な思いが物理世界に干渉する（物理法則を捻じ曲げる）などとは考えていません。しかし、それをふまえたうえでも、やはり、いわゆる「物理的な力」が「主観的な統一に基づく意味」からまったく離れたものではない、と言うのです。ふつうに私たちが「物体の中に力があり、その力が種々の作用をしている」と考えるということは、つまり、そのように考えようとしている自分の意志のはたらき（統一する力）を、あえて客観的に見ているということなのだ、と言うのです（主客を分けて表現したら、そういうことになります）。

> 普通には、我々が自己の理想または情意を以て自然の意義を推断するというのは単に類推であって、確固たる真理でないと考えられて居る。しかし、こは主観客観を独立に考え、精

神と自然とを二種の実在となすより起るのである。純粋経験の上からいえば直にこれを同一と見るのが至当である。

章の最後まで「ふつうの考え」が出て来ます。ふつうは、「自分の理想や情意によって自然の意味を推測したり断定するというのは、単なる類推なのであって、確固とした真理でない」と思われている、と。もちろん、「自分勝手な理想や感情・意志」によって、都合よく自然の意味を決めるというのは間違っているでしょう。しかし、そもそもこのような「ふつうの考え」は、主観や客観を別々に独立に考えて、精神と自然とを二種の実在とみなすことから起こっています。直接経験においては、そもそも「自分勝手な思い込み」自体が成り立ちません。「自分勝手な思い込み」というのは、いわゆる「客観的」な状況を無視した、単に「主観的」な思いだけが抽出された判断にすぎないわけですから、主客が統一されている「直接経験の事実」ではありません。真に自然と理会するためには、単なる主観的な思い込みでもなく、単なる客観的な理解でもなく、いわゆる精神と物質をそのまま同一の実在とする見方しかない、ということになります。

第九章

「精神」とは、実在《リアル》から抽出された統一作用のこと

〔精神〕

「精神」をテーマとする第九章は、「自然」がテーマの第八章と対《つい》を成しています。第八章の末尾では、精神と自然を二種類の実在と見るのではなく、「直にこれを同一と見るのが至当である」と言っていました。でも、少し前の第四段落では、それらを区別して「真の自己は精神に至って始めて現われる」と、まるで精神のほうが自然よりも上位にあるような言い方がされていました。この章は、そんな西田の表現上ブレのある「精神」がテーマとなります。

そもそも、この第二編「実在」全体の大文章「意識現象が唯一の実在である」における「意識現象」という表現は、どんなに西田が「物（自然）」と「心（精神）」に分かれることのない「直接経験の事実」のことだと言っても、ふつうはやはり物よりも心に近い概念だと思われてしまいます。

だからこそ西田も、自説が唯心論に近づかないように工夫して説明してきたわけですが、この第九章は、そんな立場が少し揺らいで、つい精神（心）を優位とする傾向がポロっと出てしまっています。でも、そういう危なっかしい所は、この第二編「実在」全体の文脈からその主旨をくみとって、言葉を補いながら解釈して読み進めていきましょう。

そんな意味で読みにくい章ですが、第七章に出て来た「無意識」が再登場したり、技芸の熟達や人間の苦悶・幸福の意味が述べられたり、また「発展」という概念がライプニッツの言葉で語られるなど、いろいろ興味深い箇所もあって、楽しい章でもあります。

第一段落

自然は一見我々の精神より独立せる純客観的実在であるかの様に見ゆるが、その実は主観を離れた実在ではない。いわゆる自然現象をばその主観的方面即ち統一作用の方より見れば凡《すべ》て意識現象となる。

最初に前章の「自然」の話がまとめられています。有機物・無機物を含んだ自然物は、一見すると私たちの「精神」から独立しているような、単に客観的に存在しているもののように見える。しかし、いわゆる自然も、精神（主観）から離れて客観的にだけ存在することはない。あえて客観的に見るから「客観的自然」と言われるのであって、「主観的方面即ち統一作用」のほうから見れば、すべては意識現象なのだ、と言っています。

ここで西田は、「主観的方面即ち統一作用」として、そちらから見れば「意識現象」だと言っていますが、これはちょっと唯心論に近づきすぎた表現です。西田の本来の立場では、意識現象は、単なる主観や精神ではなく、まさに主観と客観が分かれていない唯一の実在のはずです。それが、「主観的方面から見たらすべてが意識現象になる」などと言ってしまうと、まるで西田が主観や精神こそを実在だと考えているみたいです。もしこれを西田自身の意見だとするなら、ここは「主観的方面をも含んだ統一作用のほうより見れば」としたほうが無難でしょう。

> 例えばここに一個の石がある、この石を我々の主観より独立せる或る不可知的実在の力に由りて現じた者とすれば自然となる。しかしこの石なる者を直接経験の事実として直《ただち》にこれを見れば、単に客観的に独立せる実在ではなく、我々の視覚触覚等の結合であって、即ち我々の意識統一に由って成立する意識現象である。それでいわゆる自然現象をば直接経験の本《もと》に立ち返って見ると、凡て主観的統一に由って成立する自己の意識現象となる。唯心論者が世界は余《よ》の観念なりと云うのはこの立脚地より見たのである。

めずらしく具体的な例を出してくれています。たとえばここに一個の石があるとする。この石を、《私たちの主観から独立した、私たちにはまったく知りようのない力によって現われている物》だとすれば、それはいわゆる自然物ということになる。しかし、この石というものを、直接経験の事実としてそのまま（直ちに）とらえれば、単なる《客観的に独立した実在》だけとは言えなくなる。なぜなら、この石が現われているという状況（経験）は、その直接経験の事実そのままに見るなら、《私たちの視覚・触覚などが結合して現われている意識現象》なのだから、というわけです。

そしてそれが意識現象であるならば、その自然物（客観的に独立した実在）とみなされた石も、実は単に客観的なのではなくて、意識における統一（自己）によって成立しているはずだ。だから、いわゆる自然現象も、その状況そのもの（直接経験）に立ち返ってみれば、結局はすべて主観的な統一によって成立する「自己」の意識現象ということになる、と言います。

この部分は、西田が自分の言葉で語っているように思えますが、最後に唯心論者が出て来て、その「世界とは私の観念である」という考えを、「この立脚地より見たのである」と言って、少し距離をとっているようにも読めます。この「唯心論者」は、おそらく第二章の第四段落に登場していたバークリーでしょう。そこで西田は、バークリーの考えに一定の賛意を示しつつも、わざわざ二字下がりの段落で「意識現象というのは或は誤解を生ずる恐《おそれ》がある」などと、自分の考えがいわゆる唯心論ではないことを強調していました。しかしここでは、特に唯心論を否定することもなく、「直接経験の本に立ち返って見ると」などとまるで自分の考えのように、「凡《すべ》て主観的統一に由って成立する自己の意識現象となる」と言っています。この一文では、まさに西田自身が心配していたように「誤解を生ずる恐」があります。ここはせめて「凡て主客の統一に由って…」としてほしいところです。

なお、第八章で見たように、西田にとっては「統一」「自己」「意識現象」のどれもが実在を別の角度から表現する概念ですから、この後に続く「…統一に由って成立する自己の意識現象」というフレーズは、それらの概念を重ね合わせることで「実在」とは何かを伝えようとしています。

> 我々が同一の石を見るという時、各人が同一の観念を有《も》って居ると信じて居る。しかしその実は各人の性質経験に由って異なって居るのである。故に具体的実在は凡て主観的個人的

であって、客観的実在という者はなくなる。客観的実在というのは各人に共通なる抽象的概念にすぎない。

石を使った例が続きますが、これは第三章の「同一の牛」のバリエーションになっています。同じ話ですが、いちおう確認しておきます。ふつうに「同じ一つの石を見ている」と言うとき、私たちはなんとなく「石が私たちの意識とは無関係に独立して存在していて、その同じ一つの物について各人が同一の観念を持っている」と思っている。しかし、その「同一の物」といっても、実際のところ見えているのは、各人の性質や経験によって異なっているはずだ。だから、あくまで抽象的な概念としては客観的に「同一の物」として扱ってもかまわないけれど、具体的な実在としてはすべて必ず主観的・個人的なものなのだ、という話です（第三章の牛の例では、農夫・動物学者・美術家によって見方が変わる、という話でした）。ですから、いわゆる客観的実在といっても、それは単に、多様な性質・経験を持った複数の人にとってそれなりに共通している部分が抽出されて作られた概念にすぎない、ということになります（ここでは、唯一性よりも多様性が強調されていますね）。

第二段落

しからば我々が通常自然に対して精神といって居る者は何であるか。即ち主観的意識現象とは如何《いか》なる者であるか。いわゆる精神現象とはただ実在の統一的方面、即ち活動的方面を抽象的に考えたものである。前に云った様に、実在の真景においては主観、客観、精神、物体の区別はない、しかし実在の成立には凡て統一作用が必要である。この統一作用なる者は固《もと》より実在を離れて特別に存在するものではないが、我々がこの統一作用を抽象して、統一せらるる客観に対立せしめて考えた時、いわゆる精神現象となるのである。

第一段落で西田は、自然の話をしながらも主観性を強調して、精神の話にうつる伏線を用意していましたが、いよいよ第二段落から精神の話をしていきます。

さて、それでは、ふつうに私たちが自然に対して「精神」と呼んでいるものは何なのか。言い換えて、いわゆる客観的な意識現象である自然物に対して、「主観的意識現象」と言われるこの「精神」とは何なのか、と問いを立てています。すぐに答えて、「いわゆる精神現象」とは、ただ唯一の実在における「統一する方面」すなわち「活動する方面」を抽象的に考えたものにすぎない、と言っています。

ここで西田は、実在にとっての「精神」や「主観性」を重視しすぎないで、ちゃんと自分自身の立場から話をしてくれています。特に第三章や第六章で見たのと同じように、「実在の真景」においては、「主観／客観」や「精神／物体」という区別はない、とはっきり言っています。そして、そのすぐ後に「しかし実在の成立には凡て統一作用が必要である」と続けます。なぜここで「しかし」という逆説なのかというと、この統一作用が対立（区別）を前提としているからです。

もともとまったく区別がなければ、わざわざ統一するという作用は必要ありませんから、どうしても対立と統一はセットになってこその統一作用なのです。

　このように統一作用には対立が必要なのですが、その最も根本的な対立（衝突）が、その全体を分析して生じる「統一するもの（主）／統一する作用（力）／統一されるもの（客）たち」への分裂です。西田にしたら、そのように分析される前の、「統一作用」の全体そのままを「実在の真景」だと言いたいんですが、どうしても分析・分裂されてしまいます。そして私たちは、そのように「統一作用」全体を分析して、その中から「統一されるもの（客）たち」を抽き出して、それ以外の部分を「精神現象」と呼んでいる、というわけです（この「精神現象」という概念には、「統一するもの（主）」と「統一する作用（力）」の両方が含まれているようです）。

> 例えばここに一つの感覚がある、しかしこの一つの感覚は独立に存在するものではない、必ず他と対立の上において成立するのである、即ち他と比較し区別せられて成立するのである。この比較区別の作用即ち統一的作用が我々のいわゆる精神なる者である。それでこの作用が進むと共に、精神と物体との区別が益々《ますます》著しくなってくる。子供の時には我々の精神は自然的である、従って主観の作用が微弱である。しかるに成長するに従って統一的作用が盛《さかん》になり、客観的自然より区別せられた自己の心なる者を自覚する様になるのである。

たとえば、今ここで私たちの目に映る情景や本の重さ、手触り感といった視覚・触覚などがまとまった「一つの感覚」があるとします。しかし、このまとまりをもった感覚も、実際のところは一つとして独立に存在しているわけではなく、必ず他の感覚と対立すること（区別・比較されること）で成立しています。たとえば本を持っている感覚は、鍋を持っている感覚とは区別されています。もしこの本がいきなり鍋に取り換えられたら、すぐにそれに気づくでしょう。

私たちは、この二つ（本と鍋）を区別・比較している時点で、その二つを「まとめている」ことになります。なぜなら二つのものを区別し比較するためには、その二つのものをまとめて見る（意識において統一する）必要があるからです。このような区別し比較するという意識における統一的な作用を、ふつう私たちは、とりあえず「精神」と呼ぶ。そして、この区別や比較という現象がさらにバージョンアップして、もっと複雑になった判断や思考も、やはり精神における現象だと言われる。そして、そのようないわゆる精神現象としてのはたらきが進んでいくほど、いわゆる「自然」とは明らかに区別されるようになる、というわけです。

たとえば子どもの「精神」について考えてみれば、幼いころの私たちの精神は、どちらかというと「自然」に近いものがある。幼いころは、そんなに確固とした自己（主）もなく、周囲の対象（客）に対して独立した「精神」が明らかにはなっていない。どちらかと言うと、自己（主）としてのはたらきも弱く、むしろいわゆる「自然」的なところがあります（これは「動物」的ということでしょうか）。それが、だんだん成長するにしたがって、自ら統一する作用が強化されていき、いわゆる客観的な「自然」から明確に区別された、自分の「心（精神）」を意識するようになる、というのです。

> 普通には我々の精神なる者は、客観的自然と区別せられたる独立の実在であると考えて居る。しかし精神の主観的統一を離れた純客観的自然が抽象的概念である様に、客観的自然を離れた純主観的精神も抽象的概念である。統一せらるる者があって、統一する作用があるのである。仮に外界における物の作用を感受する精神の本体があるとするも、働く物があって、感ずる心があるのである。働かない精神其者《そのもの》は、働かない物其者《そのもの》の如く不可知的である。

私たちは、ふつうに「心（精神）」というものを想定して、それを「客観的な自然」とは別に独立したものと思って日常生活をすごしている。それに対して、素朴な唯物論であれば「客観的といわれる自然（物質）だけが存在している」と考えるでしょうし、唯心論であれば「主観的といわれる心（精神）だけが存在している」と考えるでしょう。

しかし、これまで見てきたように、「主観的なところのまったくない純粋に客観的な自然が、いわゆる精神の統一から離れて独立に存在している」という考えは、抽象的な考えであり、具体的には成り立ちません。また同じように、「客観的なところのまったくない純粋に主観的な精神が、いわゆる自然から離れて存在する」という考えも、やはり抽象的な考えにすぎません。統一作用の全体を、「統一する作用／統一されるもの」に分けておいて、「統一する作用」のほうだけを抽象して「精神」と名付けても、全体としたら捨象された「統一されるもの」が残っているのです。

ここで西田は、そんな自説に対する異論として、「仮に」と、「精神は、いくつかの作用を統一する・しないにかかわらず、そのもの本体として存在するはずだ」という主張を取りあげています。この「精神の本体」というのは、たとえば、まるで外界を感受（意識）しなくても存在できる肉体のない魂とか、あるいは世界を創造する前の創造神のようなものが想定されるでしょうか。

では、その仮の異論に従い、まだ作用を始めていない「精神の本体」があって、その「精神の本体」が自らの外にある物の作用を後から感受し始める、としてみましょう。つまり、仮に精神と物体を（その内外を）区別し、仮にそのもともと作用していない精神がその外の物体の作用を感受する、と考えてみよう、ということです。

しかし、そのように仮定したとしても、その精神は、やはりそこに作用する物があるからこそ、その外の物の作用を感受し、さらにその自ら感受するという作用を始めることで、自らの作用を意識することになるはずだ、というのです。つまり、仮に「まったく作用しない精神そのもの（精神の本体）」があったとしても、それだけでは、作用もしない自らの存在を知ることはできない、という話です。なんにも作用（はたらき）がなければ、それを感じることもできずに止まっているだけですから、そうした「精神」があったとしても、自らの存在すら知りようがないことになります。

第三段落

しからば何故に実在の統一作用が特にその内容即ち統一せらるべき者より区別せられて、恰《あたか》も独立の実在であるかの様に現わるるのであるか。そは疑もなく実在における種々の統一の矛盾衝突より起るのである。実在には種々の体系がある、即ち種々の統一がある、この体系的統一が相衝突し相矛盾した時、この統一が明《あきらか》に意識の上に現われてくるのである。衝突矛盾のある処に精神あり、精神のある処には矛盾衝突がある。

西田からすれば、真の実在（直接経験の事実）には、もともと「統一する作用／統一されるもの」という区別はありません。では、どうしてそうした実在が分析されて、そこから「統一する作用」が抽出され、その作用の対象（内容）である「統一されるもの」から区別されるのか。そして、その抽出された「統一する作用」こそが、あたかも独立の実在であるかのように「精神」と呼ばれることになるのか。

そんな問いに対して西田は、「実在それ自体に、もともと種々のまとまり（統一）が含まれていて、それら種々のまとまり（統一）が互いに対立し合うからだ」と言います。原文には「矛盾」と「衝突」が併記されていますが、どちらも「対立」と同じことです。このような実在の中に潜伏している対立から、「主／客」という分裂（不統一）が起こってくることを、西田は「疑もなく」と言っています。なぜ疑いもないのかと言うと、西田の言う「唯一の実在」は、単純な一ではないからです。たとえば、まったく混じりけのない単色ペンキのような「唯一」ではなく、さまざまな色を混在させ、それらすべての多様性を含み込んだ「多様な色のひとまとまり」だということです。

ですから、この一つにまとまった実在には、「種々の体系」が含まれている、と言います。この複数の体系は、自分たちを含む「より大きな一つの体系」の中で、小さいながらも一つの「系」としてまとまっています。つまり、「より大きな一つの体系」は、それ全体として統一性を保ちながら、その中に個別の体系たちを含み、その個別の体系たちも各々の中でそれぞれに統一性を保っているわけです。

そして、これらの種々の体系（統一）たちが互いに対立（衝突・矛盾）し合うとき、これらの体系たちをさらに統一している「より大きな一つの体系」が明らかになってきます。そのように、それまでバラバラに思えたものがまとまりを持って意識の上に明らかに現われて来るということが、意識現象ということになります。

実際のところ、そのような対立が生じなければ、そこに種々の体系があることが気づかれることはありません（つまり、意識に上がることもありません）。気づかれなければ、ほんとうは豊かで雑多なものを含んでいる「唯一の実在」も、まるで「ペンキの単色」のように扱われてしまうでしょう。私たちは、対立が生じることによって、初めてそこに「統一する作用」があったことを知るのです。もし「統一する作用」を「精神」と呼ぶのであれば、そのような精神は、まさに対立のあるところに成り立ち、逆に「統一する作用」（精神）があるならば、そこには必ず対立があるのだ、というわけです。

例えば我々の意志活動について見ても、動機の衝突のない時には無意識である、即ちいわゆる客観的自然に近いのである。しかし動機の衝突が著しくなるに従って意志が明瞭に意識せられ、自己の心なる者を自覚することができる。しからばどこよりこの体系の矛盾衝突が起るか、こは実在其物の性質より起るのである。かつていった様に、実在は一方において無限の衝突であると共に、一方においてまた無限の統一である。衝突は統一に欠くべからざる半面である。衝突に由って我々は更に一層大なる統一に進むのである。実在の統一作用なる我々の精神が自分を意識するのは、その統一が活動し居る時ではなく、この衝突の際においてである。

ここで西田は、意識現象の中でも比較的わかりやすい「意志」の動きを例に出しています。私たちが、ある動機に基づいて、何かをしようとする（意志する）状況を考えてみます。私たちは、さまざまな動機を持っていますが、そのような多様な動機が対立（矛盾・衝突）しないのであれば、そのままスムーズに無意識のうちにその行為が実行されるでしょう。たとえば「この本を持ち上げよう」と（あえてこのように言語化せずにそのまま）意志して、ただ動かしたとしたら、そこには対立はありません（これまで本を読んでいた間にも、何度か無意識のうちに持ち上げていたはずですから、その状況です）。つまり、その行為は、いわゆる客観的自然に近いのです。しかし、たとえば「筋肉を使わずに、この本を持ち上げよう」と意志しても、なかなかできることではありません。このような無理のある動機を実現しようとすると、その意志と現実との間には明らかな対立・衝突が生じます。このように、対立・衝突が明らかになるほどに、その自らの「意志」も（すぐにできないからこそ）明瞭に意識されるようになり、その「自分の心（精神）」というものが意識されるようになる、というのです。たとえば「ロミオとジュリエット効果」もそうですね。自分たちの恋愛に障害・衝突があるほど、その恋愛感情が意識されて盛り上がりますが、自然にお付き合いできていれば、そこまで意識もしません。

それなら、この体系たちの対立・衝突はどこから起こるのかと言うと、これは実在そのものに、そのような対立を含んだ性質があるとしか言いようがない、と西田は言います。これではあまり説明になってないかもしれませんが、第五章や第七章でも見たように、実在そのものは、一方においては無限の対立であるとともに、また一方においては無限の統一でもありました。対立がなければ統一も成り立ちようがありませんし、さらなる対立によって、私たちはさらなる大きな統一に進むことができます。私たちが「精神」と呼んでいるものは、もともとそんな実在の中から「統一する作用」が抽象されたものですが、特に対立もなくそのまま活動していれば、わざわざ統一する必要がありませんから、その「統一する作用（精神）」も意識されません。その活動が妨害され、なんらかの対立・衝突が生じているときに、自らの「精神」が抽出され、意識されるわけです。

> 我々が或る一芸に熟した時、即ち実在の統一を得た時はかえって無意識である、即ちこの自家の統一を知らない。しかし更に深く進まんとする時、已《すで》に得た所の者と衝突を起し、ここにまた意識的となる、意識はいつも此《かく》の如き衝突より生ずるのである。

例として、伝統芸能や音楽・スポーツなど、なんらかの技芸の習得について考えてみましょう。もし私たちがある技芸に習熟して、習熟するまでに経てきたあらゆる衝突や葛藤をそこに含みながら、それらの対立が表に出ることなく、自然な所作ができるようになったとします。技芸を身につけ、自然とその所作が行われるとき、その行為はかえって無意識に行われるでしょう。これまでの文脈で言えば、まさに実在の統一を得た、という境地です。

では、その所作が何も練習もせずにできるようになる単純な行為なのかというと、そうではありません。その行為の中には、複雑な分節や順序・連関があります。この自らの内にさまざまな分節や対立がありながらも、それらが統一されて今の所作が無意識のうちに行われるのです。しかも、まったくの無意識なのかというとそうでもなく、まったく何も考えていないわけでもない。それは、深み（含み）のある無意識と言えます。そのように、その内にさまざまな含みを持った無意識の行為だからこそ、いったん統一されても、その中にはさらにまた衝突の生じる可能性が秘められている。さらに深く進もうとすれば、また新たな衝突を起こし、そこでまた以前とは異なった意識的な行為となって、さらなる統一へと向かうことができる。意識（精神）とは、いつもこのような衝突から生ずるのだ、というわけです。

また精神のある処には必ず衝突のあることは、精神には理想を伴うことを考えてみるがよい。理想は現実との矛盾衝突を意味して居る（かく我々の精神は衝突によりて現ずるが故に、精神には必ず苦悶がある、厭世論者が世界は苦の世界であるというのは一面の真理をふくんで居る）。

また、このように精神があるところには必ず対立・衝突がある、ということは、いわゆる精神に必ず「理想」がともなうことを考えてもわかりやすい、と西田は言います。ここでいう理想は、現実と対立するような何かであり、達成された時点で現実となって理想ではなくなるようなものです。たとえば技芸の熟達において、もし技量が理想と少しも衝突しないのであれば、もはやその境地において理想が意識されることはありません。理想が意識されるということは、まだ現実との対立があるということであり、いまだ真の実在が現われていない、ということです。

つまり、ここで言われる「精神」とは、対立によって現われてくるもの、理想に向かう意志とも言えます。したがって、そうした精神には、必ず苦悶があるということになる。たとえば、特に初期仏教のような世を厭《いと》う人たちが言うような「この世は苦の世界だ（一切皆苦《かいく》）」という言葉にも一理ある、と言っています。

この仏教語としての「苦」は、もともと《思い通りにならない》を意味する「ドゥッカ」（サンスクリット語）からの漢語訳ですが、ここまでの文脈で言えば、《自らの求める状況（理想）と現実が対立している》ということです。まったく何も問題がなく衝突も矛盾もない世界には、苦もなく、理想もなく、精神もないことになります。しかし、もちろん人間には、そのような世界はありえないので、常に苦があり精神もある、ということになります。

第四段落

我々の精神とは実在の統一作用であるとして見ると、実在には凡て統一がある、即ち実在には凡て精神があるといわねばならぬ。しかるに我々は無生物と生物とを分ち、精神のある者とない物とを区別するのは何に由るのであるか。厳密にいえば、凡ての実在には精神があるといってよい、前にいった様に自然においても統一的自己がある、これが即ち我々の精神と同一なる統一力である。

第二段落の最後で、統一作用の全体（唯一の実在）を、「統一する作用／統一されるもの」に分けて、「統一する作用」のほうだけを抽象して「精神」と名付けていると解説しました。それを踏まえれば、この第四段落冒頭の「我々の精神とは実在の統一作用である」と言われている「統一作用」というのは、統一作用の全体のことではなく、抽象された「統一する作用」のほうになります。もともと唯一の実在は、さまざまな分裂や対立を含んでおり、それらを「統一する作用」も含んでいるわけですから、これを言い換えれば、すべての実在には潜在的に「精神」がある、ということになります。

そうすると、私たちが生物と無生物とを分けて、精神のあるものと無いものに区別する意味がなくなります。なぜなら、ここでの「精神」は、「統一する作用」と互換可能な概念なので、その意味で言えばすべての実在には精神（統一する作用）があると言っていいからです。第八章でも、統一（まとまり）を広い意味で「自己」と呼び、いわゆる自然物にも統一があるのだから「自己」がある、と言っていました。ここで西田は、そのような「自己」「精神」「統一する作用」を、すべて互換可能な概念と考えています。

例えばここに一本の樹という意識現象が現われたとすれば、普通にはこれを客観的実在として自然力に由りて成立する者と考えるのであるが、意識現象の一体系をなせる者と見れば、意識の統一作用によりて成立するのである。しかしいわゆる無心物においては、この統一的自己が未だ直接経験の事実として現実に現われて居ない。樹其者は自己の統一作用を自覚して居ない、その統一的自己は他の意識の中にあって樹其者の中にはない、即ち単に外面より統一せられた

一者で、未だ内面的に統一せる者ではない。この故に未だ独立自全の実在とはいわれぬ。

「一本の樹」の例は、第五章にも出て来ました。ここでは、はっきりと「一本の樹という意識現象が現われた」と言っていますが、このように言う時点で、この「一本の樹」は、もうただの客観的な自然物ではないということが表わされています。ふつうは目の前に樹木を見れば、「この樹は、客観的実在として自然の力でそこにある」と思いますが、まさに直接経験の事実として、その「一本の樹」を《意識現象における一つの体系（まとまり）》として見れば、意識の統一する作用（精神）によって成立している、ということになります。

しかしそうは言っても、「主／客」が分裂した状態でこの樹を対象として見れば、樹というのはいわゆる心の無い物（無心物）であり、言い換えれば「統一する作用としての自己（精神）が無い物」だ、ということになります。この「樹」の立ち現われが、直接経験の事実として現われているなら、そこに主客の区別はなく、統一する自己がそのまま現実となっているでしょう。しかし、見られる対象物としての樹には、まだ直接経験の事実は現われていません。

直接経験の事実が現われていなければ、たとえそこに「樹そのもの」があったとしても、しょせんは「物」ということになるので、それ自らが統一する「自己」のはたらきを自覚することはできません。この自然物としての「一本の樹」という現象も、まとまりを持っている以上はなんらかの「統一する作用」がはたらいているはずですが、その場合の「統一するもの（自己）」は、

「樹そのもの」の中にはなく、たとえばその樹を見ている人の意識の中にあることになります。このようないわゆる自然物として扱われる樹は、単に「外から統一されたもの」であり、まだ「自らの内より統一するもの」つまり独立自全の実在とは言えない、ということになります。

> 動物ではこれに反し、内面的統一即ち自己なる者が現実に現われて居る、動物の種々なる現象（たとえばその形態動作）は皆この内面的統一の発表と見ることができる。実在は凡て統一に由って成立するが、精神においてその統一が明瞭なる事実として現われるのである。実在は精神において始めて完全なる実在となるのである、即ち独立自全の実在となるのである。

植物（樹）の次は動物です。動物についてはどう考えればよいでしょう。動物の場合は、このような樹とは違って、いわゆる内面から統一する「自己」というものが現実に現われていそうです。動物には、さまざまな形態があり、それぞれ独特の動作をします。それら形態や動作という多様な現象も、すべてその動物の内面的な統一（生存本能）がさまざまに発現したものと見ることができる、と西田は言います（植物にも、形態や動作はあると思いますが、そのようなツッコミは、ここでの主旨から逸れるのでやめておきます）。西田の言いたいのは、植物であれ、動物であれ、実在はすべてなんらかの「統一（まとまり）」によって成立している、ということです。第八章で見たように、無機物でさえ秩序的な結晶化という統一がありますし、有機的な動物・植物にも生存という一つの目的に向かう統一があります。

こうして西田は、「実在は凡て統一に由って成立する」ことを確認して、さらに言いたいことを続けます。つまり「精神においてその統一が明瞭なる事実として現われる」と言うのです。実在を成立させるような統一が最も明瞭な事実として現われるのは、やはり「精神」なのだ、と言います。実在は、この「精神」においてこそ完全な実在、独立自全の実在になるのだ、と。なぜそう言えるのか、ここに理由は書かれていませんが、文脈から推測すれば、いわゆる「精神」（統一する作用）こそが、他者に統一されることがないので、自らで内的に統一する「自己」でありえるから、ということでしょう。

しかしここでの西田も、「精神」を推しすぎで、誤解を招きやすい書き方をしていると思います。全体の主旨から言えば、「精神」は、真の実在が「対立／統一」に分析され、その「統一」がさらに「統一する作用／統一されるもの」に分析され、その最後に抽《ぬ》き出された「統一する作用」のことだったはずです。この段落では、やけに高く評価されている「精神」ですが、しょせんは抽象的な概念なのです。この前提を忘れて、原文「精神において始めて完全なる実在となる」を読むと、まるで西田が精神至上主義者、そして精神（心）を持つ人間至上主義者に思えてしまいます。西田は、ヘーゲルの強い影響を受けていますし、このころはよく心理学（ジェームズ）も読んでいたので、その考えに「精神（心）」の優位性が出て来るのもわかりますが、それにしても言いすぎだと思います。ここでは、西田が全体として何を伝えたいのかを意識しながら、用語上の矛盾を補いながら読んでいきましょう。

いわゆる精神なき者にあっては、その統一は外より与えられたので、自己の内面的統一でない。それ故に見る人によりてその統一を変ずることができる。例えば普通には樹という統一せられたる一実在があると思うて居るが、化学者の眼から見れば一の有機的化合物であって、元素の集合にすぎない、別に樹という実在はないともいいうる。しかし動物の精神はかく看《み》ることができぬ、動物の肉体は植物と同じく化合物と看ることもできるであろうが、精神其者は見る人の随意にこれを変ずることはできない、これをいかに解釈するにしても、とにかく事実上動かすべからざる一の統一を現わして居るのである。

先ほどの「いわゆる無心物」という表現が、「いわゆる精神なき者」に言い換えられています。ここまで何度も「いわゆる」という表現が出ていますが、これは、《自分はそうは言わないけど、世間でふつうに言われている…》という意味です。

さて、樹のようないわゆる「精神のないもの」にとっては、そこになんらかの統一があったとしても、その統一は「外」から与えられたものであって、それ自らによる「内」からの統一ではない。そのため、「精神のないもの」にとっての統一の仕方（まとまり方）は、それを見る人によって変わってしまう、というわけです。ふつうに私たちが「樹」という統一された一つの実在があると思っていても、化学者から見れば一つの有機化合物（元素の集合）にすぎず、そこに「樹」という一つの実在があるとは思われない、という話です。この樹の例を、第三章第四段落の「一頭の牛」の例のバリエーションとして見たら、芸術家や林業家にはまた違って見えてくるはずです。

しかし、樹と違って、動物の精神はそのように見ることはできない、と西田は言います。こう言われると、すぐに「動物に精神があるのか？」と疑問が出て来るかもしれませんが、ここで「動物の精神」というときの精神は、いわゆる精神ではなく、西田の言う意味での（統一する作用としての）「精神」なので問題ありません。動物も、その肉体だけ見れば、植物と同じように単なる化合物だと見ることもできるかもしれないが、その生存しようとする意志を持った「精神」（統一する作用）そのものは、見る人の勝手な思惑によって変化されるものではないだろう、というわけです。動物の「精神」であれば、それをこちらからいかに勝手に解釈するにしても、とにかくその動物にとって事実上動かすことのできない、ある特定の統一（精神）が現われているはずだ、と言うのです。「一頭の牛」の例では、見る人によって多様に見られることが強調されていましたけど、そうした見る側の立場によってたとえ見方が異なるにしても、やはり動かせないものがある、ということでしょう。

——今日の進化論において無機物、植物、動物、人間という様に進化するというのは、実在が漸々《ぜんぜん》その隠れたる本質を現実として現わし来《きた》るのであるということができる。精神の発展において始めて実在成立の根本的性質が現われてくるのである。ライプニッツのいった様に発展 evolution は内展 involution である。

西田の生きていた時代、すでに進化論は、生物学の枠を超えて影響力のある思想になっていました。生物学上の進化の概念が、《より良いものへの変化》という考え方へと一般化され、人間の文化や社会に当てはめられていました。現代でも、「発展」「成長」「革新」などの言葉に置き換えられて、無条件に「良いもの」扱いされるとき、私たちはそうした「最良へと向かう進化」という考えの影響を受けているかもしれません。

さて、ここで西田は、当時すでによく知られていた「進化論」で言われる「無機物→植物→動物→人間」という過程を使って、自分の考え方を説明します。この過程を西田の言葉にすれば、「実在がだんだんとその隠された本質を現わしてくる」ということになります。西田の「唯一の実在」は、無限に続く対立と統一を潜在的な構造として持っていますから、いわゆる「進化」の過程で次々と現実になってくる「隠れたる本質」というのは、それまで見えていなかった、より深い大きな統一に言い換えられるでしょう。つまり、進化の過程とは、「統一する作用」（精神）によって対立・分化・発展があらわになりながら、さらに統一が深化していくということです（前に登場したゲーテの「原型」が連想されます）。これは、第五章で見た「実在が成立する根本的な方式」

に一致するので、西田にしたら、近ごろよく言われる「進化」も、自分の言う実在の根本的な性質が現われてくることなんだろう、というわけです。

最後に西田は、十七〜十八世紀のドイツの哲学者ライプニッツの言葉として、「発展 evolution は内展 involution である」と書いています。しかし、ライプニッツの著作にはそうした言葉は見つかりませんし、かろうじて彼の『モナドロジー』第七三節にこれに似た言葉が見られますが、西田の言おうとしている文脈とはかなり違います。でも、今はライプニッツの哲学の講義ではないので、とりあえずは西田自身がこの言葉で何を言いたいのかを考えてみましょう。

まず、西田は「発展」と「evolution《エヴォリューション》」を併記していますが、この直前に進化論の話をしているので、evolution が「進化」の訳語でもあることはわかっているはずです。また、「発展」という言葉は、ここまで「実在の分化発展」として使われてきましたから、この evolution は、「進化」であり、「分化発展」でもあるようです。なお、この「evolution」は、volve に接頭辞の e-（外へ）が付いて、もとは《巻物がほどかれる、外に広がる》という意味で、パタパタと外へ展開していくイメージです。一方、接頭辞 in- が付いている「involution《インヴォリューション》」は、もとは《内に巻き包む》という意味で、内包するものが増えて複雑・高密度になっていくというニュアンスがあります。したがって、この「発展は内展である」で西田が言いたかったのは、これまでの文脈で言えば、「実在が外へと分化・発展していくことは、その実在の内に潜在している統一がさらに深化していくことだ」ということになりそうです（この「内・外」も、西田にとっては仮設定の話ですが）。

第五段落

精神の統一者である我々の自己なる者は元来実在の統一作用である。一派の心理学では我々の自己は観念および感情の結合にすぎない、これらの者を除いて外に自己はないというが、これは単に分析の方面のみより見て統一の方面を忘れて居るのである。凡て物を分析して考えて見れば、統一作用を認むることはできない、しかしこの故に統一作用を無視することはできぬ。物は統一に由りて成立するのである、観念感情も、これをして具体的実在たらしむるのは統一的自己の力によるのである。

前の段落では、かなり「精神」が重要視されて、実在は精神において初めて完全なものになるんだ、と言われていました。ここで西田はあまり厳密に言葉を用いていませんが、その文脈をふまえれば、まず実在が「統一する作用」と「統一されるもの（客）」の二つに分析されて、その片方の「統一する作用」を「精神」と言っていました。この「統一する作用（精神）」は、さらに分析されて、「統一するもの（主）／統一するということ」に分けられます。そう考えると、冒頭の「精神の統一者」というのは、そんな「統一する作用（精神）」のうちの「統一するもの（主）」のことだと解釈できます。そして私たちは、そんな「統一するもの（主）」を「自己」と呼んでいる。この「自己」は、もとの実在（統一作用全体）から抽象された「統一する作用（精神）」のことだとす

れば、いちおう整合性をもって解釈できます。

西田は、このような自説に対して、心理学の「一派」を示してすぐに反論します。この心理学派によると、「私たちの自己は、観念および感情の結合にすぎない。これらの観念や感情の結合のほかに自己というものはない」というのです（第一章第二段落や第三章第一段落にも出て来た考えです）。

この心理学派は、「自己」を「観念や感情の結合」とみなしていますが、西田にすれば、それは単に分析の方面だけから自己を見ていて、その統一の方面を忘れていることになります。なんであれ分析して考えてみれば、すでに分けて考えているわけですから、当然そこに統一作用を認めることはできません。しかし、そこにあるはずの統一作用をまったく無視していいことにはなりません。なぜなら、分析する前のそれは、もともと統一によって成立しているからです。観念や感情についても、それらが具体的に実在《リアル》であるためには、やはりそこには統一する「自己」の力が必要なのだ、と言います。

この統一力即ち自己は何処《いずこ》より来るかというに、つまり実在統一力の発現であって、即ち永久不変の力である。我々の自己は常に創造的で自由で無限の活動と感ぜらるるのはこのためである。前にいった様に、我々が内に省《かえり》みて何だか自己という一種の感情あるが如くに感ずるのは真の自己でない。此の如き自己は何の活動もできないのである。ただ実在の統一が内に働く時において、我々は自己の理想の如く実在を支配し、自己が自由の活動をなしつつあると感ずる

のである。而《しか》してこの実在の統一作用は無限であるから、我々の自己は無限であって宇宙を包容するかの様に感ぜられるのである。

では、この「統一する力」としての「自己」はどこから来るか。西田は、このように自問しておきながら、実在の統一する力が発現することによって成り立っている、と言うだけで、「どこから」には答えていません。実在が統一するということ、それこそが、永遠に変わらない力（はたらき）なので、この自己は、ずっと潜在している力が発現しているものということになります。したがって、もともとそこに統一があり、今も統一があるということは、そこに「統一する力」がずっと変わらずにある（永久不変の力）ことなので、「どこから来る」ということもないわけです。

この後の「我々の自己は常に創造的で自由で無限の活動と感ぜらるる」という一文は、どう考えたらいいでしょう。とても私は、そんなふうに感じられませんが、皆さんは感じられるでしょうか。さすがに西田も、誰もが「常に」創造的で自由で無限に活動すると感じているとは思っていないでしょう。きっとこの文章で西田が言いたいのは、誰だって、たとえば坐禅や仕事や趣味などに我を忘れて没入しているときなどは、そういう自らの創造性や自由、無限性を感じることができる、というぐらいの意味でしょう。誰だって、たまにはちょっとした全能感を持つことぐらいあります（私はあまりありませんが）。では、どうしてこのちっぽけな「私」がそんな無限の活動を感じることができるのかと言うと、それはきっと、自分の中にその「永久不変の力」があるからだろう、というわけです。

第七章第三・五段落で、自分が統一する作用を振り返る（あとから意識する）ことについての話がありました。私たちは、そのように自らの内を返り見ることができますが、そのように見られた「自己」を一種の感情にすぎないと思う人もいます。しかし西田にすれば、そのように一種の感情だと返り見られる「自己」は、何の活動もできないものです。活動（作用）できないということは、能動的に自ら統一することができないということですから、それでは統一する「（真の）自己」とは言えません。私たちは、外から統一されるのではなく、自らの内で「実在《リアル》に統一する力がはたらいている」という実感のあるときこそ、自ら「創造的で自由で無限の活動」だと感じられるわけです。つまり、「今、自分の理想のように実在を支配している！」とか「今、私は、自由に活動できている！」などと感じるようになる、というわけです。

もちろん、このように「自己の理想の如く実在を支配し、自己が自由の活動をなしつつある」などと言語化して考えてしまえば、実在からは離れてしまうでしょう。西田自身の立場では、実在はけっして支配されないはずなので、この「実在を支配」するという表現は、正確ではありません。そう思ってしまうほどに「自己が自由の活動をなしつつある」ということでしょう。また、この「なしつつある」というところで、《過去のことを対象的に感じるのではなく、ただ今のことを同時進行で自覚している》というニュアンスを表現したかったのだと思います。

「実在を支配する」ではなく「実在が支配する」、さらに言えば「実在が統一していく」というこの作用は、終わることなく無限に深化《インヴォルヴ》していくので、この「統一するもの」としての「自己」も、無限ということになります。さらには、この自己は、このように無限に統一していくものだからこそ、無限の宇宙をも包容する（統一する）と感じることができる、というわけです。

余が曩《さき》に出立した純粋経験の立場より見れば、ここにいう様な実在の統一作用なる者は単に抽象的観念であって、直接経験の事実でない様に思われるかも知れない。しかし我々の直接経験の事実は観念や感情ではなくて意志活動である、この統一作用は直接経験に欠くべからざる要素である。

この二字下がりの段落は、ちょっと危なっかしいところです。ここで西田は「実在の統一作用」が抽象的観念である（直接経験の事実ではない）と思われるかも知れない、と言っています。でも、「かも知れない」どころか、まさにこの「統一作用」は、唯一実在が分析され抽象されて現われた概念（観念）のはずです。唯一実在を、「統一する作用（精神）／統一されるもの（自然）」に分析して、そこから抽象されたのが「統一する作用（精神）」という観念だからです。いっぽうで、私たちの純粋経験の立場で見れば、この直接経験とは、そのように観念に分割されない、全体そのままの具体的な事実のはずです。

ここで西田は、この「実在の統一作用」が抽象的観念だと思われてしまうかも知れない、と言いながら、「いや、抽象的観念ではないんだ」とは、言っていません。それは西田にとっても抽象的観念でもありえるからです。そのため、それを否定しないで、そのまま、そうした直接経験の事実を、「観念や感情ではなくて意志活動である」と言い、そうした「直接経験」にとって、「この統一作用」が不可欠でもあるんだ、と言うにとどめているのです。

ここは、かなり言葉を補って考える必要があります。まず、直接経験の事実は、もともと知・情・意が分かれないものですが、知・情・意に分析することも可能です。そして、この直接経験の事実には、知的な観念も感情もありますが、何より目的（理想）へ向かっていく意志の活動こそが、それらを統一する作用だ、と考えられていました。だからここで西田は、統一する作用（つまり意志の力）は直接経験には欠かせない要素だ、と言うのです。ただ、欠かせないながらも、要素だとするところが微妙な表現になっています。

第六段落

これまでは精神を自然と対立せしめて考えてきたのであるが、これより精神と自然との関係について少しく考えて見よう。我々の精神は実在の統一作用として、自然に対して特別の実在であるかの様に考えられて居るが、その実は統一せられる者を離れて統一作用があるのでなく、客観的自然を離れて主観的精神はないのである。

ここで西田は、これまでいわゆる精神を自然とは別のものとして独立して考えてきたので、ここからは、そうした精神と自然の関係について考えてみよう、と言います。まずは「ふつうの考え」です。ふつう私たちは、「私たちの精神は、実在の統一する作用を担《にな》っている。いわゆる自然（対象）に対して特別の実在なのだ」と思っている、と言います。ここまで西田も、精神のほうをかなり「優遇」して書いているところもありましたが、本当のところは（西田自身の立場に戻れば）、そんな「統一する作用（精神）」も、「統一されるもの（自然）」から離れては成り立たない。言い換えれば、いわゆる主観的精神は、いわゆる客観的自然から離れては成立しない。そもそも主・客が離れていれば、真の実在は成立しないわけです。

我々が物を知るということは、自己が物と一致するというにすぎない。花を見た時は即ち自己が花となって居るのである。花を研究してその本性を明にするというは、自己の主観的臆断をすてて、花其物の本性に一致するの意である。理を考えるという場合にても、理は決して我々の主観的空想ではない、理は万人に共通なるのみならず、また実に客観的実在がこれに由りて成立する原理である。動かすべからざる真理は、常に我々の主観的自己を没し客観的となるに由って得らるるのである。

私たちにとって、何か物を知るということは、《自己（主）が、外にある物（客）を、互いに分離したままにとらえる》ということではない。そうではなくて、《自己（主）が物（客）と一致する》ということなのだ、と言います。たとえば花（客）を見たときは、すなわち自己（主）が花となっている。花を研究してその本性を明らかにするということは、自分勝手な憶測や判断を付け足さずに、花そのままに見るということ、花そのままの本性に一致するということだ。自分の思惑で対象を都合よく知的に弄《もてあそ》ぶことは、たとえその手法が卓越していても、それは「研究」にはならない、というわけです。

何かの理について考える場合でも、その理はけっして私たちのいわゆる主観的な空想ではない。この理は、もちろん万人に共通するものだが、それだけでなく、いわゆる客観的に存在するさまざまなものを成立させるような原理（根源的な理）、真理なんだ、と言います。動かすことのできない真理とは、私たちのいわゆる主観的な自己をひたすら埋没させ、できるだけ客観的になることによって得られるものだ、というわけです。

第五段落まで、さんざん主観性（精神）を強調して語ってきた西田ですが、ここに来て、主客の合一という本来の立場から、「主観的自己を没し客観的となる」ことの重要性が説かれています。

これを要するに我々の知識が深遠となるというは即ち客観的自然に合するの意である。啻《ただ》に知識において然《しか》るのみならず、意志においてもその通りである。純主観的では何事も成すことはできない。意志はただ客観的自然に従うに由ってのみ実現し得るのである。水を動かすのは水

の性に従うのである、人を支配するのは人の性に従うのである、自分を支配するのは自分の性《さが》に従うのである、我々の意志が客観的となるだけそれだけ有力となるのである。釈迦、基督《キリスト》が千歳《ちとせ》の後にも万人を動かす力を有するのは、実に彼らの精神が能《よ》く客観的であった故である。我なき者即ち自己を滅せる者は最も偉大なる者である。

ようするに、私たちの「知識」の深化とは、いわゆる「主観的精神」がより深く「客観的自然」に合致していくという意味なのだ。そして、これは、ただ知識において言えるだけでなく、意志（に基づく行為）についても当てはまる。単に主観的なだけで、客観的なことを無視していては、何ごとも実際に行為として成り立たないし、達成もできない。主観的と思われる「意志」も、客観的「自然」に従うことによってのみ、現実の行為となることができる、と言います。

第三段落で見たように、意志は、（主観的な）理想と（客観的な）現実のギャップを埋めようとして生まれますが、あまりにも理想と現実がかけ離れていては、意志や行為は起こりようがありません。たとえば水を動かすには、水それ自身に備わっている水の（客観的な）性質に従う必要があります。自分勝手な思いで水を動かすことはできません。

またもし人を動かそうとするなら、その人がもともとどのような性《さが》を持っているのかを把握し、それにしたがって動かす（支配する）必要がある。また自分を制御《コントロール》したいなら、やはり自分がどういう性《さが》を持っているのかを熟知して、それに従うことで自己制御が可能となる、と言います。

私たちの意志は、単に主観的であるだけでなく、より客観的になればなるほど、より有力となる。例として釈迦やキリストが登場します。彼らがこのように千年以上たった後でも万人を動かす力を持っているのは、実に彼らの「精神」がよく客観的であったからだろう、と言うのです。べつに聖なる者だったからというわけではないようです。自分勝手な私心のない者、すなわち「自己を滅した者」こそが、最も「偉大」な者ということになる。自分をできるだけ小さくした者、無くした者こそが、最も大きくなるというのは、逆説的に聞こえるかもしれませんが、単に自分（主）が小さくなって無くなってしまったわけではなく、より大きなもの、最も大きなもの（客）と一致するわけですから、逆説ではありません。

普通には精神現象と物体現象とを内外に由りて区別し、前者は内に後者は外にあると考えて居る。しかしかくの如き考は、精神が肉体の中にあるという独断より起るので、直接経験より見れば凡て同一の意識現象であって、内外の区別があるのではない。我々が単に内面的なる主観的精神といって居る者は極めて表面的なる微弱なる精神である、即ち個人的空想である。これに反して大なる深き精神は宇宙の真理に合したる宇宙の活動其者である。それでかくの如き精神には自《おのずか》ら外界の活動を伴うのである、活動すまいと思うてもできないのである。美術家の神来の如きはその一例である。

また「ふつうの考え」が出て来て、それに対して自説が展開されます。ふつう私たちは、精神現象と物体現象をそれぞれ内と外に別々にあると考えるが、このようなふつうの考えは、「精神が肉体の中にある」という独断から生じているのだ、と西田は言います。直接経験の立場からすれば、それら精神現象も物体現象も、結局はすべて同一の意識現象であり、そこに内外の区別があるわけではない。仮に、そのように私たちが単に内面的・主観的だと思っているものを「精神」だとしても、そのような精神は、きわめて表面的で微弱な精神にすぎない。それは単なる個人的空想にすぎない、と言います。

そのような表面的で微弱な精神ではなく、より深く大きく統一する、宇宙の真理に合致する「精神」となれば、その活動は、宇宙の活動そのものとなる。そして、このように宇宙の真理に一致して活動するような精神であれば、自《おの》ずからいわゆる外界の物の動きとも一致するようになってくる。そうなれば、たとえ自分で「活動しないでいよう、現実として表に現われないでいよう」と思っても、必然的に活動（行為）に結びついて、表現しないわけにはいかないだろう、と西田は考えます。

芸術家のインスピレーション（神来）というのは、芸術家自らの内から出て来るものでありながら、まさに外からインスピアされる（吹き込まれる）ものでもあります。そしてインスピレーションが現われた芸術家は、それが創作活動へとつながらないわけにはいかない、表現せずにはいられない、ということです。芸術家にしたら、たしかに自分から動いて創作しているはずなんですが、誰か（何か）に動かされているような感覚もある、という話です。

第七段落

最後に人心《じんしん》の苦楽について一言しよう。一言にていえば、我々の精神が完全の状態即ち統一の状態にある時が快楽であって、不完全の状態即ち分裂の状態にある時が苦痛である。右にいった如く精神は実在の統一作用であるが、統一の裏面には必ず矛盾衝突を伴う。この矛盾衝突の場合には常に苦痛である、無限なる統一的活動は直にこの矛盾衝突を脱して更に一層大なる統一に達せんとするのである。この時我々の心に種々の欲望を生じ理想を生ずる。而してこの一層大なる統一に達し得たる時即ち我々の欲望または理想を満足し得た時は快楽となるのである。故に快楽の一面には必ず苦痛あり、苦痛の一面には必ず快楽が伴う、かくして人心は絶対に快楽に達することはできまいが、ただ努めて客観的となり自然と一致する時には無限の幸福を保つことができる。

最後の段落は、人の心における苦・楽を、実在の根本方式である「統一と対立」で説明しています。原文では「快楽」と「苦痛」となっていますが、ここでは、もっと広い意味で「快適」か「不快」ぐらいの意味でもかまいません（「快楽」は第三編第八章で詳しく論じられています）。私たちの「精神」が完全に統一（調和）している状態だと快適で楽しいので「快楽」であり、不完全つまり分裂・対立の状態だと苦しく辛《つら》いので「苦痛」だというわけです。

これまで何度も出て来ましたが、「精神」とは、実在における「統一する作用」のことであり、その統一の裏側には、必ず対立（矛盾・衝突）がともないました。この統一の裏にある対立が表に出て来たら、私たちは苦痛を感じることになります。なお、この「精神」は、無限に統一していこうとする活動ですから、苦痛が生じたら直ちにその元である対立をなんとかしよう、もっと大きな統一に達しようとします。言い換えれば、私たちの心（精神）に種々の欲望（意志）が生じて、現状と理想のギャップを埋めようとします。そうして、この理想を求めて活動した結果、それなりに欲望や理想が満足されてなんらかの統一が達成されたら、やっと私たちは心地よさ・安楽を得るわけです。

したがって、もし今、私の心（精神）が「快楽（統一）」状態であっても、その背面には必ず「苦痛（対立）」が隠れています。逆も同じで、「苦痛（対立）」の背面には必ず「快楽（統一）」がある。したがって、私たちは対立（苦痛）から完全に逃れることはできませんから、やはり完全な統一（快楽）というものもありえない（第三段落に出て来た厭世論者の「一切皆苦」です）。

しかし、あまり我を張らずに、「主」を没して、なるべく相手（客）の立場によりそって、より自然と一致することができれば、そのときには、無限の幸福を保つことができる、と言っています。この「無限の幸福」というのは、もはや「神との合一」あるいは「解脱（成仏）」とほとんど同じことになります。この話は、最終章に続きます。

心理学者は我々の生活を助くる者が快楽であって、これを妨ぐる者が苦痛であるという。生活とは生物の本性の発展であって、即ち自己の統一の維持である、やはり統一を助くる者が快楽で、これを害する者が苦痛であるというのと同一である。

右のような西田の快楽・苦痛についての考えに対して、少し立場の異なる心理学者が登場します。この心理学者は、「私たちの生存（生活）を助けるものが快楽なのであり、生存を妨げるものが苦痛だ」と言っています。それに対して西田は、その「生存（生活）」とは、生物の本性が発展することであって、つまり生物が自ら統一するもの（自己）として維持していくことだろう、と言い返しています。つまり何が言いたいのかというと、やはり自らの統一を助けるものが「快楽」で、統一を害するものが「苦痛」であることになり、この心理学者が言うことも自分（西田）の意見と同じことなのだ、というわけです。

前にいった様に精神は実在の統一作用であって、大なる精神は自然と一致するのであるから、我々は小なる自己を以て自己となす時には苦痛多く、自己が大きくなり客観的自然と一致するに従って幸福となるのである。

いわゆる「精神」と呼ばれるものは、実在における「統一する作用」のことで、いわゆる「自然」は、実在における「統一されるもの」のことでした。そして、この精神も自然も、どちらも唯一の実在を抽象したものでした。そこで、私たちは、もし自らにおける精神を小さくとらえてそれを「自己」だとすれば、その「精神（自己）」は、小さいためにしょっちゅう自然と衝突して、苦痛は多くなります。またもし自らの精神をより深く大きいものとしたら、より大きくなった精神（自己）は、自然と一致しやすくなるので苦痛も少なくなる。私たちは、いわゆる精神（自己）がより大きくなって、いわゆる自然と一致するに従って、より幸福になる、というわけです。

第十章

「神」とは、究極の実在《リアル》のこと

〔実在としての神〕

最終章の原文タイトルは「実在としての神」です。ここまで、いわゆる宗教的な話はあまり出て来なかったので、いきなりの神の登場にとまどう読者もいるかもしれません。

でも実は、最初の第一章第一段落で、私たちが究極的にどこで安心《あんじん》できるのか、という宗教的な問いが取りあげられていました。そこで西田は、宗教の問題を論じる前にまずは「真の実在」について明らかにする必要があるとして、この第二編「実在」を始めていました。つまり、この「実在」に関する話の全体が、宗教について話すための前段階だとも言えるのです。実際、『善の研究』の「序」には、宗教のことが「哲学の終結」と言われていますし、この第二編に限らず、第一編も第三編も、その終わりに宗教が論じられています。そして最後の第四編はまさに宗教がテーマです。

このように「宗教」は、西田にとって最重要テーマなのですが、ここで読者に注意していただきたいのは、西田が考える宗教や神が、読者の考えるそれらと一致しているかどうかは、読んでみなければわからない、ということです。どうやら西田にとっての宗教や神は、ふつうのいわゆる宗教や神ではなさそうなのです。原文タイトルには「実在としての」という形容句が付いています。つまり、いわゆる概念上の神ではなく、これまで論じてきた「実在《リアル》」としての神とは、いったいなんなのか。この章はそのような話になります。

第一段落

これまで論じた所に由って見ると、我々が自然と名づけて居る所の者も、精神といって居る所の者も、全く種類を異にした二種の実在ではない。つまり同一実在を見る見方の相違に由って起る区別である。自然を深く理解せば、その根柢において精神的統一を認めねばならず、また完全なる真の精神とは自然と合一した精神でなければならぬ、即ち宇宙にはただ一つの実在のみ存在するのである。

はじめに前の章まで述べられたことがまとめられています。ふつう私たちが「自然」と呼んでいるものも、「精神」と呼んでいるものも、まったく異なった種類の実在なのではなく、その区別は同じ一つの実在をあえて違って見ることによって起こっているにすぎない。いわゆる「自然」も、それが深く理解されれば、その根底に精神としての統一が認められるはずであり、いわゆる「精神」も、それが完全な真の精神なのであれば、自然とも合一しているはずだ。すなわち、「自然」と呼んだり、「精神」と呼んだりしても、結局のところ宇宙にはただ一つの実在だけが存在しているだけなのだ、と言っています。

而《しか》してこの唯一実在はかつていった様に、一方においては無限の対立衝突であると共に、一方においては無限の統一である、一言にて云えば独立自全なる無限の活動である。この無限なる活動の根本をば我々はこれを神と名づけるのである。神とは決してこの実在の外に超越せる者ではない、実在の根柢が直《ただち》に神である、主観客観の区別を没し、精神と自然とを合一した者が神である。

そして、この唯一の実在は、第五章の第五・六段落で言われていたように、一方においては無限の対立・衝突でありながら、それとともに一方においては無限の統一でもある、と言います。そして西田は、このようなひたすら無限に対立し統一する活動に対して、また「独立自全の」という形容句を付けています。他に依らずにそれだけですべてとして存在しているような無限の活動だ、というわけです。そして、こうした「無限の活動」の根本が「神」と呼ばれるのだ、として、まさに「実在としての神」が出て来ます。

ここまで読んできた読者には、この西田の言う「神」がいわゆる「神さま」ではないことは明らかでしょう。それを西田は、とりあえず「けっして実在の外に超越するような者ではない」と言っています。私たちの実在（直接経験の事実）の外に超え出るようなものではなく、むしろまさにこの実在の根底がそのまま「神」だ、としています。実在（直接経験の事実）の根底ですから、そんな「神」には、「主／客」の区別もなく、いわゆる「精神」と「自然」も合一していることになります。これまで「真の唯一実在」とされていたものが、ここでは「神」と言い換えられているわけです。

いずれの時代でも、いずれの人民でも、神という語をもたない者はない。しかし知識の程度および要求の差異に由って種々の意義に解せられて居る。いわゆる宗教家の多くは神は宇宙の外に立ちてしかもこの宇宙を支配する偉大なる人間の如き者と考えて居る。しかし此《かく》の如き神の考《かんがえ》は甚《はなは》だ幼稚であって、啻《ただ》に今日の学問知識と衝突するばかりでなく、宗教上においても此の如き神と我々人間とは内心における親密なる一致を得ることはできぬと考える。

どのような時代・民族にも、このような「神」がさまざまに表現されてきた、と言います。人類の最大多数が共有するなんらかの実感が、「神」に類する概念で表現されてきた。西田は、そのように世界中で最も普遍的な「神」という概念で、自分の「実在」を説明しようとします。逆に言えば、「実在」によって、これまで宗教において語られてきた「神」をとらえようとするのです。もちろん、時代や民族によって知識の程度も違い、その人たちが何を求めているかも違うので、当然その「神」に類する言葉は、さまざまに解釈されることになる。宗教家の多くは、神をまるで《宇宙の外に立って、さらにこの宇宙を支配する偉大な人間のような者》のように考えてきた（先ほどの「実在の外」が「宇宙の外」に置き換わっています）。しかし西田は、このような「宇宙の外に立つ神」という考えは、非常に幼稚なもので、今日の学問や知識と衝突する、と手きびしく批判します。もちろん今の学問や知識が間違っていることもありますから、それらと食い違っているからといって、その考えが間違っているともかぎりません。でも、その「外に立つ神」という考えは、単に学問や知識と衝突するだけではなく、もともと神を扱っている「宗教」としても無理があることになる。どうなるかと言うと、もし神がそのように「外に立つ者」だとしたら、その神は私たちの（実在または宇宙の）外にいるわけなので、どうしても私たちと離れていることになり、私たちはそのように隔絶した神に対して、心の底から親しく一致することができない、と言っています。

ここではあまり詳しく語られていませんが、ふつう「神」と呼ばれるものは、世界の外にいようが、内にいようが、なんらかの意味で人間を超越していると思われています。でも、単に超越・隔絶しているだけでは、私たち人間に接触しようがなく、宗教が成り立ちません。そこで、どの宗教でもそんな超越者と人間を橋渡しするものが登場します。それは、神の人化したものだったり、特殊な才能のある人間だったり、大きな樹木や岩だったり、天使や精霊だったりします。あるいは特定の（聖なる）場所や時間が人と神を繋ぐこともあります。このように、たとえこの世界（宇宙）の中にいる神であっても、何かが仲介して繋がるのであれば、それは間接的な接触ということになり、直接に経験することができません。ましてや世界の外にいる神では、直接経験の事実になりようがない。西田の「直接経験の事実こそが唯一の実在だ」という立場からしたら、そのような「神」は認めようがないのです。

しかし今日の極端なる科学者の様に、物体が唯一の実在であって物力が宇宙の根本であると考えることもできぬ。上にいった様に、実在の根柢には精神的原理があって、この原理が即ち神である。印度《インド》宗教の根本義である様にアートマンとブラハマンとは同一である。神は宇宙の大精神である。

このように「外に立つ神」という考え方をする人がいる一方で、「神」をまったく無視する人、宗教的な考え方を否定する人もいます。ここで登場する「極端なる科学者」は、どうやら素朴な唯物論者のようで、「物体が唯一の実在であり、その物の力が宇宙の根本だ」と考えていますが、あっさり否定されます。西田の立場からすれば、もしそのようなさまざまな物質だけが実在であるなら、そこに秩序・統一性が成り立ちません。さまざまな実在の根底には、それらの実在を統一する原理、真の唯一実在としての原理がある。ここに「精神的原理」という表現がありますが、これは物体だけが実在だという「極端なる科学者」を想定して言っているだけで、前章をふまえて、《統一する作用としての原理》ぐらいの意味にとっておきましょう。西田は、そのような原理を「神」と呼んでいます。

そして、いきなりインド宗教の根本的教義として「梵我一如《ぼんがいちにょ》」の考え、つまり、《宇宙の根本原理であるブラフマン（梵）と個人の根本原理であるアートマン（我）は、同一である》という考えがあげられています。第一章の冒頭に登場して、この最終章にも再登場するのですから、この第二編「実在」を貫く思想なのかもしれません。ここまでの概念と重ねて考えれば、ブラフマンは、宇宙を根底から支える原理として、どちらかと言えば「自然」に近い概念ですし、アートマンは、生命のまとまり（自己）を示す原理として、どちらかと言えば「精神」に近い概念です。そう考えれば、次の「神は宇宙の大精神である」という一文が生きてくるでしょう。この一文は、先ほどの「精神と自然とを合一した者が神である」の言い換え《パラフレーズ》であり、「神とは、全宇宙（自然）にまで極大化した精神（統一するもの）だ」ということです。

第二段落

古来神の存在を証明するに種々の議論がある。或る者はこの世界は無より始まることはできぬ、何者かこの世界を作った者がなければならぬ、かくの如き世界の創造者が神であるという。即ち因果律に基づいてこの世界の原因を神であるとするのである。

この段落では、「神」の存在を証明する議論がいくつか紹介され、そして簡潔に批判されます。それぞれ見ていくことにしましょう。まずはAさんの主張です。

A――この世界が、いきなり無から始まるということはありえない。誰かこの世界を作った者がいなければならない。そして、この世界を創造した者こそが、神なのだ――。

このAさんの考えは、「すべてのものには原因がある。なんであっても、必ずなんらかの原因によって生じる（原因がなければ何も生じない）」という因果律に基づいています。そして、この世界が生ずるための原因として、神の存在が主張されています。

> 或る者はこの世界は偶然に存在する者ではなくして一々意味をもった者である、即ち或る一定の目的に向って組織せられたものであるという事実を根拠として、何者か斯《かく》の如き組織を与えた者がなければならぬと推論し、此の如き宇宙の指導者が即ち神であるという、即ち世界と神との関係を芸術の作品と芸術家の如くに考えるのである。

B――この世界がすべて偶然に無意味に存在するなんて、ありえない。一つひとつがすべて目的や意味を持っている。この世界は、ある一定の目的に向かって組織されているのだ。このことは、この秩序だった世界を見れば明らかだし、動かしがたい事実だ。だから、このような組織（秩序）を与えた何者かがいるはずだ。この組織だった宇宙を一つの方向に導く者こそが、神なのだ――。

このBさんは、この世界があまりに機能的に組織だっているので、そんな世界が偶然にできあがることの荒唐《こうとう》無稽《むけい》さを説いています。たとえば、もし読者が原生の自然林をさ迷っていたとして、いきなり幾何学的に整備された庭に出くわしたら、当然、その庭が誰かの意図によって制作された、と考えるでしょう。まさか、その庭が偶然にできたとは思いません。このBさんは、この世界の整合性を考慮して、そんな世界と神の関係を、まるで芸術作品と芸術家のように「制作されたもの」とその「制作者」の関係として考えています。

> これらは皆知識の方より神の存在を証明し、かつその性質を定めんとする者であるが、その外全く知識を離れて、道徳的要求の上より神の存在を証明せんとする者がある。これらの人のいう所に由れば、我々人間には道徳的要求なる者がある、即ち良心なる者がある、しかるにもしこの宇宙に勧善懲悪の大主宰者がなかったならば、我々の道徳は無意義のものとなる、道徳の維持者として是非、神の存在を認めねばならぬというのである、カントの如きはこの種の論者である。

このAさんとBさんは、二人とも知的に神の存在を証明しようとして、神の性質を「世界の原因・創造者」や「世界の製作者・導き主」と定めています。それに対して、そうしたいわゆる知識をまったく離れて、道徳的な要求から神の存在を証明しようとする人もいます。Cさんです。

C――私たち人間には、道徳的な要求というもの、「良心」というものがある。もし、この世界に善を促進させて悪を阻止するような（勧善懲悪の）存在、すべてを支配・調整する者（大主宰者）がいないのなら、私たちの善悪の価値基準がまるで無意味になってしまう。道徳が消し飛んでしまう。それはあってはならないことだ。やはりどうしても道徳を維持する者として、神が存在することを認めねばならない――。
たとえば十八世紀のドイツの哲学者カントが、このCさんタイプの人だ、と西田は言っています。

――しかしこれらの議論は果して真の神の存在を証明し得るであろうか。世界に原因がなければならぬから、神の存在を認めねばならぬというが、もし因果律を根拠としてかくの如くいうならば、何故に更に一歩を進んで神の原因を尋ぬることはできないか。神は無始無終であって原因なくして存在するというならば、この世界も何故にその様に存在するということはできないか。

そして西田は、このようなA、B、Cの考え方でちゃんと「神の存在証明」ができているのか、検討していきます。
まず、Aさんの考えです。Aさんは、「世界には原因が必要だ。だから神の存在を認めねばならない」と、因果律を根拠にして主張していました。では、因果律を根拠とするなら、どうしてさらにもう一歩を進んで、その「神」の原因を求めないのか、ということになります。因果律を第一原理として「すべてのものには原因がある」と言うならば、その「すべてのもの」に神も含めて、神を生み出すような原因があると考えるべきだ、というわけです。
しかしAさんにしたら、「いや、神だけは無始無終で、原因なくして存在する（神に因果律は当てはまらない）」と言うでしょう。でも、そのように因果律が当てはまらないものを想定することが可能なら、初めから「この世界も因果律が当てはまらずに存在する」と言ってもいいはずです。因果律は、原因・結果がセットのはずなのに、神については、世界の原因としては当てはまるけど結果としては当てはまらない、というのは無理があります。言い換えれば、もし「神」をそのように因果律を超えた特別な存在だと主張したいならば、そんな神を証明するのに因果律を使うのは、やめたほうがいいよ、ということです。

また世界が或る目的に従うて都合よく組織せられてあるという事実から、全智なる支配者がなければならぬと推理するには、事実上宇宙の万物が尽《ことごと》く合目的に出来て居るということを証明せねばならぬ、しかし、こは頗《すこぶ》る難事である。もしかくの如きことが証明せられねば、神の存在が証明できぬというならば、神の存在は甚だ不確実となる。或る人はこれを信ずるであろうが、或る人はこれを信ぜぬであろう。かつこの事が証明せられたとしても我々はこの世界が偶然に斯く合目的に出来たものと考えることを得るのである。

次にBさんの考えを見てみます。Bさんは、まず「世界はある目的に合致して組織されている」という事実を認めて、そこから「その組織をすべて把握している支配者がいるはずだ」と推論していました。しかし、そのように推論するならば、まずはその前提となっている「宇宙の万物はすべて目的に合ったもの（合目的）だ」ということを証明しなければいけない。しかし、「すべてが合目的に存在している」とは言いにくい。たしかに太陽系の運行は秩序だっており、そこには組織（系）があることは明らかです。でも、だからといって「すべてがなんらかの目的に合っている」と断言するのは、かなり難しいことです。人によっては、とても目的に合っているとは思えないような出来事も、この世界にはあります。それらの出来事が合目的かどうかは意見の分かれるところです。もし、そんな不確かな「すべてが合目的である」ということが前提なのだとしたら、それによる「神の存在証明」も不確かなものになる。信じる人もいるけど信じない人もいる、というのでは、証明したことにはならない、というわけです。

しかも、たとえ「世界は合目的にできている」と仮定したとしても、その世界が合っているとされる「目的」がなんであるかを知りようがありません。それに、もし万が一「世界は合目的にできている」と証明されたとしても、その世界がどうやって合目的にできあがったのかは、自明のことではありません。Bさんなら、「なんらかの（誰かの）意図によって、この世界が合目的に組織された」と言うかもしれませんが、「たまたま偶然に（なんとなく自然と）、この世界が合目的に（組織的に）できあがった」と考える人もいるでしょう。きっとBさんは「そんな偶然にできるなんてありえない」と言うのでしょうが、どちらにも考えられる以上、それは証明されたことにはなりません。

道徳的要求より神の存在を証明せんとするのは、なおさらに薄弱である。全知全能の神なる者があって我々の道徳を維持するとすれば、我々の道徳に偉大なる力を与えるには相違ないが、我々の実行上かく考えた方が有益であるからといって、かかる者がなければならぬという証明にはならぬ。此の如き考は単に方便と見ることもできる。これらの説はすべて神を間接に外より証明せんとするので、神其者《そのもの》を自己の直接経験において直にこれを証明したのではない。

次はCさんの考えです。Cさんは、道徳的に必要だから神は存在しなければならないと、「証明」していました。しかしこの考えは、AさんBさん以上に根拠が薄弱だと西田は言います。Cさんの「道徳の根拠が必要だから」というのは、神の存在を証明することにはなりません。もし全知全能な統治者がいて、私たちの道徳を維持してくれるというなら、いわゆる道徳的な人にとっては有り難くも大きな励みになるのかもしれません。しかし、そのように考えたほうが私たちが社会生活を営むのに有益だからといって、それが事実だということにはなりません。そのような考えは、人間の道徳を維持するために設定された「手段（方便）」だと見ることもできる、と西田は言います。つまり、実際に存在しているかどうかわからないけれど、存在していることにしておいたほうが何かと都合がいいので、存在していることにしておきましょう、ということです。ちなみに「方便」という言葉には、それ単体では《嘘》というニュアンスはなく、単に《手段》ということですが、「嘘《うそ》も方便」という慣用句のせいで、ネガティブな意味が付いてしまいました。西田がどのようなニュアンスを含めているのかはわかりませんが、「と見ることもできる」とちょっと遠慮気味に書いているので、当時から少しネガティブな意味合いがあったのかもしれません。

西田にとって、これらの主張（A・B・C）に共通しているのは、どれも神を間接的に外から証明しようとするものだ、ということです。神そのものを、自らの直接の経験として直《ただち》に「証明」した、というわけではない。西田にとっては、直接経験の事実（実在）として、神を明らかにしないと、それは「証明」にはならないようです。

第三段落

しからば我々の直接経験の事実上において如何《いか》に神の存在を求むることができるか。時間空間の間に束縛せられたる小さき我々の胸の中にも無限の力が潜んで居る。即ち無限なる実在の統一力が潜んで居る、我々はこの力を有するが故に学問において宇宙の真理を探ることができ、芸術において実在の真意を現わすことができる、我々は自己の心底において宇宙を構成する実在の根本を知ることができる、即ち神の面目を捕捉することができる。人心の無限に自在なる活動は直に神其者を証明するのである。ヤコブ・ベーメのいった様に翻《ひるがえ》されたる眼umgewandtes Augeを以て神を見るのである。

西田にとって神の存在とは、前段のA・B・Cたちが言うような因果律や目的に合っているかどうか、道徳的に必要かどうかというういわゆる外から証明することができるものではありません。たとえ神が外から証明できたとしても、その外から証明されるような神は、私たちが直接に確認しようのない仮定を含むものになります。神を確実に「知る」ためには、やはり直接的に（いわゆる内的に）神の存在をそのまま知る必要がある。たとえば第一章第三段落に出て来たデカルトであれば、「我思う」ということは、直接に自明のこととして知っています。それと同じように神の存在を知るのであれば、やはり神そのものを直接に自明のこととして知るしかない。しかし、「神を知る」と、神が目的語として置かれているうちは、まだダメなのです。西田によれば、「神の存在を求むる」ためには、それを客観的に（対象的に）知るのではなく、私たちの直接経験の事実として、主客が分かれないままに神の存在をつかむ（自覚する）ということになります。それでは、そのように知る（直接につかむ）キッカケをどこに求めたらよいのか。

そこで西田がその助けとするのが、私たち自らの中に感じる「無限の力」です。ふつう私たち一人ひとりは、長くて百年ほどしか生きられませんし、その影響を及ぼす範囲も限られています。ふつうに考えて時間的にも空間的にも有限な（束縛せられたる）存在です。しかし、このような小さい私たちの胸の中にも「無限の力」が潜んでいることが感じられる。この無限の力を感じるというのは、いきなり自分の限界を無視して「自分は全知全能の神だ」とか「私こそが宇宙原理だ」とかというのではありません（それでは誇大妄想です）。そうではなく、この「無限の力」とは、無限に対立と統一を繰り返しながら、微々たる歩みではありながらも、ずっと深まり続けることのできる力、ということです。このちっぽけな私にも潜在する力、実在が無限に統一し続ける力です。

　ここで西田は、学問・芸術・宗教という活動領域について考えます。学問について言えば、私たちは、この無限に対立と統一を続けていく力があるからこそ、宇宙の真理を探っていくことができる。もちろん、すぐに真実に到達できるわけではありません。それでも、少しずつ真理に近づいていくことが可能なのは、そうした力がそなわっているからだ、というのです。また、芸術について言えば、その無限の力によって、実在の真意を表現しようとすることができる。これも、いきなり最高の美を表現できるわけではないが、それでも「美」を追い求めることはできます。そして、宗教としては、私たちは、その無限の力によって、自己の心の底において「宇宙を構成する実在の根本を知る」ことができる、と言います。先ほど出て来た「梵我一如」であれば、宇宙の根本原理（ブラフマン）を自己（アートマン）が知る（一如になる）ということです（「…を…が知る」という主客分離はとりあえず無視してください）。それをここでは「神の面目を捕捉する」と言い換えています。そして、このように、人の心が無限で自在に活動できることそれ自体が、そのまま神を「証明」していることになる、と言うのです。これが、直接経験の事実の立場による神の「証明」ということになります。

　十六～十七世紀のドイツで活躍した哲学者ヤコブ・ベーメは、「私たちは、『翻《ひるがえ》された眼 umgewandtes《ウムゲバンテス》 Auge《アウゲ》』でもって神を見ることができる」と言ったそうです。眼というのは、もともと外を認識する器官ですが、ここでは内側にぐるりと向けられた、自らの奥底を見つめる心眼ということです。眼を外から内へとひるがえして、その内底を深く見ていく。もし深く見ていったら壁や底に達したというのであれば、そこに限界が見えたことになります。しかし、おそらく神には限界がないでしょうから、そんな壁や底のこちら側にも向こう側にも神は存在しているはずです。そうなると神とは、自らの内に「底なし」に深まっていくことによってこそ見出せることになります。神は、けっして壁（底）が見えるように「あっ、あそこに神が見える」というような対象的なものではなく、自己の内底へとずーっと深まっていく「眼」によって「見る」ことができる。つまり、ベーメの言う神の無限とは、外へと遠く離れていく無限ではなく、私たち一人ひとりの内側にある無限ということになります。

神を外界の事実の上に求めたならば、神はとうてい仮定の神たるを免れない。また宇宙の外に立てる宇宙の創造者とか指導者とかいう神は真に絶対無限なる神とはいわれない。上古における印度の宗教および欧州の十五、六世紀の時代に盛《さかん》であった神秘学派は神を内心における直覚に求めて居る、これが最も深き神の知識であると考える。

ベーメが内に求めたのとは反対に、「外界の事実の上に求め」られるような神では、私たち自身が直接とらえることのできない、どうしても仮に設定された神ということになる。さらに、自・

分の外どころか、この宇宙の外に立って、宇宙を創造したり指導したりする神というのは、ある意味で「無限」なのだとしても、「真に絶対無限なる神」ではない、と西田は言います。私たちから無限に遠く離れた外的な神は、私たちに対して外へと限定された神であり、「対すること」が真に絶たれた（絶対の）神ではない。しかも、そんな外的な神は、私たちにとってひたすら無関係な神ということになる。それに対して、古代インドの宗教や十五〜十六世紀のヨーロッパでさかんだった神秘主義的な立場では、神を「内心における直覚」に求めていた。これこそが最も深い神の知識なのだ、と西田は言っています。

第四段落

神は如何なる形において存在するか、一方より見れば神はニコラウス・クザヌスなどのいった様に凡《すべ》ての否定である、これといって肯定すべき者即ち捕捉すべき者は神でない、もしこれといって捕捉すべき者ならば已《すで》に有限であって、宇宙を統一する無限の作用をなすことはできないのである（De docta ignorantia, Cap. 24）。この点より見て神は全く無である。

では、西田の考える「神」はどのように存在しているのでしょう。どのような立場で神について考え、語ればいいのでしょうか。その一つの見方として、ヤコブ・ベーメよりもさらに百五十年ほど前、十五世紀前半のドイツで活躍した哲学者・聖職者のニコラウス・クザーヌスの考えが紹介されています。

クザーヌスは、神を、すべての否定だと言ったそうです。つまり「神とはコレコレである」と肯定的（積極的）に述べることはできない、と言うのです。もし「神とはコレコレである」と積極的に把握できるのであれば、それは神を「コレコレ」という定義によって限定している、区別していることになります。そのように積極的に定義され得るものは、もう本当の意味での神ではない。なぜなら、その定義された神にはかぎりが有ること（有限）になるので、もう全宇宙を統一するような無限の作用をすることはできないはずです。このような神は、特定の概念で定義できないもの、なんらかの存在（有）で限定できないものであり、それがここでは「全《まった》く無」と言われています。

しからば神は単に無であるかというに決してそうではない。実在成立の根柢には歴々として動かすべからざる統一の作用が働いて居る。実在は実にこれに由って成立するのである。例えば三角形の凡ての角の和は二直角であるというの理はどこにあるのであるか、我々は理其者を見ることも聞くこともできない、しかもここに厳然として動かすべからざる理が存在するではないか。

そのような一つの見方から神がまったくの無だとしても、それなら神は単に無なのか、ただ何も無いということ（無神論）なのかというと、クザーヌスも西田もそうではありません。「特定の何かに限定されるものではない」という意味では、たしかに「無」ですが、この「無（…ではないもの）」には、逆に宇宙のすべてを成り立たせるような統一作用があると考えられる。つまり、この世界におけるさまざまな実在が成立する根底には、明瞭に続くような、けっして失われることのない統一作用がはたらいている、と言います。

この統一作用は、すべての対立する「かたち有るもの」つまり「境界（限界）を有するもの」の多様性を統一していますから、統一作用それ自体には特定のかたち（限界）はありません。このように、《何か特定のかたちのないもの》という意味での「無」にこそ、すべての「かたちを有する実在」を成立させる力がある、というわけです。

いきなり幾何学の例が出て来ます。たとえば「平面上の三角形の内角の合計が二直角（一八〇度）である」ということ自体は、けっして目に見えるかたちでどこかに有るわけではない。無数の多様な三角形を実際に眺めても、そこにその理そのものを見ることはできない。この理は、ありとあらゆる三角形にも当てはまりながら、その理それ自体は見られることなく、けっして失われないまま厳然として存在している、と言います。

——また一幅《いっぷく》の名画に対するとせよ、我々はその全体において神韻縹渺《しんいんひょうびょう》として霊気人《ひと》を襲う者あるを見る、しかもその中の一物一景についてその然《しか》る所以《ゆえん》の者を見出さんとしてもとうていこれを求むることはできない。神はこれらの意味における宇宙の統一者である、実在の根本である、ただその能《よ》く無なるが故に、有らざる所なく働かざる所がないのである。

次は絵画の例です。一枚の名画を見て、その全体から神懸《が》かったような趣《おもむ》きを感じて、見る者が震えるような経験をする、としましょう。そのような絵画の卓越性がどうして生じるのかと言えば、名画に描かれている個別の事物や風景という各部分《パーツ》がそれぞれ単独で生じさせているわけではない。その絵が優れた名画であるのは、特定の部分《パーツ》だけに見出せるのではなく、それ全体で一つの完成された芸術作品となっている。もしその一部分が今のものと違っていれば、全体としての統一性はくずれ、その価値が失われるかもしれない。それが名画であることは、その統一性にやどっているのだ、というわけです。

もちろん、三角形も名画も比喩にすぎません。ここで西田が言いたいのは、こうした三角形の理や名画の趣きのような意味で、神が宇宙を統一するものであり実在の根本なのだ、ということです。つまり、「三角形と理」や「名画と趣き」という関係が、「宇宙と神」の関係に当てはまる、というわけです。このような「理」、「趣き」、「神」は、どれもそれ自体が対象としてとらえられるものではありません。クザーヌスは、そのような特定のかたちを持たないものを「無」と言いました。そのような「無」であるからこそ、三角形にせよ、名画にせよ、宇宙にせよ、その全体を統一することが可能な原理でありえる。だからこそ「有らざる所なく働かざる所がない」（どこにでも存在し、どこでも作用している）と言われるわけです。

このように西田の考える「宇宙と神」の関係は、いわゆる「被造物と創造主」の関係ではありません。西田にしたら、絵と画家の関係であっても、画家は自分が描いた絵のすべてを支配しているわけではなく、画家が描いたその絵に突き動かされることもありますし、画家と絵というその関係性を統一するものもあります。第五章第六・七段落のA・B・Cの関係であれば、画家（A）と絵（B）の対立の全体をさらに統一する力（C）は、いわゆる「作られるもの／作る者」という関係を含み、超えたものということになります。

また、「宇宙と神」は、「指導されるもの／指導する者」、「所有されるもの／所有する者」、「支配されるもの／支配する者」という関係でもなさそうです。たとえこの世界に対して、そのような指導者・所有者・支配者がいたとしても、そのような対立する関係を成り立たせるさらなる統一が、それらの背景ではたらいています。そのような無限に統一するはたらきが、ここでは宇宙における「神」と言われています。

数理を解し得ざる者には、いかに深遠なる数理も何らの知識を与えず、美を解せざる者には、いかに巧妙なる名画も何らの感動を与えぬ様に、平凡にして浅薄なる人間には神の存在は空想の如くに思われ、何らの意味もない様に感ぜられる、従って宗教などを無用視して居る。真正の神を知らんと欲する者は是非自己をそれだけに修錬して、これを知り得るの眼を

具《そな》えねばならぬ。かくの如き人には宇宙全体の上に神の力なる者が、名画の中における画家の精神の如くに活躍し、直接経験の事実として感ぜられるのである。これを見神《けんしん》の事実というのである。

もちろん西田も、そのような「神」をすべての人が見られるわけではないと思っているようです。比喩で、数学の理を理解できない人には、いかに深遠な公式も意味がないし、絵画の美を理解できない人には、いかに美妙な名画も何の感動も与えない、と言っています。そして、それと同じように、平凡で浅薄な人間には、神の存在は空想のように思われ、なんの意味もないように感じられて、「宗教などは無用だ」ということになる、と言います。

これに対して、もし真正の神を知ろうと求める人がいれば、その人は、どうしても自己をそこまで鍛えて、そのように神を知ることができる眼をそなえる必要がある。そのような眼をそなえた人こそ、宇宙全体のさらに上（あるいは底）に神の力がはたらいていることを、直接経験の事実として実感できる。それはちょうど「美」についての修練を経《へ》た者だけが、名画において画家の精神の躍動を直接に感じられるようなものだ、というわけです（絵の解説を読んで知的に理解するのとは違います）。西田は、このように直接経験の事実として神を感じることを、「見神の事実」と言っています。この「見神」は、「神を見る」というだけでなく、直接経験の事実として「神となって見る」、「見ている神」ということになります。

この部分は、第三編「善」の最終段落（第十三章第五段落）と完全に連関しているので、そちらを参照してみましょう（前著『善とは何か』三九〇頁）。そこで西田は、「実地上真の善とはただ一つあるのみである、即ち真の自己を知るというに尽きて居る」と言っています。ここまでは「善」の話ですが、その後すぐに「我々の真の自己は宇宙の本体である」として、その真の自己を知れば、「宇宙の本体と融合《ゆうごう》し神意と冥合《めいごう》する」と言います。第二編「実在」の言葉で言い換えれば、この「真の自己」はアートマン（いわゆる「精神」）ですし、「宇宙の本体」というのは、ブラフマンにあたります。そして第三編の最後では、そんな「真の自己を知り神と合する」方法が何かというと、ようするに「主客合一の力を自得《じとく》する」ということであり、そんな「真に主客合一の境に到ること」こそが、「宗教道徳美術の極意《ごくい》」であり、「基督教《キリストきょう》ではこれを再生といい仏教ではこれを見《けん》性《しょう》という」、と言われています。このように、第二編で言われる「見神」は、第三編では「見性《けんしょう》」と言い換えられているので、やはりこの「神」は、けっして「外に在る神」ではなく、むしろ私たちに内在する「性《さが》」（理）のようなものなのです。

第五段落

上来述べたる所を以て見ると、神は実在統一の根本という如き冷静なる哲学上の存在であって、我々の暖《あたたか》き情意の活動と何らの関係もない様に感ぜらるるかも知らぬが、その実は決してそうではない。曩《さき》にいった様に、我々の欲望は大なる統一を求むるより起るので、この統一

――が達せられた時が喜悦である。

第二編の最終段落です。これまで見て来たように、西田の言う「神」とは、すべての実在をその背後で統一する、最も大きく深い実在だということになります。しかし人によっては、そのように「神とは、唯一実在、すべてを統一する根本である」と聞くと、なんだか人格的ではないように思えて、神を冷静な哲学上だけの存在かのように感じるかもしれない、と言います。まるで、ただ理法として客観的に存在するような神、理神論的な神です。

しかし、西田の考える「実在としての神」は、そのように私たちの主観からまったく離れてしまったものではありません。単に知的で客観的なだけの存在ではなく、主客が合一したものです。また、知・情・意も合一しているはずですから、単に冷静な知というわけはなく、暖かな情・意の活動ともつながっているものになります。

第九章第七段落にも出て来ましたが、私たちの欲求というのは、常に、さらに大きな統一を求めることで起きます。たとえ意志によってなんらかの理想が達成できて、理想と現実の統一が果たせても、対立は無限に続くわけですから、私たちは次なる統一を意志し続けます。私たちは、小さく浅い統一だけでは満足できずに、より大きくより深い統一を願うのです。そのようにより大きく深い統一が達せられたとき、より大きくより深い喜び・心地よさが得られることになる、と言います。実在としての神は、ただ知的な考察ですむ話ではない、ということです。

いわゆる個人の自愛というも畢竟《ひっきょう》此の如き統一的要求にすぎないのである。しかるに元来無限なる我々の精神は決して個人的自己の統一を以て満足するものではない。更に進んで一層大なる統一を求めねばならぬ。我々の大なる自己は他人と自己とを包含したものであるから、他人に同情を表わし他人と自己との一致統一を求むる様になる。我々の他愛とはかくの如くして起ってくる超個人的統一の要求である。故に我々は他愛において、自愛におけるよりも一層大なる平安と喜悦とを感ずるのである。而して宇宙の統一なる神は実にかかる統一的活動の根本である。我々の愛の根本、喜びの根本である。神は無限の愛、無限の喜悦、平安である。

ふつうは喜び・心地よさ（快楽）と言えば、まずは個人のそれを思い浮かべます。自分にとって統一や調和がとれて心地よくあること、またはその状態を意志すること、それが「自愛（自らを愛するということ）」です。しかし、この「自愛」も、ここまでの文脈からすれば、より大きく深い統一を求めていく要求全体のほんの一部分にすぎない。なぜなら、もともと私たちの精神（統一する作用）は無限に対立と統一を続けていくものなので、けっして小さな個人的な自己の統一だけでは満足できないからです。どうしても、より大きな統一へ、他者との統一へと求めていくことになります。

そのように、私たちの「大きな自己」は、いわゆる自分だけではなく、他人と自分とを包み統一するものなので、必ず、他人に同情を表わして（情を同じくして）、自己と他人との一致（統一）を願うようになります。私たちが他の誰か（何か）を愛する「他愛」とは、このように起こってくる「超個人的統一の要求（個人を超えて統一しようとする要求）」のことです。ただし、この「個人を超えていく」というのは、《自分とは別の存在である他を愛する》ということではなく、直接経験の事実として《自・他の区別のないままに、他を自として愛し、自を他として愛する》ということです。けっして自を蔑《ないがし》ろにして他だけを愛することではありません。だから私たちは、そんな「他愛」によって、自分だけを愛することで得られる以上の、よりいっそう大きく深い平安と喜悦とを感じるのだ、というわけです。

最後にこの章のテーマである「神」に話が戻ります。さまざまな対立と統一を内包する宇宙を最も大きく深く統一する唯一実在を「神」と呼ぶならば、そのような神は、実にこのような対立と統一という無限の活動の根本ということになる。それは、けっして単に冷静で客観的な根本ではなく、私たちの愛や喜びの根本でもある。そのような神は、無限の愛、無限の喜悦、平安なのだ。西田は、このように言って、この第二編「実在」を終えています。

なんだか最後はきれいに終わっています。これで終えればきれいなまま終わりますが、少しだけ確認させてください。たしかに西田の言うとおり、神は愛・喜悦・平安なのかもしれません。でも、私たち一般の人間の「実在《リアル》」としては、その愛・喜悦・平安という統一の裏で、憎・苦悩・不安という対立・衝突が蠢《うごめ》いているわけで、そんなにきれいにすむものではありません。たとえきれいにまとまっても、それがすぐに覆《くつがえ》され、ドロドロと葛藤して、ギスギスと対立してしまいます。でも、それがまたなんとか統一され、調和して、喜悦・平安となる。その繰り返しです。私たちの現実とは、そんな辛いことも喜ばしいこともある無限の活動ということになります。ただし、こんなふうに頭で考えているだけでは、頭で考えていると気が遠くなりますが、直接経験の事実とは言えません。愛と憎、喜悦と苦悩、平安と不安すらも分かれずに統一するはたらき、それこそが私たちの「実在《リアル》」のはずです。そして、まるで清濁併《せいだくあわ》せ呑《の》むように、善悪や愛憎や真偽や美醜を合わせもちつつ、それでも究極的には統一しようとするはたらきが、「神」ということでしょう。

ここで述べられた「善」については、第三編で詳しく論じられていますし、「神（宗教）」については、第四編で詳しく論じられていますので、ここではそれらについては、あまり詳しくお話しできませんでした。この第二編「実在」の解説口語訳としては、これで十分かと思います。

おわりに

私は今この「おわりに」を二〇二二年十一月に書いています。前著『善とは何か』が出版されてから、ちょうど二年半が経ちましたが、この間に世間ではいろいろなことがありました。この二年を後から振り返れば、世界的にはコロナウイルスやロシアのウクライナ侵攻、日本ではやはりパンデミックと東京オリンピックの延期と開催、そして元首相銃撃事件と「国葬」に象徴される二年だったと言われるのでしょうか。先月末には、韓国ソウルでハロウィンの群衆雪崩による惨事がありました。恐ろしいかぎりです。

西田幾多郎が生きていた時代にも、天災・人災をあわせて多くの惨事がありました。国内で内戦（西南戦争）があり、対外的にも多くの戦争があり、膨大な数の死者・負傷者が出ました。なお、『善の研究』出版の数年後には、新型インフルエンザの蔓延で約四十万人が、その後の関東大震災では約十万人が亡くなったとされます。『善の研究』は、そうした苦難・逆境の時代に書かれ、読まれていた本なのです。

このように世間に災禍《さいか》が次々に起こり、逆境が続くときは、アリストテレスの次の言葉を思い出します。

「教養は、順境にあっては飾りであり、逆境にあっては避難所である。」

（ディオゲネス・ラエルティオス『ギリシア哲学者列伝』より）

ここで「教養」と訳されている「パイデイア」は、現代日本語の一般的な意味ではなく、もとの〈その人の個性を知り、その人らしい成長・発達を遂げること〉という意味で理解したほうがよいでしょう。そしてこれは、西田の「善」についての考え方とも重なります。つまり、善とは、「自己の発展完成」や「我々の精神が種々の能力を発展し円満なる発達を遂げる」ことであり、「人間の善」は、「竹は竹、松は松と各自その天賦を充分に発揮するように、人間が人間の天性自然を発揮する」ことだというわけです（『善の研究』第三編第九章）。

そこで西田は、アリストテレスにも言及していますから、意識的に自分の考えとアリストテレスの考えを結びつけています。すなわち、その人にしかできない自己の成長は、アリストテレスの文脈で言えば「教養《パイデイア》」であり、西田の文脈で言えば「善」ということになります。

ちなみに、ここで「飾り」と訳されている「コスモス」は、「秩序・調和（のある世界）」も意味しますから、教養《パイデイア》が順境にあって「コスモス」だというのは、私たちの日常生活をきちんと秩序立て整えてくれるものだ、ということです。そして、問題のない平凡な日常生活（順境）では「飾り・秩序」となるような「教養《パイデイア》」（自己の発展完成）こそが、異常事態としての災禍（逆境）では、なんとか生き残るための足場（避難所《カタフィゲー》）になる、というわけです。

災禍というのは、戦争や異常気象、パンデミックのような大きな話だけでなく、もっと身近なこととしても私たちの日常生活にいきなり入り込んできます。たとえば、学校や職場で行き詰まる、病気にかかる、親しい人と離別するなどです。西田もその生涯で、社会的な逆境に遭遇するだけでなく、個人としても、学校を中退し、仕事を免職され、眼を病み肺を患い、肉親と死別するなど、多くの挫折・苦境を経験しています。そのような災禍や苦境、つまり、自分の立っている場所がぐらぐらと崩れていくようなとき、自らの思索を深めていくという体験は、きっとその人の実生活を支えてくれる一助になると思います。

本書の第一章冒頭で言われたように、「知識においての真理は直《ただち》に実践上の真理」なのですから、哲学は、学問的に探究するだけでなく、私たちの日常生活に秩序を与え、苦難を生きぬく「足場」にもなるはずです。そう願って、私はこのような本を書いています。

＊　＊　＊

ところで、この本の冒頭の「講義を始めるにあたって」では、哲学書を読むことを登山にたとえましたが、ここで登山を終えた後の感想を少しだけしたいと思います（まだ読んでいない人のネタばれにならないように）。

私はなんどもこの本を読んでいますが、今回あらためて解説しながら全十章を読んでみて、西田がほんとうに山を登るようにジグザグとその思考を行きつ戻りつさせている様子がわかりました。山を登っていると、その頂上が山道の途中でチラチラと見え隠れしますが、哲学書を読んでいても、そのようなことがあります。いや、この『善の研究』では、「見え隠れ」というより、むしろかなりはっきりとなんども同じ結論（頂上）が繰り返し述べられています。慣れない人にとっては、山道を歩いていて、どこに行き着くのかわからないより、終着点が明らかなほうが安心することでしょう。

ただ人によっては、なんども同じ頂上（結論）を見せられると、逆に嫌になるかもしれません。あちこちで明示される結論は、けっきょくどれも同じものなんですから。でも、その結論は、眺められる位置（文脈）によって見える角度が変わり、現われ方も違ってきます。そして、その違いを味わいながら進んでいけば、登り（読み）終えたときには、きっとその全体像が立体的に現われてきます。読み終えた人はおわかりでしょうが、西田は（そして私も）、とにかく同じことをいろいろ手を替え品を替えて説明しています。もうしつこいくらいですが、そこを気長に楽しみながらお付き合いいただけたのであれば、幸いです（今から読む人も、どうかそのつもりでお付き合いください）。

さて、読み終えた達成感を味わっている人に言うのも気が引けますが、哲学書は一回の読了で理解できるものではありませんので、さっそく読みなおしに取りかかろうとする人もいると思います。そういう人の「二巡目」以降のために、その道順（コース）を提案しておきます。この第二編「実在」は、第一章と第十章をのぞけば、だいたい内容的に二つの章で対《つい》（セット）になっています。つまり、第二章と第三章、第四章と第五章、第六章と第七章、第八章と第九章というぐあいです。それぞれA・B・C・Dとすれば、Aセット（二・三）は「知と情意」、Bセット（四・五）は「形式と方式」、Cセット（六・七）は「唯一と分化」、Dセット（八・九）は「自然と精神」となります。たとえば、このセットを、D↓C↓B↓Aと戻っていく逆行コースをとって、そのつど結論（頂上）を振り返れば、より立体的な把握ができると思います。また、私のおすすめは、B↓C↓A↓Dというコースです。B（特に第五章）は、全体の要となる章ですから、そこを中心にぐるぐると周囲の章をめぐっていけば、いっそう立体的な理解がすすむでしょう。もちろんその他、自由に順番を入れ替えながらコース設定をしていただいてもかまいません。また、このようにいろいろな順番でこの「実在」ルートを行き来するのも楽しいですが、この『善の研究』という小さな山をより立体的に理解するには他のルート（善、純粋経験、宗教）で登ってみることもおすすめします。

このように私は、「講師」というより、どちらかというと「案内人」のつもりで本書を書いていました。私自身がなんども歩いた道を、まだ歩き慣れていない人と一緒に連れだって歩きながら案内するという感じです。もちろん歩き慣れた人やなんども歩いた人にも、実はここにはこんな道がある、ここからはこんな眺め方もできる、ここは道がちゃんと整備されていない、ここは迷いやすいので注意が必要など、新たな視点も提示できたかと思います。これまで西田幾多郎や『善の研究』に関する本はたくさん出ていますが、ここまで一言一句のすべてに触れて説明しているものはないでしょう。また、これまで多くの人がこの本を読んできましたが、それでもまだあまり読まれていないような読解もできたと思います。行間を読み込みすぎだと思われる解説もあるかもしれませんが、一つの発展的解釈の提案としてお読みください。

ところで、今回「実在」ルートを案内するにあたって、私にも新たな気づきがありました。これまでひたすら版を重ねながらも、まだ誰にも指摘されていないような誤字脱字（かもしれない部分）も、その文脈から見つかりました（第七章第六段落二字下がりの「物体は客観にあると考えて居る」の「物体」など）。その他いろいろと西田の筆がすべったようなところにもあらためて気づき、指摘しました。ただ、私にとって一番の収穫は、この本の「唯心論的傾向」に納得した、ということです。西田幾多郎ご本人も、『善の研究』出版から二十五年後に書いた「版を新《あらた》にするに当って」において、「今日から見れば、この書の立場は意識の立場であり、心理主義的とも考えられるであろう。然《しか》非難せられても致方《いたしかた》はない」と書いています。実際に多くの哲学者・研究者が『善の研究』のそうした「心理主義的」傾向を指摘していますし、多くの論文や研究書・解説書にもそう書かれています。ですから、もちろん私もそのことは知ってはいたんですが、それでも納得できていなかったのです。それが今回、あらためて解説を書くことで、自分自身の中で、やっと（いまさらですが）腑に落ちたわけです。ここまで時間がかかったのは、私がニブイということもありますが、なにより西田がすぐ後に続けて「しかしこの書を書いた時代においても、私の考の奥底に潜むものは単にそれだけのものでなかったと思う」と書いているように、私も読者として、この『善の研究』は「それ〔意識の立場・心理主義的〕だけのもの」として受け止められず、その「考の奥底に潜むもの」を読み込もうとしていたからだと思います。

テキストを読むにあたってのこのような姿勢は、中立・客観的とは言えませんし、いわゆる研究者としては好ましくはないかもしれません。それは反省すべきところなんですが、そのおかげで本書では、そんな『善の研究』の唯心論的傾向をふまえつつも、「それだけのもの」ではないところに触れている解説ができていると思います。そのことによって結果的に、その後の中・後期の西田の哲学につながる解説ができていれば嬉しいです。

＊　＊　＊

最後になりますが、本書ができるまでに直接・間接にお世話になった方々に深く感謝いたします。前著と本書は、ともに私が西田幾多郎記念哲学館の専門員（学芸員）であったときの「寸心《すんしん》読書会」で配布した講義原稿が元になっています。それを元に、いろいろな読書会・セミナー・大学の講義で話をしてきましたが、これまで私の話を聞いてくれた皆さんに感謝いたします。

前著は、新泉社の編集者（当時）の樋口博人さんが、大学の講義もご覧になってご自分で納得したうえで、社内の企画会議を通して、出版を実現してくださいました。執筆にあたっても多くの助言・指摘をいただき、出版までの楽しい時間を共有できました。また、その前著から二年後、編集長の竹内将彦さんに続編の出版が可能かと連絡したところ、すぐに了承の返事をいただきました。あらためて竹内さんと髙橋葵さんにご担当いただき、執筆にあたっては、やはり多くの指摘と助力をいただきました。深く感謝申し上げます。

出版了承の返事をいただいた日、娘にその話をしたら、すぐに「えっ、よかったじゃないの。むこうから頼まれたの?」と言われました。すなおに「いや、ダメもとでこっちからメールして頼んだら、意外に快諾だったよ」と応えたところ、さらに「えっ、お父さんから頼んだの? どうしたの? 明日は雪でも降るんじゃないの?」と言われました。娘は、続編が出ること以上に、私から打診したことのほうが驚きだったようです。そんな私を理解してくれ、出版を喜んでくれる家族に、心から感謝しています。

二〇二二年十一月　大熊玄

『善の研究』ならびに西田幾多郎に関する本

『善の研究』、西田幾多郎、下村寅太郎 解題、岩波書店〈岩波文庫〉、一九五〇。

『善の研究』、西田幾多郎、小坂国継 全注釈、講談社〈学術文庫〉、二〇〇六。

『善の研究』、西田幾多郎、藤田正勝 注解・解説、岩波書店〈岩波文庫〉、二〇一二。

『西田幾多郎随筆集』、西田幾多郎、上田閑照編、岩波書店〈岩波文庫〉、一九九六。

『西田幾多郎講演集』、西田幾多郎、田中裕編、岩波書店〈岩波文の〉、二〇二〇。


『西田哲学への導き 経験と自覚』、上田閑照、岩波書店〈同時代ライブラリー〉、一九九八。

『西田幾多郎とは誰か』、上田閑照、岩波書店〈現代文庫〉、二〇〇二。

『西田幾多郎の思想』、小坂国継、講談社〈学術文庫〉、二〇〇二。

『西田幾多郎 - 生きることと哲学』、藤田正勝、岩波書店〈岩波新書〉、二〇〇七。

『西田幾多郎『善の研究』』、氣多雅子、晃洋書房〈哲学書 概説シリーズ〉、二〇一一。

『こわばる身体がほどけるとき―西田幾多郎『善の研究』を読み直す』、板橋勇仁、現代書館、二〇二一。

『西田幾多郎の哲学―物の真実に行く道』、小坂国継、岩波書店〈岩波新書〉、二〇二二。

『西田幾多郎の『善の研究』を読む』、藤田正勝、筑摩書房〈ちくま新書〉、二〇二二。

原文・解説文に登場する哲学・思想に関して参考にした本（登場順）

『チャーンドギヤ・ウパニシャッド』（『ウパニシャッド』）、辻直四郎、講談社〈学術文庫〉、一九九〇。

『省察』、デカルト、山田弘明訳、筑摩書房〈ちくま学芸文庫〉、二〇〇六。

『方法序説』、デカルト、山田弘明訳、筑摩書房〈ちくま学芸文庫〉、二〇一〇。

『ノヴム・オルガヌム―新機関』、ベーコン、桂寿一訳、岩波書店〈岩波文庫〉、一九七八。

『プロレゴメナ』、カント、篠田英雄訳、岩波書店〈岩波文庫〉、一九七七。

『ギリシア哲学者列伝（中・下）』、ディオゲネス・ラエルティオス、加来彰俊訳、岩波書店〈岩波文庫〉、一九八九、九四。

『テアイテトス』、プラトン、渡辺邦夫訳、光文社〈古典新訳文庫〉、二〇一九。

『人間知性論』（『ロック・ヒューム』）、ロック、大槻春彦訳、中央公論社〈世界の名著27〉、一九六八。

『ハイラスとフィロナスの三つの対話』、バークリ、戸田剛文訳、岩波書店〈岩波文庫〉、二〇〇八。

『知識学への第一序論』（『フィヒテ・シェリング』）、フィヒテ、岩崎武雄訳、中央公論社〈世界の名著続9〉、一九七四。

『人間知性研究〈普及版〉付・人間本性論摘要』、ヒューム、斎藤繁雄・一ノ瀬正樹訳、法政大学出版局、二〇二〇。

『精神現象学』、ヘーゲル、長谷川宏訳、作品社、一九九八。

『心理学概論』、ヴント、元良勇次郎・中島泰蔵訳、冨山房、一八九九。

『心理学（上・下）』、ウィリアム・ジェームズ、今田恵訳、岩波書店〈岩波文庫〉、一九九二、三。

『歌の本（下）』、ハイネ、井上正蔵訳、岩波書店〈岩波文庫〉、一九七三。

『シルレル詩全集（下）』、シラー、大野敏英・石中象治・野上巖共訳、白水社、一九四八。

『法哲学講義』、ヘーゲル、長谷川宏訳、作品社、二〇〇〇。

『方丈記』、鴨長明、浅見和彦校訂訳、筑摩書房〈ちくま学芸文庫〉、二〇一一。

『易経（上）』、高田眞治・後藤基巳訳、岩波書店〈岩波文庫〉、一九六九。

『ゲーテ形態学論集・動物篇』、ゲーテ、木村直司訳、筑摩書房〈ちくま学芸文庫〉、二〇〇九。

『モナドロジー・形而上学叙説』、ライプニッツ、清水富雄・飯塚勝久・竹田篤司訳、中央公論新社〈中公クラシックス〉、二〇〇五。

『ベーメ小論集』、ベーメ、薗田坦・岡村康夫・松山康国訳、創文社〈ドイツ神秘主義叢書〉、一九九四。

『神を観ることについて　他二篇』、クザーヌス、八巻和彦訳、岩波書店〈岩波文庫〉、二〇〇一。

大熊玄　おおくま・げん

一九七二年、千葉生まれ、新潟育ち。立命館大学史学科（東洋史学専攻）卒業、金沢大学大学院文学研究科修士課程（比較思想研究室・インド哲学）修了、同大学院社会環境科学研究科（博士後期）満期退学。専門は東洋思想・日本哲学（西田幾多郎、鈴木大拙）。一九九九年から約一年半のインド・プネー大学への留学より帰国後、石川県西田幾多郎記念哲学館の開館準備に携わる。金沢大学非常勤講師、石川県西田幾多郎記念哲学館専門員・学芸課長を経て、現在、同館副館長、立教大学文学部・大学院21世紀社会デザイン研究科教授。著書『善とは何か　西田幾多郎『善の研究』講義』（新泉社）、『鈴木大拙の言葉　世界人としての日本人』（朝文社）、『鈴木大拙／大拙の言葉』（金沢市国際文化課）、『はじめての大拙 鈴木大拙 自然のままに生きていく一〇八の言葉』（ディスカバー・トゥエンティワン）。共著『鈴木大拙と日本文化』（朝文社）。編著書『西田幾多郎の世界』（石川県西田幾多郎記念哲学館）。

実在とは何か
西田幾多郎『善の研究』講義

2023年2月10日　第1版第1刷発行

著者 ——————大熊玄

発行者——————新泉社
東京都文京区湯島1-2-5　聖堂前ビル
電話　03（5296）9620
FAX　03（5296）9621

印刷・製本————創栄図書印刷

©Okuma Gen 2023 Printed in Japan
ISBN978-4-7877-2209-6　C0010

本書の無断転載を禁じます。本書の無断複製（コピー、スキャン、デジタル等）並びに無断複製物の譲渡及び配信は、著作権法上での例外を除き禁じられています。本書を代行業者等に依頼して複製する行為は、たとえ個人や家庭内での利用であっても一切認められておりません。

〈好評発売中〉

善とは何か　西田幾多郎『善の研究』講義

大熊 玄 著

四六判四〇〇頁／定価二七〇〇円＋税

刊行から百年以上が経ちながら、今なお高い人気をほこる『善の研究』。その中のまさに「善」について書かれた第三編を、講義形式で綴る。なんとなく哲学に興味のある人から、前に『善の研究』を読もうとして挫折した人、自分の生き方を根本から考えたい人まで、哲学の予備知識なしで読み進められる！